高职高专"十二五"规划系列教材

管理学新编

——基于能力培养的视角
（修订版）

主　编　赵　倩
副主编　夏　松

东南大学出版社
·南京·

内容提要

本书是针对高职学生的心理特性和学习特点，坚持"必需、够用"的原则，突出"能力本位"，强调理论与实践相结合，重视学生的可持续发展。本书包括两部分内容：管理意识和管理能力。管理意识部分主要包括"认识管理"和"认识管理者"两章，主要从增强管理意识角度出发，介绍管理学的部分基础知识以及管理者的职业意识要求，让学生对管理这项工作有个初步的认识。管理能力部分则是按照自我管理、团队管理以及组织管理的逻辑顺序，将基层管理者所需的管理能力划分为时间管理能力、沟通能力、激励能力、团队建设能力、决策能力以及目标管理能力六个章节。本书每章除正文外，还设有重点知识要求和重点能力要求、导入案例、复习思考题、管理定律、自我测试、延伸阅读、案例分析和实训等内容。

图书在版编目(CIP)数据

管理学新编：基于能力培养的视角/赵倩主编.—
南京：东南大学出版社，2010.9(2021.12重印)
(高职高专"十二五"规划系列教材)
ISBN 978－7－5641－2308－6

Ⅰ.①管… Ⅱ.①赵… Ⅲ.①管理学－高等学校：技术学校－教材 Ⅳ.①C93

中国版本图书馆 CIP 数据核字(2010)第 128465 号

管理学新编——基于能力培养的视角

主　编　赵　倩	副主编　夏　松
责任编辑　陈　跃	电　话　(028)83795627/83362442(传真)
电子邮箱　chenyun58@sohu.com	
出版发行　东南大学出版社	出 版 人　江建中
社　　址　南京市四牌楼2号	邮　编　210096
销售电话　(025)83794121/83795801	
网　　址　http://www.seupress.com	电子邮箱　press@seupress.com
经　销　全国各地新华书店	印　刷　南京玉河印刷厂
开　本　700mm×1000mm　1/16	印　张　18.5
字　数　405 千字	
版印次　2010年9月第1版　2021年12月第11次印刷	
书　号　ISBN 978－7－5641－2308－6	
定　价　58.00 元	

本社图书若有印装质量问题，请直接与营销部联系。电话：025－83791830。

再版前言

管理学是现在和未来的管理者、被管理者,或者自我管理者,都想了解和掌握的一门学问。目前有关管理原理的教科书在国内已经有很多版本。本书自2009年初版至今,有幸得到了各界的关爱,对本书提出了宝贵的修订建议。各位编者在近年来积累的管理前沿知识及实践动向的基础上,经过讨论和磋商,对部分章节内容进行了修订,增加了反映理论前沿的一些内容,修改更新了部分案例。在"高职高专"课程教学过程中,由于课时有限,不可能全面地讲授书中所有的内容,每章后面的延生阅读部分作为课外阅读材料使用,必要时可以组织一些课堂讨论,使学生灵活地将所学的管理知识应用到实践中,达到理论联系实际的效果。

《管理学新编——基于能力培养的视角》教材编写修订的指导思想是针对高职学生的心理特性和学习特点,坚持"必需、够用"的原则,突出"能力本位",强调理论与实践相结合,重视学生的可持续发展。教材包括两部分内容,即管理意识和管理能力。"认识管理和认识管理者"主要从增强管理意识角度出发,介绍管理学的部分基础知识以及管理者的职业意识要求,让学生对管理这项工作有了初步的认识,消除管理的神秘感。而管理能力部分则是按照自我管理、团队管理以及组织管理的逻辑顺序,将基层管理者所需的管理能力划分为时间管理能力、沟通能力、激励能力、团队建设能力、决策能力和目标管理能力六个章节。在编写体例上,每章除正文外,还设有重点知识要求和重点能力要求、导入案例、复习思考题、管理定律、自我测试、延伸阅读、案例分析和实训等内容,以达到学有成效、学以致用的效果。

本教材是由江苏城市职业学院公共管理部有关教师集体编写修订完成的,赵倩、夏松两位老师分别担任教材的主编和副主编。全书各章的撰写者分别是:夏松,第一章、第二章;钱小卉,第三章;赵倩,第四章、第五章;汪洋,第六章、第八章;管玲俐,第七章。教材的组稿、修改和定稿由赵倩、夏松共同完成。纪河老师为教材的编写提供了宝贵的建议和帮助。张惠华老师为案例的收集和整理提供了很多帮助。

希望本书的修订工作能够不负众望,并对高职高专教学工作起更好的支持作用。同时也希望本书能继续得到关爱者的支持,在将来获得更多的反馈意见。本书修订后可能尚存某些不完备和不尽人意之处,还请各界人士多多提出批评和指正意见。

编　者

2014 年 1 月

目　　录

第一章　认识管理　　1

第一节　管理概述　　2
一、管理的概念　　2
二、管理的特性　　3
三、管理的系统　　5
四、管理的方法　　6

第二节　管理职能　　8
一、计划　　8
二、组织　　11
三、领导　　15
四、控制　　19

第三节　管理理论及其发展　　24
一、古典管理理论　　24
二、行为科学管理理论　　28
三、诸多管理理论学派共生阶段　　32

第二章　认识管理者　　44

第一节　管理者概述　　45
一、管理者与作业者　　45
二、管理者的分类　　45
三、管理者角色　　47
四、管理者的技能　　48
五、管理者的职业化　　49

第二节　管理者的道德责任　　50
一、管理者道德责任的主要表现　　50
二、管理者履行道德责任的基本条件　　52

第三节　管理者的职业能力　　54

一、时间管理能力 ·· 54
　　二、沟通能力 ·· 55
　　三、激励能力 ·· 55
　　四、团队建设能力 ·· 56
　　五、决策能力 ·· 56
　　六、目标管理能力 ·· 57

第三章　时间管理能力　　　　　　　　　　　　　　　　65

　第一节　时间管理概述 ·· 66
　　一、时间的意义 ·· 66
　　二、时间的特性 ·· 67
　　三、时间管理的含义 ·· 68
　第二节　时间管理的误区 ·· 68
　　一、工作缺乏计划 ·· 70
　　二、不会拒绝他人托付 ·· 71
　　三、拖延时间 ·· 72
　　四、不会应付不速之客 ·· 73
　　五、不会应付电话干扰 ·· 74
　　六、会议过多或过长 ·· 74
　　七、办公桌混乱 ·· 75
　　八、"事必躬亲" ·· 75
　第三节　时间管理能力的培养 ······································ 76
　　一、有效利用时间的技巧 ·· 76
　　二、有效管理时间的方法 ·· 86

第四章　沟通能力　　　　　　　　　　　　　　　　　　104

　第一节　沟通概述 ·· 105
　　一、沟通的概念 ·· 105
　　二、沟通的意义 ·· 105
　　三、沟通的过程 ·· 106
　　四、沟通的类型 ·· 106
　第二节　影响沟通的障碍 ·· 111
　　一、信息沟通过程中的障碍 ······································ 112
　　二、信息沟通环境方面的障碍 ··································· 115

目　录

  第三节　沟通能力的培养 …………………………………………… 115
    一、遵循有效沟通的原则 ………………………………………… 116
    二、掌握口头语言沟通的技巧 …………………………………… 117
    三、掌握书面语言沟通的技巧 …………………………………… 124
    四、掌握非语言沟通的技巧 ……………………………………… 129

第五章　激励能力　142

  第一节　激励概述 …………………………………………………… 143
    一、激励的概念 …………………………………………………… 143
    二、激励的意义 …………………………………………………… 143
    三、激励的过程 …………………………………………………… 144
  第二节　激励理论 …………………………………………………… 145
    一、内容型激励理论 ……………………………………………… 145
    二、过程型激励理论 ……………………………………………… 154
    三、行为改造型激励理论 ………………………………………… 159
  第三节　激励能力的培养 …………………………………………… 161
    一、掌握有效激励的原则 ………………………………………… 161
    二、了解激励的方式 ……………………………………………… 163
    三、运用激励的技巧 ……………………………………………… 167

第六章　团队建设能力　181

  第一节　团队概述 …………………………………………………… 182
    一、团队的概念 …………………………………………………… 182
    二、群体和团队的区别 …………………………………………… 183
    三、团队建设的意义 ……………………………………………… 184
    四、团队的类型 …………………………………………………… 185
    五、团队中的角色 ………………………………………………… 188
  第二节　影响团队建设的障碍 ……………………………………… 189
    一、来自组织的障碍 ……………………………………………… 189
    二、来自管理层的障碍 …………………………………………… 190
    三、来自员工的障碍 ……………………………………………… 192
  第三节　团队建设能力的培养 ……………………………………… 193
    一、高绩效团队的特征 …………………………………………… 193
    二、团队建设阶段 ………………………………………………… 194

三、建设高绩效团队的领导管理策略 …………………………………… 195
　　四、团队冲突的处理 …………………………………………………… 201

第七章　决策能力　　　　　　　　　　　　　　　　　　　　　　218

第一节　决策概述 …………………………………………………………… 219
　　一、决策的概念 ………………………………………………………… 219
　　二、决策的意义 ………………………………………………………… 220
　　三、决策的类型 ………………………………………………………… 220
第二节　影响决策的因素 …………………………………………………… 223
　　一、环境因素 …………………………………………………………… 223
　　二、组织自身因素 ……………………………………………………… 224
　　三、决策主体的因素 …………………………………………………… 227
第三节　决策的方法 ………………………………………………………… 231
　　一、熟悉决策的过程 …………………………………………………… 231
　　二、掌握决策的方法 …………………………………………………… 232

第八章　目标管理能力　　　　　　　　　　　　　　　　　　　　　254

第一节　目标管理概述 ……………………………………………………… 255
　　一、目标管理的概念 …………………………………………………… 255
　　二、目标管理的意义 …………………………………………………… 256
　　三、目标管理的过程 …………………………………………………… 256
　　四、目标管理的类型 …………………………………………………… 257
第二节　目标的制定和分解 ………………………………………………… 259
　　一、目标的设置 ………………………………………………………… 259
　　二、目标制定的原则——SMART 原则 ……………………………… 260
　　三、目标制定的方法——SWOT 分析法 ……………………………… 263
　　四、目标分解 …………………………………………………………… 265
第三节　目标管理能力的培养 ……………………………………………… 267
　　一、让下属正确执行目标 ……………………………………………… 267
　　二、上级主动协助下属执行目标 ……………………………………… 268
　　三、正确运用反馈控制 ………………………………………………… 270
　　四、合理运用绩效考核 ………………………………………………… 272

参考文献　　　　　　　　　　　　　　　　　　　　　　　　　　287

第一章 认识管理

📖 重点知识要求

1. 了解管理的性质。
2. 了解管理理论的演进。
3. 熟悉管理的概念。
4. 掌握管理的职能。

📖 重点能力要求

1. 初步具有履行管理职能的能力。
2. 初步具有应用管理理论与处理实际管理问题的能力。

💣 案例导入

英国国际商业机器公司的创办人托马斯曾经讲过这样一个故事：

有一个男孩子第一次得到一条长裤，穿上一试，裤子长了一些。他请奶奶把裤子剪短一点，可奶奶说眼下的家务事太多，让他去找妈妈。而妈妈回答他说，今天她已经同别人约好去玩桥牌。男孩子又去找姐姐，但是姐姐要去约会，而且时间就要到了。这个男孩子非常失望，担心第二天穿不上这条裤子，他就带着这种心情入睡了。奶奶忙完家务事，想起了孙子的裤子，就去把裤子剪短了一点；姐姐回来后心疼弟弟，又把裤子剪短了一点；妈妈回来后同样也把裤子剪短了一点。

（摘自 http://www.downhot.com/guanli/688551.html）

思考题：裤子最终将怎样？以上案例说明什么问题？

管理是人类有目的的活动，它广泛地适用于社会的各个领域。第二次世界大战后，世界上掀起了管理的热潮，20世纪80年代以来，我国的管理工作者和理论界专业人士也对管理越来越感兴趣。现在大多数人已经认识到，只要人们参与团体为共同目标而努力,管理就起着关键的作用。管理不仅适用于营利性企业,也同样适用于政府机关、学校、医院和公共事业单位。无论是什么组织,若没有管理将一事无成。

第一节 管理概述

一、管理的概念

现在人们把管理和技术并称为推动经济发展和人类社会前进的两大车轮。有效的管理是一个国家、一个企业,乃至任何组织走向成功的基础,正如著名管理学家彼得·德鲁克所言,在人类历史上,几乎没有一种制度能像管理那样迅速兴起并产生巨大的影响。在不到150年的近代历史里,管理已改变了世界上所有发达国家的社会与经济结构。

管理有许多特殊的领域,例如行政管理、经济管理、企业管理以及各行各业、各部门和过程的管理。这些领域都有专门的学科进行研究,但是我们稍加分析就可以发现,这些专门的学科有许多共性的内容。如人、财、物的组织与计划问题,对人进行领导和激励的问题等。通常来说,这些专门的学科都有管理这一含义。

什么是管理?虽然管理活动历史悠久,但遗憾的是,直到目前为止,"管理"一词还没有一个统一的为大多数人所接受的定义。原因很简单,不同的人在研究管理时的出发点不同,视角不同。后叙中是一些中外学者具有代表性的定义。

以泰罗为代表的科学管理学派所说的管理,主要指工厂车间的生产组织和工人操作过程的定额管理。以韦伯为代表的古典组织理论学派,把管理视为通过理想的行政组织体系,层层下达任务以实现管理的意图。以法约尔为代表的过程学派认为管理就是计划、组织、指挥、协调、控制五种因素的运用和体现的过程。以梅奥等为代表的行为科学理论学派则把协调人际关系,从心理上激励和诱导人的行为作为管理的主要内容。以巴纳德为代表的社会系统学派认为,社会的各级组织,无论是正式组织还是非正式组织,都是一个由有意识进行相互协调的各个个人组成的协作系统,对此系统的运行不断进行协调,就是所谓的管理。以卡斯特和罗森茨韦克为代表的系统管理学派认为,管理就是按照系统的要求进行组织和运行的一种方式。以西蒙为代表的理论学派则突出强调决策工作在管理活动中的重要地位,认为决策工作贯穿于管理的全部过程,管理就是从可供选择的诸多方案中选择一个最优方案并付诸实施的过程。以德鲁克和戴尔为代表的经验主义学派则主张管理是一种不可移植,只能因人而异的管理者的经验、能力和技巧。

管理定义的多样化,反映了人们对管理的多种理解以及各管理学派的研究重点与特色。但是,也应看到,不同的定义只是观察角度和侧重点不同,在总体上对管理实质的认识还是共通的。为了对管理进行比较广泛的研究,而是不局限于某个侧面,本书采用下面的定义:

管理是社会组织中,为了实现预期的目标,以人为中心进行的协调活动。

由以上对管理概念的界定,可以分析出管理的如下要义:

1. 管理是共同劳动的产物。没有共同劳动,人们就不会结成配合与协作关系,管理工作就成为多余。有了共同劳动,就必然存在着从事共同劳动的人员之间的分工、协作问题,管理人员及其管理活动就有存在的必要。

2. 管理的目的是有效地实现目标。所有的管理行为都是为实现目标服务的。没有共同的目标,就没有共同劳动,也就不需要管理。目标不明朗,管理就会无的放矢。

3. 管理实现目标的手段是计划、组织、领导和控制。任何管理者,要实现管理目标就必须实施计划、组织、领导、控制等管理行为与过程,这些是一切管理者在任何管理实践中都要履行的管理职能。

4. 管理的本质是协调。要实现目标,就必须使资源与职能活动协调,所有的管理行为在本质上都是协调问题。

5. 管理的对象是以人为中心的组织资源与职能活动。它强调了人是管理的核心要素,所有的资源与活动都是以人为中心的。管理,最主要的是对人的管理。

二、管理的特性

(一) 管理的两重性

1. 管理的自然属性

(1) 管理的出现是由人类活动的特点决定的

人类的任何社会活动都必定具有各种管理职能。如果没有管理,一切生产、交换、分配活动都不可能正常进行,社会劳动过程就要发生混乱和中断,社会文明就不能继续。这一点马克思在一百多年前就作了有力的论述:"一切规模较大的直接社会劳动或共同劳动,都或多或少地需要指挥,以协调个人的活动,并执行生产总体的运动。一个单独的提琴手是自己指挥自己,一个乐队就需要一个乐队指挥。"可见管理是人类社会活动的客观需要。

(2) 管理是社会劳动过程中的一种特殊职能

管理寓于各种社会活动之中,所以说它是一般职能。但就管理职能本身而言,由于社会的进化,人类分工的发展,早在原始社会就已经有了专门从事管理职能的人从一般社会劳动过程中分离出来,就如同有人专门从事围猎,有人专门从事捕鱼,有人专门从事耕种一样。人类社会经过几千年的演变发展,出现了许多政治家和行政官员专门从事国家的管理,出现了许多军事家和军官专门从事军队的管理,出现了许多社会活动家专门从事各种社会团体的管理,出现了许多店主、厂长、企业家、银行家专门从事商店、工厂、企业、银行的管理。还有许多人专门从事学校、医院、交通运输和人事的管理等等。保守估计,全体就业人员中,至少有30%~40%的人专门从事各类管理工作,他们的职能就是协调人们的活动,而不是直接从事物质、服务产品或精神产品的生产。因此,管理职能早已成为社会劳动过程中不可或缺的一种职能。

(3) 管理是生产力

任何社会、任何职业,其生产力发达与否,都取决于它所拥有的各种经济资源、各种生产要素是否得到有效的利用,取决于从事社会劳动的人的积极性是否得到充分的发挥,而这两者都依赖于管理。在同样的社会制度下,企业外部环境基本相同,有不少企业其内部条件如资金、设备、能源、原材料、产品及人员素质和技术水平基本相同,但经营结果、所达到的生产水平却相差悬殊。同一个企业有时只是更换了企业的主要领导,企业就可能出现新的面貌。其他社会组织也有类似的情况,其原因也在于管理。由于不同的领导人采用了不同的管理理念、管理制度和管理方法,就会产生完全不一样的效果。这样的事例不胜枚举,事实可以证明管理也是生产力。科学技术是生产力,但科学技术的发展本身需要有效的管理,并且也只有通过有效的管理才能转化为生产力。

管理的上述性质并不以人的意志为转移,也不因社会制度、意识形态的不同而有所改变,这完全是一种客观存在,所以,我们称之为管理的自然属性。

2. 管理的社会属性

管理是为了达到预期目的而进行的具有特殊职能的活动。谁的预期目的,什么样的预期目的,实质就是"为谁管理"的问题。在人类漫长的历史中,管理从来就是为生产资料的所有者服务的,它是一定社会生产关系的反映。国家的管理、企业的管理以至于各种社会组织的管理概莫能外。

世界在变化,企业在变化,人的管理理念也在变化。昔日马克思、恩格斯等曾经剖析的企业,今天已经面目全非。现实世界所发生的变化,不能不深刻地影响到管理的社会属性。在现代企业中,已不能简单地说管理只是资本家剥削工人的工具。作为企业的职业管理者在行使管理职能时,他既要满足资本家及所有股东对股息和红利的要求,又要保证扩展企业实力的需要;他既要尽可能满足本企业职工物质和精神方面的需要,又要考虑到社会公众、广大消费者和用户的利益;他既要千方百计地追求企业的最大利润,也要处理好企业同政府的关系,遵从政府的种种法规和限制。可以说,企业管理的社会属性已经多元化了。

从总体上看,我国的企业及其他社会组织的管理都是为了建设中国特色社会主义服务的,管理的预期目的都是为了使人与人之间的关系以及国家、集体和个人的关系更加和谐。但是应当把社会主义理解为一种发展过程,当它尚处在初级阶段时,完全有可能出现其他国家在工业化初期资本主义原始积累中常有的血汗工厂,并且受我国几千年封建专制制度遗留下来的意识形态残余的影响,也会在管理实践中程度不同地表现出来。这与中国特色社会主义是极不和谐的。但是管理和整个社会一样,要经过一定的历史发展阶段才能摆脱不发达的落后状态,逐步走向和谐。

（二）管理工作既有科学性又有艺术性

一方面,管理是一门科学,是在总结管理工作的客观规律基础上形成的,用以指导人们从事管理实践。掌握系统化的科学管理知识有助于对组织中存在的管理问题提出正确可行的解决办法,管理工作不能仅仅依赖于运气和经验。

另一方面,管理还只是一门不精确的科学,是正在发展中的科学。管理科学并不能为管理者提供解决一切问题的标准答案,管理学只能提供给管理者管理的理论原则和基本方法,为解决问题、实现组织目标,管理者务必要结合实际,具体问题具体分析。因此,管理又是一门艺术。把管理仅当作科学,排斥管理的艺术性,完全按照管理原理和原则去刻板地解决管理问题,则必然处处碰壁,不能取得成功。

管理是科学性和艺术性的有机统一,管理的科学性与艺术性不能截然分开,两者相互作用,共同发挥管理功能。因此,管理者既要善于利用系统化知识,又要善于发挥创造性。同样的商品在不同的国家或地区销售会有不同的反应,同样的角色在不同的地方表演会有不同的效果。管理既是科学,又是艺术,要根据环境、时间的变化而不断变化。

【案例1-1】

纸尿裤怎么了

宝洁公司是美国一家有名的公司,它生产的婴儿尿布历史悠久,很多美国人都是包着宝洁公司的尿布长大的。20世纪80年代,宝洁公司决定让婴儿尿布走出国门,打入中国香港和德国市场。宝洁公司认为,不管是香港的婴儿也好,德国的婴儿也好,都是婴儿,都需要尿布,不会有什么问题。所以,进入这两个市场之前没有进行"实地试营销"。没有预料到的是:这个时候问题出现了。

香港的消费者反映,宝洁公司的尿布太厚,而德国的消费者却反映宝洁公司的尿布太薄!一样的尿布,怎么可能一个说太薄一个说太厚呢？宝洁公司经过仔细调研发现,原来原因出在婴儿母亲的身上。香港的母亲把婴儿的舒适当做头等大事,孩子一尿就换尿布,而宝洁公司的尿布一次可以兜几泡尿,自然就显得太厚了。而德国的母亲比较制度化,早上给孩子换一次,到晚上再换一次,这中间孩子要尿好多次,自然尿布就显得太薄了。

（摘自郑立梅主编,《管理学基础》,清华大学出版社,2006年版）

思考题：这个案例说明了什么？你能再举一个类似的例子吗？

三、管理的系统

严格地说,只有人的存在才有管理问题,至少是加上人的因素才构成管理问题。

纯粹的机械运行并不是管理,自然状态下的组织也不能称为管理。管理需要人的自主的、有目标的、有计划性的工作,甚至纯粹物质器件的整理、打扫、清除也不是管理。管理系统的基本构成有三部分:人、组织、环境。

（一）人

人是构成管理系统的基本要素。在特定的管理系统中,例如任何一种治理的系统中,人被分为治理的主体和被治理的对象。但管理系统最基本的原则就是,应该让每一个成员既是管理者,又是被管理者。绝对的管理者的存在,势必造成管理系统的异化。

人也是管理系统的主体。只有人是主导整个管理系统的,并将自己的目标、意志、思想、方法和计划渗透在整个系统中。

（二）组织

组织实际上是管理系统本身的实现形式。对组织有几种不同的理解:一是机构;二是管理活动的一部分;三是机能。应当说,这三种从不同角度形成的认识都可以最终归总为组织系统。无论是机构,还是活动、机能,都是系统的属性。

在管理系统中对组织作不同角度的理解其实是很有必要的。被称为现代管理理论创始人的巴纳德定义组织为:"有意识地加以协调的两个或两个以上的人的活动或力量的协作系统"。但管理学需要从不同层次和在不同关系中或不同背景中来了解组织,所以组织理论成了讨论得最多的内容之一,并且在组织的概念下,也出现了不同的分析性的理解。

在管理系统中,组织又是管理系统的基本结构。作为系统,组织也是系统本身。

（三）环境

环境是指系统外部联系的总和。按照一般系统论,系统与环境又构成了更大一级的系统。这种系统层次理论是一般系统论的合理组成。虽然,对管理系统而言,相对稳定的界限有益于管理系统的运作,但一种扩展性质的管理系统尤其是企业系统必然会把环境逐渐地变成自身组织的一部分。

对于管理系统而言,环境的复杂性不亚于系统本身。事实上,无论何种管理系统,都是开放的,涉及大量的物流、信息流、能量流,而其中起着主要作用的是人对信息的处理。这种与环境的作用,变成了非常复杂的交换、转移、促进的关系。

人、组织和环境成为管理系统的层次性的构成,而且,在这三者之间存在着复杂的关系。这种关系的正确处理对管理的成功与否影响很大。

四、管理的方法

管理方法可以从管理范围、管理的技术方法、管理的基本手段等不同角度进行分类。本书主要按管理的基本手段进行分类和论述。按管理的基本手段来分,可分为法律方法、经济方法、行政方法和教育方法。

（一）法律方法

法律方法是指通过法律、法令、条例及司法、仲裁等工作来调整社会经济组织在宏观及微观经济活动中所发生的各种关系的管理方法。运用法律方法进行管理，必须坚持"有法可依，有法必依，执法必严，违法必究"的原则，强化法制观念，依法治国、依法治企、依法治理各种组织活动。

法律方法具有严肃性、规范性、强制性等特点。在实际管理工作中，运用法律方法可以使管理活动有章可循、有法可依，使组织活动走上制度化、规范化轨道，从而确保社会经济秩序正常运行。当然，由于法律方法缺乏灵活性和弹性，因此也容易导致管理僵化，不利于人们在实际工作中因时、因地、因人制宜地发挥其主观能动性和创造性。

（二）经济方法

经济方法就是根据各种经济规律，运用各种经济手段，调节各种不同经济利益之间的关系，以获得较高的效益的管理方法。主要手段包括价格、税收、信贷、工资、奖金、罚金等。不同的手段在不同领域中发挥不同的作用。经济方法是市场经济条件下应用较为广泛的管理方法。

经济方法具有利益性、关联性、灵活性、平等性等特点。在实际工作中，运用经济方法进行管理，直接涉及管理者和每一位员工的切身利益，因此，处理得当，能最大限度地调动各方面的积极性；处理不当，也会产生一些消极作用，如导致人们过度追求个人利益和物质利益。所以，在运用经济方法的同时，要注意将经济方法与教育方法有机地结合起来。

（三）行政方法

行政方法是指运用命令、规定、指示、条例等行政手段，按一定的行政系统和层次，以权威和服从为前提，直接指挥下属工作的方法。行政方法的实质是通过组织中的职位、职务来进行管理，它特别强调职位权力、管理者的权威和下级的服从。因此，它具有权威性和强制性的特点。由于行政方法是通过一定的行政系统和层次来实施管理的，基本上属于纵向垂直管理，行政指令的内容和对象又比较具体，上级对有隶属关系的下级的资源调配和使用也不讲等价交换原则，因此行政方法又具有垂直性、具体性和无偿性的特点。

（四）教育方法

教育方法是指按一定的目的，通过各种形式的教育培训，对员工德、智、体各方面全面施加影响，提高人的素质，进而促进管理的方法。

教育是管理活动中一项最根本的方法。"十年树木，百年树人"，"百年大计，教育为本"，说明教育方法具有基础性与长期性的特点。同时，由于教育成果的体现很难直接测量，也不可能立竿见影，因此，教育方法又具有间接性的特点。在实际工作中，管理者必须高度重视对员工的教育，包括思想政治教育、职业道德教育等都应成为新时期思想教育的重要内容,那种因为教育的长期性和间接性而忽视教育的做法是不可取的。

第二节 管理职能

管理职能是指管理过程中各项活动的基本功能。管理职能是人们对管理及其规律性认识程度的表象。管理本来是一种综合的、动态的系统活动,划分管理的职能只是为了从理论研究上更清楚地描述管理活动的整个过程,也便于使管理人员更容易接受这些概念。一般来说,考察管理过程职能的目的有两个:一是要回答管理是要干什么;二是要回答管理的既定目标是如何达成的。

最早系统地提出管理各种具体职能的是法国著名管理学家亨利·法约尔。他认为管理具有计划、组织、指挥、协调和控制五种职能。他为后人的研究奠定了基础。一般来讲,管理职能的划分应当考虑管理实践的特征及理论研究的需要,以利于认识问题和分析问题。因此,我们将管理职能划分为计划、组织、领导、控制四种职能。

一、计划

计划是任何一个组织成功的核心,它存在于组织各个层次的管理活动中。管理者的首要职责就是做计划。计划通过将组织在一定时期内的活动任务分解给组织的每个部门、环节和个人,从而不仅为这些部门、环节和个人在该时期的工作提供了具体的依据,而且为决策目标的实现提供了保证。有些管理人员认为计划工作是管理的首要职能,组织和控制是第二位的。无论计划职能与其他管理职能相对重要程度如何,一个组织要有效地实现目标,必须做出计划。一个组织适应未来技术或竞争方面变化能力的大小也与它的计划息息相关。

(一)计划的概念

计划就是通过一定的科学方法,制订实现决策方案的具体、详细和周密的行动安排。在管理学中,计划具有双重含义:一方面是指计划管理工作,管理学学者一致认为,计划是最重要的管理职能之一;另一方面是指以规划、预算等体现的计划形式,它们是实施计划管理职能的书面文件。其实,计划工作和计划形式是密切相关的。计划工作的中心内容就是制订计划和执行计划。计划形式不仅是计划工作要完成的任务,也是计划执行的指南。

通常,一个完整、周全的计划应该规定任务的性质和目标,必须使计划执行者了解、接受和支持这项计划。但是目标的确定并不能保证目标的实现,而且实现一个目标可能有各种各样不同的方法。因此,必须通过计划的编制、执行和检查,同时合

理利用组织的人力、物力和财力资源来安排组织的各项管理活动,才能有效地实现组织目标。与其他管理职能相比,计划有如下特点:

1. 计划着眼于组织的未来

虽然各项管理职能都必须考虑组织的未来,但都不可能像计划那样以谋划未来为主要任务。无论是规划、预算,还是政策、程序,都是为了未来的组织行动具有明确的目标和具体的方案作指导。当然,对未来的一切谋划必须建立在过去和现在的基础上,只有这样,谋划未来的方案才可能是科学的、合理的和可行的。

2. 计划的实质是要保证组织行动的有序性

计划形式是组织行动的标准。如果一个组织没有计划,对未来心中无数,走到哪儿算哪儿,那么,这个组织必然会陷入混乱之中。通过计划明确组织行为的目标,规定实施目标的措施和步骤,来保证组织活动的有序性。

3. 计划的本质是要经济地使用组织内的各种资源

计划不仅要保证组织未来的行动有条不紊地进行,并且还必须使之在投入产出效益最高的状态下有序进行。任何一个组织的资源都是有限的,计划就是要对组织内有限的资源在空间和时间上做出合理的组织(配置)和安排,即达到资源配置和使用的最优化。

（二）计划与决策

计划与决策所要解决的问题不同。决策是关于组织活动方向、目标的选择。任何组织在任何时期,必须从事某种社会活动。在从事这项活动之前,组织事先必须对活动的方向和方式进行选择。计划是对组织内部不同部门和不同成员在一定时期内行动任务的具体安排。它详细规定了不同部门和成员在该时期内从事活动的具体内容和要求。

计划与决策互相联系。主要体现在:① 决策是计划的前提,计划是决策的逻辑延续。决策为计划任务安排提供了依据,计划则为决策所选择的目标活动的实施提供了组织保证。② 在实际工作中,决策与计划是相互渗透的。决策制定过程中,不论是对内部能力优势或劣势的分析,还是在方案选择时关于各方案执行效果或要求的评价,实际上都已孕育着决策的实施计划。反过来,计划的编制过程,既是决策的组织落实过程,也是决策的更为详细的检查和修订过程。

（三）计划的作用

组织是一个人造系统,是为实现一定的目标而建立起来的,它与自然系统的本质区别就在于它是一群有意识的人们在一定的目标支配下形成的。组织要将实现目标的愿望变为现实,必须建立起一定的保障,计划就是这一保障。

(1) 计划从明确目标着手,为实现组织目标提供了保障。组织的目标有长远目标与近期目标、主要目标与次要目标、直接目标与间接目标之分。计划工作就是要通过对组织内外条件的分析,对组织要实现的总体目标,各部门的目标,各阶段性目标明晰化,并制订出实施这些阶段性目标的方法、措施,使组织的各项活动为实现总目标服务。

(2) 计划还通过优化资源配置保证组织目标的实现。实现组织的目标,需要调动组织内的各种资源。在最经济的条件下实现目标,是市场经济体制范围内一切组织都应遵循的原则。换言之,任何组织必须讲究成本核算,厉行节约,使投入产出效益最高。通过计划管理对组织的资源进行优化配置是最大的节约,也是最重要的节约。不做预算,不进行成本费用分析,即使组织的目标得以实现,也会因成本失控而显得不合理、不合算。节约是从事现代管理的基本准则之一。任何组织,无论是企业还是非企业,都必须重视投入产出的效益。认为只有企业才讲成本核算、讲节约的观点是错误的。

(3) 计划通过规划、政策、程序等的制定保证了组织目标的实现。计划还为控制提供了标准。实现组织目标的活动会受到多种因素的影响。在一些没有预见到的因素影响下,组织行动可能偏离计划轨道。这些偏差要靠管理控制来纠正。纠正偏差需要有标准,这个标准只能是组织的计划。计划不仅是组织行动的标准,同时又是评定组织效率的标准。没有计划,显然是无法实施控制的;没有控制,组织目标也就难以实现。

(四) 计划的任务

计划工作的基本任务可以概括为以下几个方面:

1. 明确组织目标

通过未来机遇和风险的估量以及自身优势和劣势的分析,为整个组织和所属各部门确定计划的目标及其轻重缓急,提出要解决的问题,组织内部各单位的任务,以及期望得到的结果。组织目标是多个目标,而不是仅仅一个目标。在多个目标中,有定量的目标,也有定性的目标。

2. 预测环境的变化

研究组织在未来将面临的环境,分析环境因素将对组织发展产生的有利和不利影响,在计划中预先做好准备,保持组织对环境的适应性。

3. 制定实现目标的方案,协调组织的各项活动

寻找和拟定实现组织目标的各种可行方案,对各个方案进行技术经济论证和综合评价,选择其中最优的一个方案付诸实施。

在方案实施过程中,需要协调各部门、各环节的活动,实现供产平衡、产需平衡,以及组织目标、内部条件和外部环境的动态平衡。

4. 合理分配资源

根据目标的要求利用资源约束条件,按目标的重要程度和先后次序,用现代先进的计划技术和方法最合理有效地分配以及安排组织的现有资源,包括人力、物力、资本和时间资源,在保证重点需要的同时,发挥资源的最大效率,经济而有效地实现组织的目标。

5. 提高经济效益

计划工作以提高组织的经济效益为中心,将提高经济效益贯穿于组织活动的始终。计划工作在对需求、资源和技术进行预测的基础上,通过明确目标、协调经营活动、分配资源和综合平衡,以一定的投入取得最大限度地产出,提高组织的经济效益和社会效益。

为了实现组织的目标,完成计划任务,计划工作应符合以下要求:

(1) 计划的科学性和先进性

计划的科学性是指计划要正确反映实际情况、社会需要和客观规律的要求。所制订的计划不能像一座海市蜃楼,让人可望而不可即。计划的先进性是指制订的计划要有挑战性,要能充分调动各层管理者及员工的积极性,使组织获得最佳经济效益。制订计划时,要力求二者的和谐统一。

(2) 计划的民主性和群众性

制订科学、先进的计划,需要集中群众的智慧。完成计划规定的任务,归根到底也要依靠群众的力量。要动员组织内全体成员参与计划管理,这包括计划的制订、执行和控制,同时还要正确处理各管理层次以及职工群众的责、权、利关系。

(3) 计划的严肃性和灵活性

计划一经批准就应具有权威性,必须全面正确地贯彻执行。计划不能随意更改,若需要修改或调整,应按照组织章程和管理条例规定的程序进行。当环境发生变化或计划的实施与原定标准出现偏差时,要能及时地调整计划,以保证目标的实现。

二、组织

(一) 组织的概念

"组织"一词从不同侧面包含两种不同的含义。

(1) 作为一个实体,组织是为了达到自身的目标而结合在一起的具有正式关系的一群人。

① 组织必须具有目标,组织是为了达到自身的目标而产生和存在的。

② 在组织中一同工作的人们,必须承担某种职务。

③ 应对要求人们承担的职务进行精心的设计,要规定所需各项活动有人去完成,并且确保各项活动协调一致,使人们在集体中工作得顺利,而且效率很高。

(2) 作为一个过程,主要指人们为了达到目标而创造组织结构,为适应环境变化而维持和变革组织结构,并使组织结构发挥作用的过程。

① 管理者要根据工作的需要,精心设计组织结构。

② 随着竞争的日益加剧,组织所处的环境不断发生变化,为了与变化的环境相适应,管理者要对组织结构进行改革和创新或再构造。

③ 要有效率地完成组织的任务,还需要各层管理者有效整合各种资源,使组织结构得以高效地运行。

所以,组织是两个以上的人在一起为实现某个目标协同行动的集合体。组织目标一经确定,决策与计划一旦制定,为了保证目标与计划的高效实现,管理者就必须设计合理的组织架构,整合这个架构中不同员工在不同时空的工作并使之转换成对组织有用的贡献。

(二)组织设计的任务与原则

1. 组织设计的任务

组织设计的任务是设计清晰的组织结构,规划和设计组织中各部门的职能和职权,确定组织中职能职权、参谋职权、直线职权的活动范围并编制职务说明书。

组织结构就是指组织的基本构架,是对完成组织目标的人员、工作、技术和信息所作的制度性安排。组织结构可以用复杂性、规范性和集权性三种特性来描述。

复杂性是指每一个组织内部的专业化分工程度、组织层级、管理幅度以及人员之间、部门之间关系所存在着的巨大差别性。分工越细、组织层级越多、管理幅度越大,组织的复杂性就越高;组织的人员部门越多、分布越散,人员与事物之间的协调也就越难。

规范性是指组织需要依靠制定规章制度以及程序化、标准化的工作,规范性地引导员工的行为。规范的内容既包括了以文字形式表述的规章制度、工作程序、各项指令,也包括了以非文字形式表达的组织文化、管理伦理以及行为准则等等。组织中的规章条例越多,组织结构也就越正式。

集权性是指组织在决策时正式权力在管理层级中分布与集中的程度。当组织的权力高度集中在上层,问题要由下至上反映,并最终要由最高层决策时,组织的集权化程度就较高;反之,一些组织授予下层人员更多决策权力时,组织的集权化程度较低,这种授权方式称为分权。

为了达到组织设计的理想效果,组织设计者需要完成以下几项工作:

(1)职能与职务的分析与设计

组织首先需要将总的任务目标进行层层分解,分析并确定为完成组织任务究竟需要哪些基本的职能与职务,然后设计和确定组织内从事具体管理工作所需的各类职能部门以及各项管理职务的类别和数量,分析每位职务人员应具备的资格条件、应享有的权利范围和应负的职责。

组织系统图是自上而下绘制的。在创建组织时,可以根据组织的宗旨、任务目标以及组织内外环境的变化,自上而下地确定组织运行所需要的部门、职位及相应的权责。另外,组织设计也可以根据组织内部的资源条件,在组织目标层层分解的基础上从基层开始自下而上地进行。

(2)部门设计

根据每位职务人员从事的工作性质不同以及职务间的区别和联系,可以遵照组织职能相似、活动相似或关系紧密的原则,将各个职务人员聚集在部门这一基本管理单位内。

(3) 层级设计

在职能与职务设计以及部门划分的基础上,必须根据组织内外能够获取的现有人力资源情况,对初步设计的职能和职务进行调整和平衡,同时要根据每项工作的性质和内容,确定管理层级并规定相应的职责、权限,通过规范化的制度安排,使各个职能部门和各项职务形成一个严密、有序的活动网络。

2. 组织设计的原则

(1) 统一指挥原则

统一指挥原则就是要求每位下属应该有且仅有一个上级,要求在上下级之间形成一条清晰的指挥链。如果下属有多个上级,就会因为上级可能存在彼此不问甚至相互冲突的命令而无所适从。虽然有时在例外场合必须突破统一指挥原则,但是,为了避免多头领导和多头指挥,组织的各项活动应该有明确的区分,并且应该明确上下级的职权、职责以及沟通与联系的具体方式。

(2) 控制幅度原则

控制幅度原则是指一个上级直接领导与指挥下属的人数应该有一定的限度,并且应该是有效的。法国的管理学者格拉丘纳斯曾提出一个数学公式说明了当上级的控制幅度超过 6~7 人时,其和下级之间的关系会越来越复杂,以至于最后使他无法驾驭。该公式为 $N=n(2^{n-1}+n-1)$,其中 n 表示直接向一位上级报告的下级人数,N 表示需要协调的人际关系。表 1-1 列出了随 n 变化 N 的变化情况。

表 1-1 领导需协调人数与下级人数的关系

n	N	n	N
1	1	6	222
2	6	7	490
3	18	8	1080
4	44	…	…
5	100		

(3) 权责对等原则

组织中的每个部门和部门中的每个人员都有责任按照工作目标的要求保质保量地完成工作任务,组织也必须委之以自主完成任务所必需的权力。职权与职责要对等。如果有责无权,或者权力范围过于狭小,责任方就有可能会因缺乏主动性、积极性而导致无法履行责任,甚至无法完成任务;如果有权无责,或者权力不明确,权力人就有可能不负责任地滥用权力,甚至于助长官僚主义的习气,这势必会影响到整个组织系统的健康运行。

(4) 柔性经济原则

所谓组织的柔性,是指组织的各个部门、各个人员都是可以根据组织内外环境的变化而进行灵活调整和变动的。组织的结构应当保持一定的柔性以减小组织变革所造成的冲击和震荡。组织的经济是指组织的管理层次与幅度、人员结构以及部门工作流程必须要设计合理,以达到管理的高效率。组织的柔性与经济是相辅相成的,一个柔性的组织必须符合经济原则,而一个经济的组织又必须使组织保持柔性。

（三）组织设计的步骤

1. 确定组织的目标

组织是为了目标而存在,因此在设计组织之前首先要确定组织服务的目标是什么。

组织的目标来自市场需要。一种是潜在需求,需要安排设计人员进行市场调查和预测目标,即寻求市场需要什么产品或服务、需求量有多大;另一种是现实需求,这一需求不用进行市场调查和预测,只需安排设计人员去投标,争取中标。对于潜在需求,在调研与预测的基础上与市场结合;对于现实需求,在投标、中标和谈判的基础上与业主签订承包合同。

2. 生产资源规划

生产资源是指物质资源、人力资源、资金、技术等生产要素。它是组织完成目标的物质基础。生产资源规划是组织为了完善既定目标、确定生产资源的来源方案和生产资源的使用计划。

组织的目标一旦确定,就必须为其完成目标准备物质基础。这需要组织设计人员对物质资源市场、人力资源市场、金融市场、技术市场进行调研与预测,确定生产资源的来源和数量,进而根据生产流量制订生产资源使用计划。

3. 操作层的组织设计

操作层是组织完成目标的工作前线,所以操作层的设计是组织设计的基础工作。操作层的设计是根据已确定的组织的目标和生产资源的规划设计生产流程,建立生产单元,指派工作人员,选择班组管理人员。设计操作层要坚持劳动专门化与劳动合作原则。

4. 管理层的组织设计

组织的管理层有两种管理部门,一是直接指挥部门,它和操作层是命令直接传递关系以及责任直接负责与承担关系,因此,操作层的有关班组是管理层直接指挥的下属单位,而管理层的直接指挥部门是操作层所辖班组的直接上级;二是职能辅助部门,它和操作层是命令间接传递关系,没有直接的责任关系。

设计管理层要坚持专业与权利结合原则、合理跨度原则、权利分散原则、职能分工与关联原则、责任不可下推原则等。

5. 决策层的组织设计

决策层是组织的总指挥部。设计决策层要根据管理层的职能种类、部门跨度、组织规模和性质确定决策层权利结构、专业结构、职能分工和决策程序等。

在决策层,需要选择最高决策人、各职能决策辅助人员、咨询人员等。决策层的工作是根据权力层次、职能分工和决策程序运行的。

6. 组织设计的评价

组织设计的评价是对组织的设计方案从资源规划、结构职能、运行效果、运行费用、组织结构与职能的可靠性、组织的适应性等方面进行定性和定量的测评,以判断在保证完成目标的前提下组织设计方案是最优的。

7. 组织设计的优化调整

组织设计的优化调整是根据上一步评估结果,对不合理的结构、职能、权利、专业、跨度等进行局部调整,使各项评价指标得到改善,使总体评价指标达到最优。组织设计的优化调整工作需要从操作层优化调整开始,接着对管理层进行优化调整,最后对决策层进行优化调整,再进行组织设计方案评价。这样的调整和评价工作可以不断进行,要求每次调整方案的评价指标的最优性必须得到提高,最终使整体组织设计方案最优。

8. 组织设计方案决策

组织设计方案决策就是选择优化调整和评价的最终设计方案,它是建立管理组织的实施蓝图。

三、领导

(一) 领导的概念

1. 领导的含义

关于领导的概念,历来就有不同的解释。归纳起来,管理学者认为领导是一种行为和影响力,这种行为和影响力可以引导和激励人们去实现组织目标。我们认为,领导是在一定条件下实现组织目标的行为过程,它包含行使组织所赋予的权力、实行监督和控制,但更主要的是通过领导者个人依据组织环境,运用领导技能,采取正确的领导方式和行为,团结和带领职工高效率地实现组织目标的过程。领导是领导者为实现组织目标而运用权力向下属施加影响力或是表现为下属对领导者强烈的追随和服从的行为。

2. 领导与管理的关系

关于领导与管理的关系问题,目前有不同的观点,甚至有人认为"领导就是管理"。我们认为,领导是管理的一部分。约翰·P. 科特认为,领导不同于管理,但其不同之处却并非大多数人所想象的。他说,领导补充了管理,但不能替代管理。管理与领导的区别在于,管理是用于应对复杂性的,而领导则是相对于变革而言的。美国学者华伦·班尼斯也指出:"领导者是做正确事情的人,而管理者是把事情做正确的人。"美国著名学者亚伯拉罕·扎莱兹尼克认为,管理者的目标源于需要而非欲望,他们擅长缓解个体及部门间的矛盾,确保组织内的方方面面和日常工作的顺利进行。而领导者是以一种富于个性化的、积极的态度对待目标,他们需求潜在的机会和回报,并以其自身的魅力激励下属,激发创新。在具体操作上,管理者做事讲究的是工作职责和程序,以及科学性与规范性等,而领导者则可能更注意自己的影响力、做事的非程序化等。

3. 领导者权力的构成

简单地说,权力是一个人所具有的施加于别人的控制力和影响力。权力的构成

主要有两个方面:

(1) 来自职位的权力

职位权力是由上级和组织所赋予的,并有法律、制度明文规定,故称为制度权。制度权不依任职者的变动而变动。制度权有以下几个方面:① 强制权,指可施加扣发工资或奖金、批评、降职乃至开除等惩罚性措施的权力,所以也称作惩罚权或处罚权。② 奖励权,指提供奖金、提薪、表扬、升职和其他任何令人愉悦的东西的权力,通称奖励权。③ 法定权,指组织内各管理职位所固定的法定的、正式的权力。

(2) 来自领导者个人的权力

非职位权力不是由领导者在组织中的职位产生的,而是领导者由于自身的某些特殊条件才具有的。领导者的个人权力表现为以下两点:① 个人影响权,也称模范权、个人感召权,它与个人的品质、魅力、经历、背景等因素相关。② 专长权,指具有某些专门知识和特殊技能。一个人以其知识和经验让别人不得不尊重他,别人就会在一些问题上服从于他的判断和决定。

一个优秀的、成功的领导者的权力构成必须包括两点:① 正式的权力和非正式的权力,两者不可或缺。② 要重视发挥、培育自己的个人影响权和专长权。因此,可以这么说,领导的本质就是被领导者的追随和服从,它不是由组织赋予的职位和权力所决定的,而是取决于追随者的意愿。而作为领导者就是要想方设法来满足追随者的要求、意愿和需要。

(二) 领导的作用

领导活动对组织绩效具有决定性的影响作用,这种作用具体体现在以下几个方面:

1. 沟通协调

组织的目标是通过许多人的集体活动来实现的,即使组织制订了明确的目标,但由于组织中成员对目标的理解、对技术的掌握和对客观情况的认识,因他们个人知识、能力上的差异而有所不同。所以员工在思想认识、行为上产生偏差与分歧是不可避免的,这些都需要领导者来有效地协调,使组织成员步调一致地向着共同的目标而努力。

2. 指挥引导

在组织的集体活动中,领导者应该通过引导、指挥或先导性活动,帮助组织成员最大限度地实现组织目标。尽管这些活动在形式上略有差异,但是其共同的要求都是:领导者不能只是站在组织成员的后面去推动、去督促,而是应该作为带头人来引导他们前进,鼓舞人们去奋斗,以实现组织的目标。

3. 激励鼓舞

任何组织都由具有不同需求、欲望和态度的个人所组成,组织成员的个人目标与组织目标不可能完全一致。领导活动的目的就在于把个人目标与组织目标结合起来,引导成员满腔热情地为实现组织目标作出贡献。领导工作的作用在很大程度上表现为调动组织中每个成员的积极性,使其以高昂的士气自觉地为组织作出贡献。如果领导不具备激励、鼓舞的能力,那么即使组织内拥有再多的优秀人才,也难以发挥其整体作用。

(三)领导方式的类型

领导方式大体有三种类型:

(1)专制型的领导者,只注重工作的目标,仅仅关心工作的任务和工作的效率。但他们对团队的成员不够关心,被领导者与领导者之间的社会心理距离比较大,领导者对被领导者缺乏敏感性,被领导者对领导者存有戒心和敌意,容易使群体成员产生挫折感和机械化的行为倾向。

(2)民主型的领导者,注重对团体成员的工作加以鼓励和协助,关心并满足团体成员的需要,营造一种民主与平等的氛围,领导者与被领导者之间的社会心理距离比较近。在民主型的领导风格下,团体成员有较强的工作动机,责任心也比较强,团体成员自己决定工作的方式和进度,工作效率比较高。

(3)放任型的领导者采取的是无政府主义的领导方式,对工作和团体成员的需要都不重视,无规章、无要求、无评估,工作效率低,人际关系淡薄。

领导方式的这三种基本类型各具特色,也适用于不同的环境。领导者可根据所处的管理层次、所承担的工作的性质以及下属的特点,在不同的时空选择合适的领导方式。

【案例1-2】

哪种领导方式最有效

ABC公司是一家中等规模的汽车配件生产集团。最近,对该公司的三个重要部门经理进行了一次有关领导方式的调查。

一、安西尔

安西尔对其部门的产出感到自豪。他总是强调对生产过程、出产量控制的必要性,坚持下属人员必须很好地理解生产指令以得到迅速、完整、准确的反馈。当安西尔遇到小问题时,会放手交给下级去处理;当问题很严重时,他则委派几个有能力的下属人员去解决问题。通常情况下,他只是大致规定下属人员的工作方针、完成怎样的报告及完成期限。安西尔认为只有这样做才能更好地合作,避免重复工作。

安西尔认为对下属人员采取敬而远之的态度对一个经理来说是最好的行为方式,所谓的"亲密无间"会松懈纪律。他不主张公开谴责或表扬某个员工,相信他的每一个下属人员都有自知之明。

据安西尔说,在管理中的最大问题是下级不愿意接受责任。他讲到,他的下属人员可以有机会做许多事情,但他们并不是很努力地去做。

他表示不能理解在以前他的下属人员如何能与一个毫无能力的前任经理相处,

他说,他的上司对他们现在的工作运转情况非常满意。

二、鲍勃

鲍勃认为每个员工都有人权,他偏重于管理者有义务和责任去满足员工需要的学说。他说,他常为他的员工做一些小事,如给员工两张下月在伽利略城举行的艺术展览的入场券。他认为,每张门票才15美元,但对员工和他的妻子来说却远远超过15美元。通过这种方式,也是对员工过去几个月工作的肯定。

鲍勃说,他每天都要到工场去一趟,与至少25%的员工交谈。鲍勃不愿意为难别人,他认为安西尔的管理方式过于死板,安西尔的员工也许并不那么满意,但除了忍耐别无他法。

鲍勃说,他已经意识到在管理中有不利因素,但大都是由于生产压力造成的。他的想法是以一个友好、粗线条的管理方式对待员工。他承认尽管在生产率上不如其他单位,但他相信他的雇员有高度的忠诚与士气,并坚信他们会因他的开明领导而努力工作。

三、查理

查理说他面临的基本问题是与其他部门的职责分工不清。他认为不论是否属于他们的任务都安排在他的部门,似乎上级并不清楚这些工作应该谁做。

查理承认他没有提出异议,他说这样做会使其他部门的经理产生反感。他们把查理看成是朋友,而查理却不这样认为。

查理说过去在不平等的分工会议上,他感到很窘迫,但现在适应了,其他部门的领导也不以为然了。

查理认为纪律就是使每个员工不停地工作,预测各种问题的发生。他认为作为一个好的管理者,没有时间像鲍勃那样握紧每一个员工的手,告诉他们正在从事一项伟大的工作。他相信如果一个经理声称为了决定将来的提薪与晋职而对员工的工作进行考核,那么,员工则会更多地考虑他们自己,由此而产生很多问题。

他主张,一旦给一个员工分配了工作,就让他以自己的方式去做,取消工作检查。他相信大多数员工知道自己把工作做得怎么样。

如果说存在问题,那就是他的工作范围和职责在生产过程中发生的混淆。查理的确想过,希望公司领导叫他到办公室听听他对某些工作的意见。然而,他并不能保证这样做不会引起风波而使情况有所改变。他说他正在考虑这些问题。

(摘自 http://www.besteol.com/htm/2011112/7221.htm)

思考题:

1. 你认为这三个部门经理各采取什么领导方式?试预测这些模式各将产生什么结果。

2. 是否每一种领导方式在特定的环境下都有效?为什么?

第一章 认识管理

（四）领导集体的构成

现代企业的生产经营活动异常复杂，如果单靠某一个人的聪明才智，是很难有效地组织和指挥企业的生产和经营活动的。因此必须组成一个领导班子，发挥领导集体的作用。一个具有合理结构的领导班子，不仅能使每个成员人尽其才，做好各自的工作，而且能够通过有效的组合，发挥出巨大的集体力量。领导班子的结构一般包括年龄结构、知识结构、能力结构、专业结构等方面。

1. 年龄结构

不同年龄的人具有不同的智力、不同的经验。现代生理科学和心理科学研究表明，一个人的年龄与智力有一定的定量关系。在智力诸因素中，中青年占有明显的优势，人的经验与年龄一般成正比关系，年老的人经验往往比较丰富。因此，寻求领导班子成员的最佳年龄结构是非常重要的。领导班子应该是老、中、青三结合，向年轻化的趋势发展，这样有利于发挥各自的特点，且领导班子年轻化符合现代社会的客观要求。

2. 知识结构

知识结构是指领导班子中不同成员的知识水平构成。领导班子成员都应该具有较高的知识水平。没有较高的文化知识素养，就胜任不了现代企业的要求。在现代企业中，大量的先进科学技术被采用，同时经营环境复杂多变。为了使企业获得生存与发展，企业领导人必须具备丰富的知识。随着我国社会经济的发展，职工的文化水准不断提高，各类组织的各级领导都在向知识型转变。

3. 能力结构

领导的效能不仅与领导的知识有关，而且与他运用知识的能力有密切的关系。这种运用知识的能力对于管理好一个企业是非常重要的。能力是一个相当宽泛的概念，它包括决策能力、分析能力、指挥和组织的能力等。因此，企业领导班子中应该包括不同能力类型的人物，既要有思想家又要有组织家，还要有能实干的人，不能清一色的都是一种类型。

4. 专业结构

专业结构指的是在领导班子中成员的配备应该由各种专门的人才组成，形成一个合理的专业结构，从总体上强化这个班子的专业力量。在现代企业里，科学技术渗透一切领域，科学技术是提高生产经营成果的主要手段。因此，领导干部队伍的专业化，是搞好现代企业生产经营的客观要求。

四、控制

计划目标和组织结构确定以后，各级管理人员就要通过控制实现计划目标。控制是管理的一项重要职能，它要求管理者依据一定的实际情况制订控制标准，然后用这一标准去衡量计划的实际完成情况，并根据实际情况，采取一定的措施，纠正计划执行过程中的偏差或者适时地改变与实际不符的计划，以保证计划目标的实现。

如果没有控制的有效实施,计划等其他管理职能就很难实现。从这个意义上说,没有控制就没有管理。

(一) 控制的概念

"控制"一词最初源于希腊语"掌舵术",意指领航者通过发号施令将偏离航线的船只拉回到正常的轨道上来。因此,控制就是监视组织各项活动,以保证它们按计划进行,并纠正各种重要偏差,或检查与调整组织的一切活动,以便更好地实现组织既定目标和任务的过程。

管理学中的控制活动有别于其他学科中对这一活动的限定。管理学中的控制概念是指按照既定目标和标准,对组织活动进行监督、测量,发现偏差并分析原因,在此基础上采取措施使组织活动符合既定要求的过程。

在管理活动中,进行控制是十分必要的。正如亨利·西斯克所说的:"如果计划从来不需要修改,而且是在一个全能的领导人的指导之下,由一个完全均衡的组织完美无缺地来执行的,那就没有控制的必要了。"但是,这种理想的状态并不能成为企业或者组织的现实。因为,尽管人们把计划制订得十分周密,但是由于各种各样的原因,该计划在执行过程中总是会或多或少地出现不一致的现象。具体来说,引起控制的主要因素有以下几个方面:① 环境的变化。主要包括市场供求条件的变化以及由此引起的取得同样性质与数量的资源所需要的费用、销售同样的性质与数量的资源所获得的收入。企业外部的一切每时每刻都在发生着变化,这些变化的存在要求其对原先制订的计划进行调整。② 管理权力的分散。当企业经营达到一定的规模之后,企业主管就不可能再对所有员工直接地进行面对面的组织,出于时间和精力的原因,他们会委托一定的助手进行相关工作。相同的原因,这些助手也会再委托一定的其他助手进行具体的工作。于是,在企业中形成了由上级主管到下级具体工作人员的层层分权现象。在分权的过程中,上一级的主管必须给予其下级的主管一定的权力,以保证他们有效地完成受托的部分管理任务。同时,每个层次的主管还需要定期或者不定期地检查下属的工作,以保证授予他们的权力得以正确的利用。因此,管理的控制活动应运而生。③ 工作能力的限制。即使企业制订了全面完善的计划,经营环境在一定时期内也相对稳定,对经营活动的控制也同样是必要与必需的。因为组织内每个成员的认识能力和工作能力都是有差异的,从而造成他们对计划的理解也发生一定的差异。而且即使每个员工都完全正确地理解了计划的要求,但由于工作能力的差异,他们的实际工作结果也会在质和量上与计划要求不符。某个环节可能产生的这种偏离计划的现象,会对整个企业活动的进行造成冲击。因此,加强对这些成员的工作控制是非常必要的。

(二) 控制的意义

控制的重要性可以从以下两个方面来理解:

(1) 控制的普遍性。控制职能普遍存在于任何组织、任何活动当中。现代管理系统中,人、财、物等要素的组合关系是多种多样的,时空变化及环境的影响很大,内部运行和结构有时变化也很大,加上组织关系错综复杂,随机因素很多,预测不可能完全准确,制定出的计划在执行过程中可能会出现偏差,还会发生未曾预料到的情况。这时,控制工作就起到了执行和完成计划的保障作用以及在管理控制中产生新的计划、新的目标和新的控制标准的作用。所以说,控制是一项普遍而广泛的管理职能。

(2) 控制的全程性。控制职能作为实现目标及改进工作的有效手段存在于管理活动的全过程中。尽管计划可以制订出来,组织结构可以调整得非常有效,员工的积极性也可以调动起来,但是这些仍然不能保证所有的行动都按计划执行,不能保证管理者追求的目标一定能达到,必须依靠控制工作在计划实施的各个阶段通过纠正偏差的行动来实现。因此,控制职能存在于管理活动的全过程中,它不仅可以维持其他职能的正常活动,而且在必要的时候可以改变其他管理职能的活动。这种改变有时可能很简单,只在指导中稍做些变动即可。但在许多情况下,正确的控制工作可能导致确立新的目标、提出新的计划、改变组织结构、改变人员配备以及在指导和领导方法上做出重大改革,使组织的工作得以创新和提高。

(三) 管理控制的基本原则

1. 原则性与灵活性相结合的原则

控制是按一定标准进行的管理活动,目的是为了保证计划完成。受控者在控制过程中必须严格执行施控者的命令和决策,施控者对要完成的计划、要达到的标准不能有丝毫动摇。控制是一项十分严肃的管理工作,控制需坚持原则,必须严格按计划、按标准办事。对计划中存在的问题,必须及时反馈;对计划执行中存在的重大消极因素,必须坚决排除。但是,控制又是针对未来进行的管理,为了保护员工的积极性,对一些非原则性的缺点和错误,以及一些不影响大局的失误,应从正面给予帮助,积极引导,争取受控者自觉、主动地去纠正偏差。

在控制中做到原则性与灵活性的结合,需要较高的管理控制艺术水平。它首先要求管理者对哪些属于原则性问题、哪些属于非原则性问题有一个正确的判断;其次要求有与问题大小程度相适应的处理措施。要做到这一点,施控者必须努力提高自己的政策水平、思想水平、工作水平,不断地总结管理中的经验教训,提高自己的管理调控能力。

2. 控制应该和计划与组织相适应

控制系统和控制方法应当与计划和组织的特点相适应。控制工作越多地考虑到各种计划的特点,就越能充分地发挥作用。计划是控制的标准,没有计划就谈不上控制。实现计划是控制的最终目的。计划制订得越详细、越明确、越可行,控制也就越容易。控制本身也需要有计划。对于施控者来说,不仅要建立控制标准、控制程序,而且还必须明确控制工作的重点、方法和目标,这都说明控制工作本身也需要计划。与控制关系最为密切的管理职能是计划,有些管理学家认为,计划和控制只不过是同一个问题的两个方面而已。计划不仅是控制的标准,而且计划本身就是为了对组织未来的活动加以控制,使组织的一切活动井然有序,能够经济、合理、顺利地实现组织的目标。正是从这个意义上说,计划也是一种控制,计划越全面、越明确,控制的作用和效果也就越大、越明显。另一方面,控制的目的也就是为了实现组织的计划,按计划规定的路线、方法来实现组织的目标。不然的话,眉毛胡子一把抓,全面撒网,控制就会打乱仗,施控者就会像消防队员一样,哪里出问题就急急忙忙地奔向哪里,这样的话,控制是很难取得成效的。控制还应当能够反映一个组织的结构状况并通过健全的组织结构予以保证,否则,控制就只是空谈。

3. 控制应当强调例外原则

例外原则,是指管理者的控制应当顾及例外情况的发生,不至于面临重大的偏差而不知所措。也就是说,管理者应把主要注意力集中在那些出现了特别好或特别坏的情况上。这一点常常同关键点控制原理混淆起来。其实,关键点控制原理是强调控制应当重视一些关键的点,而例外原理是强调必须留意在这些关键点上偏差的规模。如果把两者很好地结合起来就可以使控制工作既有好的效果,又有高的效率。

4. 控制应该具有及时性和经济性

控制工作本是动态变化的,控制所依据的标准、衡量工作所用的方法等都可能随着情况的变化而调整、变化,控制时机的选择十分重要。较好的控制必须能及时发现偏差,及时提供信息,使管理者能迅速采取措施加以更正。再好的信息,如果过时了,也将是毫无用处的,而且往往会造成不可弥补的损失。时滞现象是反馈控制的一个难以克服的困难。虽然检查实施结果,将结果同标准比较找出偏差,可能不会花费很长的时间;但分析偏差产生的原因,并提出纠正偏差的具体办法也许旷日持久,当企业采取这些办法去纠正偏差时,实际情况可能有了很大变化。解决这一问题的最好办法是采取预防性控制措施。一个真正有效的控制系统应该能预测未来,及时发现可能出现的偏差,预先采取措施,调整计划,而不是等问题真的出现了再去解决。

控制是一项要投入人力、物力、财力的事情,从经济角度上看必须是合理的,如果控制所付出的代价比它得到的好处要大,那么就失去了意义,任何控制系统产生的效益都必须与其投入的成本进行比较。为了使成本最少,管理者应该尝试使用能产生期望结果的最少量的控制。这个要求看起来简单,但做起来却比较复杂。因为一个管理者有时很难确定某个控制系统究竟能带来多少效益,也难以计算其费用到底是多少。是否经济也是相对的,因为控制的效益随业务活动的重要性和规模的大小而不同。在实际工作中,我们应尽可能有选择地进行控制,精心选择控制点;另外,尽可能改进控制方法和手段以降低消耗提高效益。

【案例1-3】

客户服务质量控制

从美国某信用卡公司的卡片分部情况,可以认识到高质量客户服务是多么重要。客户服务不仅影响公司信誉,也和公司利润息息相关。比如,一张信用卡每早到客户手中一天,公司可获得35美分的额外销售收入,这样一年下来,公司将有150万美元的净利润,及时地将新办理的和更换的信用卡送到客户手中是客户服务质量的一个重要方面,但这远远不够。决定对客户服务质量进行控制来反映其重要性的想法,最初是由卡片分部的一个地区副总裁凯西·帕克提出来的。她说:"一段时间以来,我们对传统的评价客户服务的方法不大满意。向管理部门提交的报告有偏差,因为它们很少包括有问题但没有抱怨的客户,或那些只是勉强满意公司服务的客户。"她相信,真正衡量客户服务的标准必须基于和反映持卡人的见解。这就意味着要对公司控制程序进行彻底检查。第一项工作就是确定用户对公司的期望。对抱怨信件的分析指出了客户服务的三个重要特点:及时性、准确性和反应灵敏性。持卡者希望准时收到账单、快速处理地址变动、采取行动解决抱怨。

了解了客户期望,公司质量保证人员开始建立控制客户服务质量的标准。所建立的多个标准反映了诸如申请处理、信用卡发行、账单查询反应及账户服务费代理等服务项目的可接受的服务质量。这些标准都基于用户所期望的服务的及时性、准确性和反应灵敏性上。同时也考虑了其他一些因素。除了客户见解,服务质量标准还反映了公司竞争性、能力和一些经济因素。比如,一些标准因竞争引入,一些标准受组织现行处理能力影响,另一些标准取决于公司的经济能力。考虑了每一个因素后,适当的标准就成型了,所以开始实施控制服务质量的计划。计划实施效果很好,比如处理信用卡申请的时间由35天降到15天,更换信用卡从15天降到2天,回答用户查询时间从16天降到10天。这些改进给公司带来的潜在利润是巨大的。例如,办理新卡和更换旧卡节省的时间给公司带来了1 850万美元的额外收入。另外,如果用户能及时收到信用卡,他们就不会使用竞争者的卡片了。

该质量控制计划潜在的收入和利润对公司还有其他益处,该计划使整个公司都注重客户期望。各部门都以自己的客户服务记录为骄傲,而且每个雇员都对改进客户服务作出了贡献,使员工士气大增。每个雇员在为客户服务时,都认为自己是公司的一部分,是公司的代表。

卡片分部客户服务质量控制计划的成功,使公司其他部门纷纷效仿。无疑,它对该公司的贡献将是巨大的。

(摘自杨孝海主编《管理学》,西南财经大学出版社,2008年)

思考题:由上文分析该公司对计划进行有效控制的三个因素。为什么该公司将标准设立在经济可行的水平上,而不是最高可能的水平上?

第三节 管理理论及其发展

管理的产生由来已久,但成为系统的管理理论,则公认是在19世纪末到20世纪初。作为系统的管理理论,由于历史的发展和现实需要,形成了不同的学派。而对各个学派的划分,各国学者的观点也不尽相同,从其发展的历史及其内容来看,管理理论的发展大体可分为三个阶段。

一、古典管理理论

形成于19世纪末20世纪初的古典管理理论,从不同的方面较为系统地探讨了经济管理问题,形成了具有代表性的科学管理理论和组织管理理论两个学派。

(一)科学管理理论

科学管理理论是由美国管理学家泰罗首先提出的,并在他和他的追随者不断努力下所形成的一个理论体系。作为科学管理理论的创始人泰罗,在工厂中研究企业管理20多年,先后从事工长、总技师、总工程师等职,1895年和1903年,他发表了"计件工资制"和"工厂管理"等文章。1911年,他根据多年试验研究的结果,出版了现在被认为是管理学经典著作的《科学管理原理》一书。

泰罗的科学管理思想和理论的主要内容是:

1. 劳动方法标准化

通过分析研究工人的操作,选用最合理的劳动工具,集中先进合理的动作,省去多余的、不合理的动作,制订出各种工作的标准操作方法。除了使工作人员掌握标准的操作方法以外,还要求把工人使用的工具、机器、材料及作业环境标准化。

2. 科学利用工时

通过对工人工时消耗的分析研究,规定完成合理操作的标准时间,制订出劳动时间定额。

3. 实行计件工资

为鼓励工人完成工作定额,主张实行有差别的、具有刺激性的"计件工资制度",对于超额完成定额的工人,按较高的工资率计发工资;否则,按较低的工资率计发工资。

4. 管理职能专业化

明确划分计划职能与作业职能,计划职能人员负责研究、调查、计划、控制及对操作者进行指导,逐步实现管理人员专业化。

5. 实行例外原则

泰罗认为,规模较大的企业不能只依据职能原则来进行组织管理,还必须应用例外原则,即企业的高级管理者把一般的日常事务授权给下级管理者去处理,而自己只保留对例外事项的决策和监督权。该原则后来成为组织管理理论中的一个重要原则。

泰罗所提出的科学管理理论对管理界所做出的杰出贡献主要可归纳为两个方面:

(1) 科学管理的"精华"是要求劳资双方都必须进行重大的"精神革命",即要求劳资双方各自将注意力从盈余量的分配转移到为增加盈余量而共同努力上来,从而使双方矛盾得到缓解和消除。雇主关心的是降低成本,工人关心的是提高工资。要使双方认识到只有通过采用科学管理,才能提高劳动生产率,进而双方都能谋求最高的生产效率。

(2) 泰罗认为,最高的生产率是雇主和工人共同达到繁荣的基础,它能使较高的工资与较低的劳动成本结合起来,从而使雇主得到最大的利润,工人得到较高的工资,并进一步提高他们对扩大再生产的兴趣,促进生产的继续发展。因此,提高劳动生产率是泰罗创建科学管理理论的基本要求,是确定各种科学管理理论、方法和技术的出发点,而采用科学管理是达到上述目标的重要手段。泰罗认为,完善的管理是一门学科,必须采用科学的方法,要把科学的方法应用于一切管理问题,使管理规范化、制度化,这是提高生产效率的关键。

由于泰勒在科学管理理论方面所做出的开创性成就,因此他被人们称为"科学管理之父"。但更为正确地说,在这一领域还有很多人也在为与泰罗同样的目的而终生不懈地努力。他们有的是泰罗的合作者,有的是泰罗的追随者,正是他们对科学管理理论的理解、支持和传播,特别是经过他们自己的钻研创造和归纳总结,才使得科学管理理论的内容更加充实完善。

亨利·甘特发明了运用线条图制订生产作业计划和控制计划执行的管理办法,并在工资方面有深入的研究,提出了"甘特作业奖金制度"。

弗兰克·吉尔布雷斯长期从事动作研究和疲劳研究,在动作和工作简化方面做出了杰出贡献。

哈林顿·埃默森是科学管理理论的研究者和倡导者,特别是在测定工时、降低成本、提高效率和消除浪费等方面的研究中做出了杰出贡献。他于1912年出版的《十二条效率原则》一书,提出了提高效率的十二条准则。

福特创立了汽车工业的流水生产线,促进了生产组织工作的进一步标准化,并为生产自动化创造了条件。

💣【案例 1-4】

联合邮包服务公司

联合邮包服务公司(United Parcel Service,UPS)雇佣了 15 万名员工,平均每天将900万个包裹发送到美国各地和180个国家。为了实现他们的宗旨——在邮运业中办理最快捷的运送,UPS的管理当局系统地培训他们的员工,使他们以尽可能高的效率从事工作。让我们以送货司机的工作为例,介绍一下他们的管理风格。

UPS的工程师们对每一位司机的行驶路线都进行了时间研究,并对每种送货、暂停和取货活动都设立了标准。这些工程师们记录了红灯、通行、按门铃、穿过院子、上楼梯、中间休息喝咖啡的时间,甚至上厕所的时间,将这些数据输入计算机中,从而给出每一位司机每天工作的详细时间标准。

为了完成每天取送130件包裹的目标,司机们必须严格遵循工程师设定的程序。当他们接近发送站时,松开安全带,按喇叭,关发动机,拉起紧急制动,把变速器推到1档上,为送货完毕的启动离开做好准备,这一系列动作严丝合缝。然后,司机从驾驶室走出,右臂夹着文件夹,左手拿着包裹,右手拿着车钥匙。他们看一眼包裹上的地址把它记在脑子里,然后以3ft/s的速度快步走到顾客的门前,先敲一下门以免浪费时间找门铃。送货完毕,他们在回到卡车上的路途中完成登录工作。

这种刻板的时间表是不是看起来有点繁琐?也许是。它真能带来高效率吗?毫无疑问!生产率专家公认,UPS是世界上效率最高的公司之一。举例来说,联邦捷运公司(Federal Express)每人每天不过取送80件包裹,而UPS却是130件。在提高效率方面的不懈努力,看来对UPS的净利润产生了积极的影响。虽然这是一家未上市的公司,但人们普遍认为它是一家获利丰厚的公司。

(摘自http://www.docin.com/p-500871076.html)

思考题:联合邮包服务公司采用了何种管理理论?这种理论在今天还有用吗?

(二) 组织管理理论

组织管理理论是古典管理理论的另一流派,其核心是从大型组织整体出发,研究组织结构的设计、建立和运行的基本原则,研究组织中的管理职能。对这一理论做出杰出贡献的有法约尔、韦伯等,他们从不同侧面论述了组织管理的有关问题,基本构建了组织管理理论的框架。

1. 法约尔的管理理论

亨利·法约尔先后担任过公司经理、总经理等企业高层管理职务,并在法国的多种机构中从事过管理方面的研究和教学工作。1916年,他出版了《工业管理和一般管理》一书,该书成为阐述其基本思想的主要著作。

法约尔的管理思想概括起来主要有以下几点:

(1)将"经营"和"管理"的概念加以区分,并最终构建成一个完整的理论系统。他认为,经营是指导或引导一个整体趋向一个目标,而管理则是经营的一部分。经营包含科技活动、营业活动、财务活动、安全活动、会计活动、管理活动六种活动,与六种活动相对应的技术能力、营业能力、财务能力、安全能力、会计能力、管理能力六种能力是所有经营者必须具有的,但因其活动不同而有所侧重。

(2) 提出管理可以划分为计划、组织、指挥、协调、控制五个方面的职能,从而使管理有了比较完善的概念。

(3) 提出了闻名管理界的 14 项管理原则。具体包括分工原则、权威和责任原则、统一指挥原则、命令统一原则、个人利益服从整体利益原则、个人报酬原则、集中原则、等级链原则、秩序原则、公平原则、个人任期稳定原则、创新精神和集体精神等方面。

(4) 建立管理教育制度。法约尔首先提出建立管理教育制度,他指出未来的管理者必须接受管理方面的训练,并不断地在管理实践中提高自己的管理才能。好的管理者在身体、智力、精神、教育等方面都应该有较好的素质。

可以看出,法约尔管理思想就是把管理经验系统化、理论化,尤其是协调管理组织和职责的明确划分,对以后管理组织的研究和管理体制的发展产生了重大影响。

2. 韦伯的管理理论

马克斯·韦伯的研究领域主要集中在组织理论方面。韦伯"科学管理"的核心是强调组织管理的高效率,为此,他对政府、教会、军队和经济等各种组织进行了长期的研究。他认为,等级制度、权力形态和行政制度是一切社会组织的基础,并从此着手进行分析,最终发展成为一个完善的理论体系——理想的行政组织体系理论。韦伯认为,他所创造的理想的行政组织体系在精确性、稳定性、可靠性和纪律性等方面都优于其他组织体系,它是对组织成员进行强制控制的最合理的手段,是提高生产效率最有效的保障。

韦伯认为组织中存在三种形式的权力与权威:一是法定的权力与权威,是依靠组织内部各级领导职位所具有的正式权力而建立的;二是传统的权力,是由于古老传统的不可侵犯性和执行这种权力的人的地位的正统性形成的;三是超凡的权力,是凭借对管理者个人特殊的、神圣英雄主义或模范品德的崇拜而形成的。在这三种权力中,韦伯最强调的是组织必须以法定的权力和权威作为行政组织体系的基础。

韦伯的三种权力来源,使组织呈现出三种不同类型。传统的权力所构成的家长制组织,不是建立在成文规范和法定程序的基础上,而是建立在人身依附式的个人忠诚基础上,这种组织的内部关系是一种主仆关系,组织的统治者拥有绝对的权力,但这种权力被惯例和习俗所限制;超凡的权力所构成的个人崇拜组织,基本特征是没有程序规则,缺乏等级和部门分工,因而没有稳固的制度基础,不可能持久;法定的权力所构成的行政组织,建立在人们对规章体系的理性信任基础上。韦伯认为,在近代以来的资本主义社会中,理想的行政组织是对大规模社会群体进行有效管理的基本形态。

理想的行政组织应具备以下特征:

(1) 专业化分工。组织成员之间有明确的分工,权利义务清晰。

(2) 等级制。组织中的职位,按权力大小和"命令-服从"关系,形成金字塔形的等级序列。

(3) 对法理化规则的遵从。组织的构建形成、部门分工、职位设置、成员选拔，一直到组织的运作，每一个成员的权力和责任，都是由法律制度（不仅包括成文制度，也包括不成文制度）明确规定的。

(4) 非人格化。组织的运行不依个人的意志为转移，不受个人的感情的支配。

3. 穆尼的管理理论

詹姆斯·穆尼根据自己在企业和政府部门的长期实践经验，在组织理论上进行了不懈的探索。1931年出版了他的代表作《前进的工业》（后改名为《组织管理》）。在此著作中，穆尼将管理称作"指导别人、激励别人的方法和技术"；将组织称为"把各种特定的职责和职能联系成一个协调的整体的方法"。他认为，每个组织内部都存在着一种工作职权的关系，虽然其组织目标、工作任务不同，但却有着相同的基本特征。因此，必须探索这些规律和原则，以说明组织活动的合理性。穆尼还提出了协调、等级和职能三条组织原则，对组织理论的进一步发展产生了积极的作用。

4. 厄威克的管理理论

林德尔·厄威克长期从事管理理论的研究，著有《管理的要素》、《组织的科学原则》、《组织中的委员会》等。在其代表作《组织的科学原则》一书中，他提出了适合一切组织的组织原则：① 目标原则，即任何组织都有一个目标。② 相符原则，即权力与责任必须相符。③ 职责原则，即必须由上级分配给下级职责。④ 组织阶层原则，即任何组织都必须进行层次划分。⑤ 控制广度原则，即每个上级管辖下级的人数不得超过5～6人。⑥ 专业化原则，即每个人的工作应限制为一种单一职能。⑦ 协调原则，即对组织的各种活动必须进行协调。⑧ 准确性原则，即对组织中每项职务都要有明确的规定。

二、行为科学管理理论

科学管理理论，虽然把企业管理和劳动生产率提高到一个新水平，为现代管理理论奠定了基础，但它把管理的重点只放在提高劳动生产率、完成生产任务方面，而对人的因素不够重视，基本上把人看做是机器的配件、会说话的工具，结果造成广大工人的不满和反抗，大大挫伤了工人的劳动积极性。为了解决管理中这一问题，许多企业家和学者进行了大量的研究和探索，形成了管理学中的"行为科学"理论。

行为科学是研究在自然和社会环境中人的行为的科学。其内容涉及心理学、社会学、社会人类学等学科，以及其他学科中有关的观点和方法。

行为科学管理理论是探索将人的行为的研究应用于管理理论之中的学科理论。行为科学管理理论开始被称为"人群关系理论"，后来发展成为"行为科学管理理论"。

人群关系理论产生于20世纪20年代，主要从重视人的行为入手，研究人群之间的关系。行为科学管理理论是20世纪50年代以后逐渐发展起来的，其研究领域主要包括：人的个体行为，即通过研究人的需要、动机以及人性假设理论，进而了解人的各种行为；领导行为，即从领导的概念入手，研究影响领导行为的权力基础，导致有效领导行为的环境和领导的行为模式、方法等;组织行为,研究组织成员之间和组织成员与组织之间的行为等。

(一) 人群关系理论

人群关系理论建立在霍桑实验的基础上,而霍桑实验又因为有了梅奥、罗特利斯伯格等人的参加而得以成功地进行下去并取得最终成果。

20世纪20年代后期,在美国芝加哥的西部电器公司下属的霍桑工厂进行了著名的霍桑实验。当时,许多研究管理的学者和企业管理者都认为工作环境的物质条件同工人的健康和生产效率之间存在着明确的因果关系,即最理想的工作环境应包括合适恰当的通风、温度、照明和其他的自然条件,科学制订的工作任务,刺激性的工资制度等,这些都是提高生产效率的先决条件。为验证此论点,特别是为了找出两者间关系的精确数据,早在梅奥等参加霍桑实验以前,已经有人在霍桑工厂从事此项实验。他们先后从改变照明条件、改变工资支付方法、改变工作时间和福利待遇等方面入手进行了实验,实验前后历时三年,但毫无结果。

1927年,实验小组的成员之一,西部电器公司检验部主任潘诺克偶然在纽约的哈佛俱乐部听哈佛大学梅奥教授做关于工业心理研究的报告。由于梅奥教授的研究领域与霍桑实验的目的比较一致,所以潘诺克决定马上邀请梅奥教授参加并主持霍桑实验。梅奥欣然接受邀请,带领包括罗特利斯伯格等哈佛大学的一批研究人员,与西部电器公司的人员结合起来,成立了新的研究小组,继续进行实验。

1928~1930年,梅奥领导了第二阶段的霍桑实验。1933年,梅奥出版了《工业文明的人性问题》一书,此书总结了霍桑实验的成果。1936年实验结束后他又出版了《工业文明的社会问题》专著,进一步完整地阐明了自己的观点,形成了"人群关系理论",总结起来有如下几点:

1. 人是"社会人",是复杂的社会系统的成员

科学管理理论把人假设为"经济人",认为金钱是刺激积极性的唯一动力。梅奥等人认为,人是"社会人",他们不仅仅追求金钱收入,更主要的还有社会和心理方面的需要。因此,要协调人的积极性,还必须从人的心理、社会等方面去做工作。

2. "非正式组织"对员工具有重要作用

正式组织是指为了有效地实现组织目标,规定组织各成员之间相互关系和职责范围的一定组织体系。非正式组织是指人在相互交往中自发地形成一种共同的感情倾向,从而形成一个无形的组织体系。梅奥认为,在一个组织内部除了具有正式组织外,还有非正式组织存在,并且非正式组织对员工也发挥着重要作用。

3. 管理中必须采用新型的领导方式

梅奥等人认为,促进生产效率提高的首要因素是组织成员的满足程度。所谓满足程度是指成员在安全、归属等社会需求方面的满足程度,此程度越高,生产效率也越高。新型的领导方式在于通过对成员满足程度的提高来鼓舞员工的"士气",从而达到提高劳动效率的目的。

以梅奥为代表所创立的人群关系理论,运用多学科的理论真正地开始了对人的行为的研究,这不仅为行为科学管理理论的发展奠定了基础,也为管理理论开创了一个新的领域。

(二)行为科学管理理论

行为科学管理理论主要是运用人类学、社会学、心理学、经济学等理论与方法,研究人的行为及产生的原因,研究人的行为规律。在行为科学管理理论中,较为著名的有如下理论观点:

1. XY理论

美国麻省理工学院教授、著名的行为学家道格拉斯·麦格雷戈在1957年出版的《管理评价》杂志中发表的"企业的人性面"一文中首先提出了著名的"X—Y理论"。

麦格雷戈在研究企业管理时,发现企业管理中出现的问题,不是由于管理人员对工人的片面认识而造成的,他对古典管理理论和行为管理理论中有关人性的假设进行了系统的归纳和总结,并将其称为X理论,他又创造性地提出了与X理论截然相反的Y理论。

(1) X理论是建立在古典管理理论和行为科学管理基础之上的,其主要观点为:① 一般人天生懒惰,好逸恶劳,并尽量逃避工作。② 对大多数人必须运用强制、监督和控制以及威胁和惩罚等手段才能使他们为实现组织目标而努力。③ 一般人抱负少,因而愿意被领导,不愿意承担责任和风险,以求安全。

(2) Y理论主要包括如下观点:① 人并非天生就厌恶工作,他们在工作中运用体力和脑力,正如娱乐和休息一样自然。他们对工作的喜爱或憎恶,取决于工作对其究竟是一种满足还是一种惩罚。② 外部控制和惩罚的威胁并不是促使人们为现实组织目标而努力的唯一办法。人们对自己所参与的目标能实行自我指挥和自我控制。③ 对目标的参与和获得的报酬是息息相关的,而在这些报酬中又以自尊和自我实现需要的满足为先,它能促使人们为实现组织目标而努力。④ 大多数人并非天生就对组织的要求采取消极或抵制的态度。在正常情况下,人们不仅能学会接受责任,而且还会愿意承担责任。⑤ 大多数人在解决组织问题中都具有相当高的想象力和创造力。但在现代工业社会中,这些潜能未能充分发挥出来。

麦格雷戈将Y理论称为"个人目标与组织目标相结合的理论",认为它能使组织成员在努力实现组织目标的同时,还能最好地实现个人目标。

💣【案例1-5】

油漆厂工人为什么闹事

钱兵是某名牌大学企业管理专业毕业的大学生,分配到宜昌某集团公司人力资源部。前不久,因总公司下属的某油漆厂出现工人集体闹事问题,钱兵被总公司委

第一章 认识管理

派下去调查了解情况,并协助油漆厂高厂长理顺管理工作。

到油漆厂上班的第一周,钱兵就深入"民间",体察"民情",了解"民怨"。一周后,他不仅清楚地了解到油漆厂的生产流程,同时也发现工厂的生产效率极其低下,工人们怨声载道,他们认为工作场所又脏又吵,条件极其恶劣,冬天的车间内气温只有-8 ℃,比外面还冷,而夏天最高气温可达40 ℃以上。而且他们的报酬也少得可怜。工人们曾不止一次地向厂领导提过,要改善工作条件,提高工资待遇,但厂里一直未引起重视。

钱兵还了解了工人的年龄、学历等情况,工厂以男性职工为主,约占92%。年龄在25~35岁之间的占50%,25岁以下的占36%,35岁以上的占14%。工人们的文化程度普遍较低,初高中毕业的占32%,中专及其以上的仅占2%,其余的全是小学毕业。钱兵在调查中还发现,工人的流动率非常高,50%的工人仅在厂里工作1年或更短的时间,能工作5年以上的不到20%,这对生产效率的提高和产品的质量非常不利。

于是,钱兵决定将连日来的调查结果与高厂长进行沟通,他提出了自己的一些看法:"高厂长,经过调查,我发现工人的某些起码的需要没有得到满足,我们厂要想把生产效率搞上去,要想提高产品的质量,首先得想办法解决工人们提出的一些最基本的要求。"可是高厂长却不这么认为,他恨铁不成钢地说:"他们有什么需要?他们关心的就是能拿多少工资,得多少奖金,除此之外,他们什么也不关心,更别说想办法去提高自我。你也看到了,他们很懒,逃避责任,不好好合作,工作是好是坏他们一点也不在乎。"

但钱兵不认同高厂长对工人的这种评价,他认为工人们不像高厂长所说的这样。为进一步弄清情况,钱兵采取发放问题调查问卷的方式,确定工人们到底有什么样的需要,并找到哪些需要还未得到满足。他也希望通过调查结果来说服厂长,重新找到提高士气的因素。于是他设计了包括15个因素在内的问卷,当然每个因素都与工人的工作有关,包括:报酬、员工之间的关系、上下级之间的关系、工作环境条件、工作的安全性、工厂制度、监督体系、工作的挑战性、工作的成就感、个人发展的空间、工作得到认可情况、升职机会等。

调查结果表明,工人并不认为他们懒惰,也不在乎多做额外的工作,他们希望工作能丰富多样化一点,能让他们多动动脑筋,能有较合理的报酬。他们还希望工作多一点挑战性,能有机会发挥自身的潜能。此外,他们还表达了希望多一点与其他人交流感情的机会,他们希望能在友好的氛围中工作,也希望领导经常告诉他们怎样才能把工作做得更好。

基于此,钱兵认为,导致油漆厂生产效率低下和工人有不满情绪的主要原因是报酬太低,工作环境不到位,人与人之间关系冷淡。

(摘自 http://unit.cug.edu.cn/2007jpkc/glxgj2/ml_anldp.htm)

思考题:高厂长对工人的看法属何种理论?根据钱兵的问卷调查结果,请你为该油漆厂出点主意,来满足工人们的一些需求。

2. 团体力学理论

团体力学理论是由曾任德国柏林大学心理学教授,后移居美国的库尔特·勒温首先提出的。该理论的主要观点有如下几方面:

(1) 团体的"准停滞均衡"。勒温认为,团体总是处于一种相互作用、相互适应的"相对静止"的环境中,即团体的"准停滞均衡"。

(2) 正式组织与非正式组织都由活动、相互影响和情绪三个因素组成。"活动"是指人们的一切行为,"相互影响"是指人们的行为在团体中相互影响;而"情绪"是指人们内在的心理活动。

(3) 团体的目标、内聚力、规范、结构和规模等因素不仅对正式的组织是必要的,而且对非正式组织也是不可忽视的。

(4) 民主的领导方式是最有效的团体领导方式。

(5) 团体压力。团体压力是指由团体施加给团体成员心理上的紧张、害怕和恐惧等的影响,它是团体行为的一个重要特征。团体压力的直接结果是容易使团体成员产生从众心理。

(6) 团体冲突。团体冲突是指在团体与团体、团体与团体成员之间的不一致和矛盾中产生的一种对抗性行为。团体冲突最终是人的冲突。

(7) 团体信息沟通。团体的信息沟通是指在团体中进行的,由传递者通过一定渠道把传递者与接受者联成一体的交流信息的过程。在这里,信息是一种被传递物,而渠道是一种媒体,且传递过程必须包括传递者和接受者双方。

行为科学管理理论中的需要层次理论、双因素理论和期望理论将在后面的第五章"激励能力"中详细介绍,这里就不展开论述了。

三、诸多管理理论学派共生阶段

管理理论在经过了古典管理理论和行为科学管理理论的发展以后,特别是第二次世界大战结束以后,出现了诸多管理理论学派共生的格局。

(一) 社会系统理论学派

社会系统理论的创始人是美国的切斯特·巴纳德。巴纳德在消化、总结和归纳前人管理理论的基础上,提出了社会系统理论这一独具特色的管理理论,其代表作为1938年出版的《经理人员的职能》。

巴纳德认为,社会的各级组织都是一个共生的系统,即由相互协作的各个人组成的系统。管理人员的作用,就是在协作系统中作为相互联系的中心,努力进行协调并维持系统的运行。

社会系统理论借鉴了社会学和系统论的思想。首先,这个理论试图论述组织之间的相互关系,并且已具有强烈的社会学的思想。其次,这个理论已经开始借鉴系统的分析方法,对诸如组织的结构、性质等进行论述,因而又具有系统论的思想。

第一章　认识管理

(二) 决策理论学派

决策管理理论的创始人是美国的西蒙和马奇，赫伯特·西蒙长期教授计算机科学和心理学等课程，并从事计量经济学的研究。

决策管理理论是在第二次世界大战以后吸收了行为科学、系统理论、运筹学、计算机科学等学科的内容而发展起来的。西蒙等人认为，决策贯穿于管理的全过程，管理就是管理者在研究各种各样的方案后选择并做出合理决策、付诸行动的过程，也就是说，管理就是决策。

西蒙等还对决策的过程、决策的准则、决策的类型、决策与组织结构的关系等进行了分析研究。指出决策过程包括搜集情报、制订计划和选定方案三个阶段；提出将决策分为程序化决策和非程序化决策两大类型；指出在决策过程中应坚持"令人满意"准则。其代表作有《组织》、《经济学和行为科学中的决策理论》、《管理决策新科学》等。由于西蒙对经济组织内部的决策程序进行了开创性的研究，因此荣获1978年度诺贝尔经济学奖。

(三) 经验主义理论学派

经验主义理论学派的代表人物是美国的德鲁克和戴尔。德鲁克的代表作有《管理：任务、责任和实践》、《管理实践》、《有效的管理者》等。戴尔的代表作有《伟大的组织者》、《企业管理的理论与实践》等。

德鲁克等人认为，传统管理、古典管理理论和行为管理理论都不能完全适应现代管理的需要，要想让管理理论能真正指导管理实践，必须通过研究一个组织或一个管理者的实际经验，进而向其他组织或管理者提供其成功的实践经验和管理方法。

(四) 权变理论学派

权变管理理论产生于20世纪60年代末70年代初，大量的学者、专家都曾在这一领域进行过研究，其中代表人物有劳伦斯、洛尔施、卢桑斯等。

该学派认为，在企业管理中要根据企业所处的内外条件随机应变，没有什么一成不变、普遍适用的"最好的"管理理论和方法。该学派于20世纪70年代在美国等地风靡一时，究其原因，是由于科技、经济、政治上的剧烈变动和职工队伍构成及文化技术水平的改变，使得权变管理理论有了一定的实用价值。

(五) 管理科学理论学派

该学派的代表人物是美国的伯法。该学派认为，管理就是用数学模型与程序表示计划、组织、控制、决策等合乎逻辑的程序，求出最优的解答，以达到组织的目标。管理科学就是制订用于决策的数学模型与程序的系统，并把它们通过电子计算机应用于管理实践中的一种方法。

除了上述管理理论学派，美国学者孔茨在1980年发表的《再论管理理论的丛林》一文中认为，至目前管理学已经发展到11个学派，除前面提到的以外，还有组织行为学派、社会技术系统学派、经理角色学派、经营管理理论学派等。

✍ 复习思考题

1. 你能给管理下定义吗?
2. 你怎么认识管理的"二重性"?
3. 管理有哪些基本职能?
4. 泰罗科学管理的主要思想有哪些?
5. 法约尔的管理理论的主要思想是什么?
6. 韦伯的管理理论的主要思想是什么?
7. 梅奥的人际关系理论的主要思想是什么?
8. XY 理论的主要观点是什么?

📖 管理定律

1. 苛希纳定律:确定最佳管理人数

【内容】

如果实际管理人员比最佳人数多两倍,工作时间就要多两倍,工作成本就要多四倍;如果实际管理人员比最佳人数多三倍,工作时间就要多三倍,工作成本就要多六倍。

【启示】

在管理上并不是人多力量大,管理人员越多,工作效率未必就会越高。苛希纳定律要求我们,要认真研究并找到一个最佳人数,以最大限度地减少工作时间,降低工作成本。

2. 彼得原理:晋升是最糟糕的激励措施

【内容】

每个组织都是由各种不同的职位、等级或阶层的排列所组成,每个人都隶属于其中的某个等级。彼得原理是美国学者劳伦斯·彼得在对组织中人员晋升的相关现象研究后得出的一个结论:在各种组织中,雇员总是趋向于晋升到其不称职的地位。彼得原理有时也被称为"向上爬"原理。

【启示】

这种现象在现实生活中无处不在:一名称职的教授被提升为大学校长后却无法胜任;一个优秀的运动员被提升为主管体育的官员而无所作为。对一个组织而言,一旦相当部分人员被推到其不称职的级别,就会造成组织的人浮于事,效率低下,导致平庸者出人头地,发展停滞。

因此,这就要求改变单纯的"根据贡献决定晋升"的企业员工晋升机制,不能因某人在某岗位上干得很出色,就推断此人一定能够胜任更高一级的职务。将一名职工晋升到一个无法很好发挥才能的岗位,不仅不是对本人的奖励,反而使其无法很好地发挥才能,也给企业带来损失。

3. 蝴蝶效应：1%的错误导致100%的失败

【内容】

"紊乱学"研究者称，南半球某地的一只蝴蝶偶尔扇动一下翅膀所引起的微弱气流，几星期后可变成席卷北半球某地的一场龙卷风。他们将这种由一个极小起因，经过一定的时间，在其他因素的参与作用下，发展成极为巨大和复杂后果的现象称为"蝴蝶效应"。

【启示】

初始条件十分微小的变化经过不断放大，对其未来状态会造成极其巨大的差别。有些小事可以糊涂，有些小事如经系统放大，则对一个组织、一个国家来说是很重要的，就不能糊涂。

延伸阅读

【材料一】

计划的编制步骤

虽然计划的类型和表现形式各种各样，但科学地编制计划所遵循的步骤却具有普遍性。管理者在编制各类计划时，都可遵循如下步骤。即使在编制一些简单计划的时候，也应按照如下完整的思路去构想整个计划过程。

一、估量机会

首先管理者应对环境中的机会做一个扫描，确定能够取得成功的机会。管理者应该考虑的内容包括：组织期望的结果，存在的问题，成功的机会，把握这些机会所需的资源和能力，自己的长处、短处和所处的地位。比如某家公司的经营业绩出现了滑坡，主要原因是市场竞争过于激烈，供大于求；而该公司的优势是在技术和生产管理方面均领先于竞争对手。因此，该公司的机会可以是通过继续压缩成本、降低售价来扩大销售，取得竞争优势。估量机会的工作就是根据现实的情况可能存在的机会做出现实主义的判断。确切地说，这项工作并非计划的正式过程，它应该在计划过程开始之前就已完成，但它是整个计划工作的真正起点。

二、确定目标

人们在旅行之前都必须明确自己的目的地，同样，计划工作的第一个步骤就是为整个计划确立目标，也即是计划预期的成果。除此之外，还要确定为达到这一成果，需要做哪些工作，重点在哪里，如何运用战略、程序、规章、预算等计划形式网络去完成计划工作的任务等等。

目标的选择是计划工作极为关键的内容，很难想象一份成功的计划会在选定的目标上存在偏差。在目标的制订上，首先要注意目标的价值。计划设立的目标应对组织的总目标有明确的价值并与之相一致，这是对计划目标的基本要求。其次要注意目标的内容及其优先顺序。

在一定的时间和条件下，几个共存的目标各自的重要性可能是不同的，不同目标的优先顺序将导致不同的行动内容和资源分配的先后顺序。因此，恰当地确定哪些成果应首先取得，即哪些是优先的目标，这是目标选择过程中的重要工作。

最后，目标应有其明确的衡量指标，不能含糊不清。目标应该尽可能地量化，以便度量和控制。有些工商企业提出诸如"我们的工作要取得突破性的进展"、"我们的工作要再上一个新的台阶"这样一些口号性的话语作为计划的目标，结果这些模棱两可的目标往往会成为失败的遮羞布。目标有其层次性，组织的总目标要为组织内的所有计划指明方向，而这些计划又要规定一些部门目标，部门目标又控制着其下属部门的目标，如此等等，从而使得整个组织的全部计划内容都控制在企业的总目标体系之内。

三、确定前提条件

这是计划工作的一个重要内容。选定目标即是确定计划的预期成果，而确定的前提条件则是要确定整个计划活动所处的未来环境。计划是对未来条件的一种"情景模拟"，计划的这个工作步骤就是要确定这种"情景"所处的状态和环境。这种"情景模拟"能够在多大程度上贴近现实，取决于对它将要处在的环境和状态的预测能够多大程度地贴近未来的现实，也就取决于计划的这一步骤的工作质量。人们从来都不可能百分之百地预见未来的环境，而只能通过对现有事实的理性分析来预测计划涉及的未来环境。未来环境的内容多种多样，错综复杂，管理者不可能也没有必要对它的每个方面、每个环节都做出预测。组织通常只要对计划内容有重大影响的主要因素做出预测便可满足需要了。一般来说，对以下几个方面的环境因素的预测是必不可少的：

1. 宏观的社会经济环境，包括其总体环境以及与计划内容密切相关的那部分环境因素。

2. 政府政策，包括政府的税收、价格、信贷、能源、进出口、技术、教育等等与计划的内容密切相关的政策。

3. 组织面临的市场，包括市场环境的变化、供货商、批发商、零售商及消费者的变化。

4. 组织的竞争者，包括国内外的竞争者、潜在的竞争者等等。

5. 组织的资源，包括未来为完成计划目标而向外部获取所需的各项资源，如资金、原料、设备、人员、技术、管理等等。

上述这些环境因素，有的可控，有的不可控，一般来说，不可控的因素越多，预测工作的难度也就越大。同时，对以上各环境因素的预测同样应遵循"重要性"原则，即对与计划工作关系最为密切的那些因素应给予最高度的重视。

四、确定备择方案

几乎每次活动都有"异途"存在。所谓异途，就是不同的途径、不同的解决方式和方法。因此，计划的下一步工作就是要找出一种解决方案。要发掘出多种高质量的方案必须集思广益、开拓思路、大胆创新,但同样重要的是要进行初步筛选,减少备择方案的数量,以便集中对一些最有希望的方案进行仔细的分析比较。

五、评价备择方案

确定了备择方案后就要根据计划的目标和前提条件,通过考察、分析来对各种备择方案进行评价。评价备择方案的尺度有两个方面:一是评价的标准;二是各个标准的相对重要性,即其权数。显然,计划前期工作的质量又直接影响到方案评估的质量。

六、选择方案

这无疑是整个计划流程中的关键一步。这一步的工作完全建立在前述的工作基础之上。为了保持计划的灵活性,选择的结果往往可能会选择两个甚至两个以上的方案,并且决定首先采取哪个方案,并将其余的方案也进行细化和完善,作为后备方案。

七、拟订派生计划

完成选择之后,计划工作并没有结束,还必须帮助涉及计划内容的各个下属部门制订支持总计划的派生计划。几乎所有的总计划都需要派生计划的支持保证,完成派生计划是实施总计划的基础。

编制预算计划的最后一步工作就是将计划转变为预算,使之数字化。这主要有两个目的:① 计划必然要涉及资源的分配,只有将其数量化后才能汇总和平衡各类计划,分配好资源。② 预算可以成为衡量计划是否完成的标准,这一点我们将在下面有关控制的章节里作详细探讨。

八、执行与检查

计划工作最后还包括实施计划,以及观察计划实施过程是否正常,有无障碍出现;同时为了按照计划要求顺利地执行方案,管理人员必须进行一系列的决策。执行方案需要组织中所有成员相互协调与配合。实现有效协调的途径是鼓励参与编制计划。实施计划还需要制定时间表并对其进行分段,以利于计划的实施。

为了有效地实施计划,还必须制订后续程序和控制机制。这些程序和控制机制能够发现操作中的偏差,有助于采取纠正措施。在计划的每一阶段,都应将实际产出结果与计划进行比较。许多项目和计划失败的原因就在于它们缺少有效的后续程序。

(摘自 http://www.chinaacc.com/new/635_652_/2009_9_22_le19842636151229900212456.shtml)

【材料二】

组织结构的基本形式

组织结构是表明组织各部分排列顺序、空间位置、聚散状态、联系方式以及各要

素之间相互关系的一种模式,是整个管理系统的"框架"。通常,组织结构的基本形式有以下几种:

1. 直线型组织结构(见图1-1)。又称单线型组织结构,是最古老、最简单的一种组织结构类型。其特点是组织系统职权从组织上层"流向"组织基层。上下级关系是直线关系,即命令与服从的关系。

优点:①结构简单,命令统一。②责权明确。③联系便捷,易于适应环境变化。④管理成本低。

缺点:①有违专业化分工的原则。②权力过分集中,易导致权力的滥用。

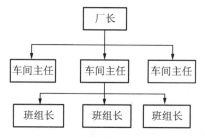

图1-1 直线型组织结构

2. 职能型组织结构(见图1-2)。又称多线型组织结构。其特点是采用按职能分工实行专业化的管理办法来代替直线型的全能管理者,各职能部门在分管业务范围内直接指挥下属。

优点:①管理工作分工较细。②由于吸收专家参与管理,可减轻上层管理者的负担。

缺点:①多头领导,不利于组织的集中领导和统一指挥。②各职能机构往往不能很好地配合。③过分强调专业化。

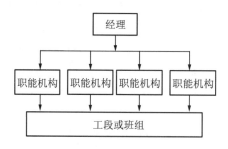

图1-2 职能型组织结构

3. 直线—参谋型组织结构(见图1-3)。又称直线—职能型组织结构。其特点是吸收了上述两种结构的优点,设置两套系统,一套是直线指挥系统,另一套是参谋系统。

优点:①直线主管人员有相应的职能机构和人员作为参谋和助手,能进行更为有效的管理。② 可满足现代组织活动所需的统一指挥和实行严格责任制的要求。

缺点：① 部门间沟通少，协调工作较多。② 容易发生直线领导和职能部门之间的职权冲突。③ 整个组织的适应性较差，反应不灵敏。

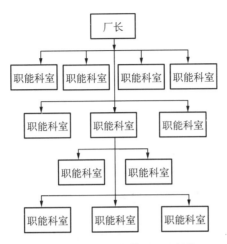

图 1-3 直线—参谋型组织结构

4. 分部制组织结构（见图 1-4）。又称事业部制组织结构。其特点是在高层管理者之下，按地区或特征设置若干分部，实行"集中政策，分散经营"的集中领导下的分权管理。

优点：① 有利于高层管理者集中精力搞好全局及战略决策。② 有利于发挥事业部管理的主动权。

缺点：① 职能机构重叠。② 分权不当容易导致各分部闹独立，损伤组织整体利益。③ 各分部横向联系和协调较难。

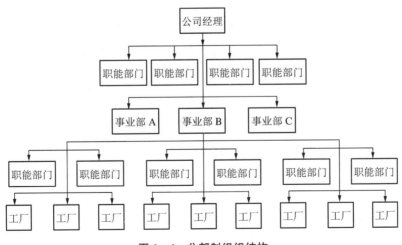

图 1-4 分部制组织结构

5. 矩阵型组织结构(见图1-5)。又称规划—目标组织结构。它由纵横两套管理系统叠加在一起组成一个矩阵,其中纵向系统是按照职能划分的指挥系统,横向系统一般是按产品、工程项目或服务组成的管理系统。

优点:① 使企业组织结构形式形成一种纵横结合的联系,加强了各职能部门之间的配合,有利于发挥专业人员的综合优势。② 具有较强的灵活性,可以根据需要快速组织与撤销。

缺点:① 由于成员必须接受双重领导,下属会感到无所适从。② 工作出现差错时,不易分清领导责任。

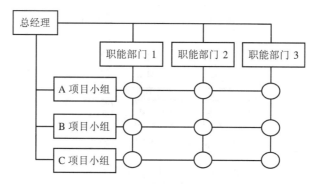

图1-5 矩阵型组织结构

6. 委员会。委员会是组织结构中的一种特殊类型,它是执行某方面管理职能并以集体活动为主要特征的组织形式。实际中的委员会常与上述组织结构相结合,可以起决策、咨询、合作和协调作用。

优点:① 可以集思广益。② 利于集体审议与判断。③ 防止权力过分集中。④ 利于沟通与协调。⑤ 能够代表集体利益,容易获得群众信任。⑥ 促进管理人员成长等。

缺点:① 责任分散。② 议而不决。③ 决策成本高。④ 少数人专制等。

(摘自http://www.51edu.com/zhiye/yiyao/hushi/zhuhs/1602465.html)

自我测试

管理动机强烈程度自我评估

1. 说明:每一个问题,在最能反映你的动机强烈程度的数字上画圈,然后汇总你的分数。

(1) 我希望与我的上级建立积极的关系。
(2) 我希望与我同等地位的人在游戏中和体育中比赛。
(3) 我希望与我同等地位的人在工作有关的活动中竞争。

(4) 我希望以主动和果断的方式行事。
(5) 我希望吩咐别人做什么和用法令对别人施加影响。
(6) 我希望在群体中以独特的和引人注目的方式出人头地。
(7) 我希望完成通常与工作有关的例行职责。
弱　1　2　3　4　5　6　7　强

2. 评分标准：
你的得分将落在7～49分的区间内。
3. 结果分析：
(1) 7～12：较低的管理动机
(2) 22～34：中等
(3) 35～49：较高的管理动机
(摘自http://www.gdcp.cn/jpkc/glxjc/xt.asp？id＝341&title＝管理动机强烈程度自我评估)

案例分析

百年老院的现代管理启蒙

北京同仁医院是一所以眼科闻名中外的百年老"店"，走进医院的行政大楼，其大堂的指示牌上却令人诧异地标明：五楼MBA办公室。目前该医院已经从北大、清华聘请了11位MBA，另外还有一名学习会计的研究生，而医院的常务副院长毛羽就是一位留美的医院管理MBA。

内忧外患迫使同仁医院下定决心引进职业经理人并实施规模扩张，希望建立一套行政与技术相分离的现代医院管理制度。

根据我国加入世贸组织达成的协议，2003年，我国将正式开放医疗服务业。2002年初，圣新安医院管理公司对国内数十个城市的近30家医院及其数千名医院职工进行了调查访谈，得出结论：目前国内大部分医院还处于极低层次的管理启蒙状态，绝大多数医院并没有营销意识，普遍缺乏现代化经营管理常识。更为严峻的竞争现实是：医院提供的服务不属于那种单纯通过营销可以扩大市场规模的市场——医院不能指望通过市场手段刺激每年病人数量的增长。

同仁医院显然是同行中的先知先觉者。2002年，医院领导层在职代会上对同仁医院的管理做过"诊断"：行政编制过大、员工队伍超编导致流动受限；医务人员的技术价值不能得到体现；管理人员缺乏专业培训，管理方式、手段滞后，经营管理机构力量薄弱。同时他们开出药方：引入MBA，对医院进行大手笔改造，涉及岗位评价及岗位工资方案、医院成本核算、医院工作流程设计、经管开发等。

目前，国内几乎所有的医院都没有利润的概念，只计算年收入。但在国外，一家管理有方的医院,其利润率可高达20%。这也是外资对国内医疗市场虎视眈眈的重要原因。

同仁医院要在医院中引入现代市场营销观念,启动品牌战略和人事制度改革。树立"以病人为中心"的服务观念:以病人的需求为标准,简化就医流程,降低医疗成本,改善就医环境;建立长期利润观念,走质量效益型发展的道路;适应环境,发挥优势,实行整合营销;通过扩大对外宣传、开展义诊咨询活动、开设健康课堂等形式,有效地扩大潜在的医疗市场。

同仁医院所引进的MBA背景各异,绝大多数都缺乏医科背景。他们能否胜任医院的管理工作?医院职业化管理至少包括了市场营销管理、人力资源管理、财务管理、科研教学管理、全面医疗质量管理、信息策略应用及管理、流程管理7个方面的内容。这些职能管理与医学知识相关但非医学专业。

同仁医院将MBA们"下放"到手术室3个月之后,都悉数调回科室,单独辟出MBA办公室,以课题组的形式,研究医院的经营模式和管理制度。对于医院引入的企业化管理,主要包括医院经营战略、医疗市场服务营销、医院服务管理、医院成本控制、医院人力资源、医疗质量管理、医院信息系统和医院企业文化等多部分内容。其中,医院成本控制研究与医院人力资源研究是当务之急。

几乎所有的中国医院都面临着成本控制的难题,如何堵住医院漏洞,进行成本标准化设计,最后达到成本、质量效益的平衡,是未来中国医院成本控制研究的发展方向。另外,现有医院的薪酬制度多为"固定工资+奖金"的模式,而由于现有体制的限制,并不能达到有效的激励效果,医生的价值并没有得到真实的体现,导致严重的回扣与红包问题。如何真正体现员工价值,并使激励制度透明化、标准化,成为当前首先要解决的问题。

这一切都刚刚开始。指望引进几名MBA就能改变中国医院管理的现状是不可能的。不过,医院管理启蒙毕竟已经开始,这就是未来中国医院管理发展的大趋势。

(摘自杨孝海主编《管理学》,西南财经大学出版社,2008年版)

问题:

1. 结合案例说明你对管理及管理职能的理解。

2. 同仁医院为什么要引进如此多的MBA?你认为MBA们能否胜任医院的管理工作?

✍ 实　　训

【内容一】

学管理大师话管理

人们对管理概念的理解各不相同,请全班同学上网查找资料,每人至少找10个不同管理大师对管理的定义,并讨论为何会有如此之多的管理定义,谈谈自己对管理概念的看法,并在此基础上确定大家共同认可的管理概念。

【内容二】

收集有关管理思想演进的资料

每个学生利用课后时间去图书馆、上网等手段查阅有关管理思想演进的资料,并根据收集到的资料绘制管理思想演进结构图,应包括该思想的提出者、背景、主要内容、贡献等,上课时学生讨论、交流。

【内容三】

计划与评价

课前,请同学查找有关计划制订的资料,掌握计划制订的原则、方法等内容。上课时,全班同学分成 A、B 两组,并相对而坐,围成圆圈。教师每 15 分钟发放一个计划题目,A 组制订计划,B 组评价。评价应指出计划中的合理与不足之处,并提出修正意见,计划制订组可对计划作出解释和更正。两组互相轮换角色。

第二章 认识管理者

📖 **重点知识要求**

1. 了解管理者的概念和分类。
2. 了解管理者应具备的能力。
3. 熟悉管理者的角色。
4. 熟悉管理者的道德责任。
5. 掌握管理者的技能。

📖 **重点能力要求**

初步形成遵守管理者职业道德的意识。

💣 **案例导入**

二车间来了一位新主任——钱广言。他长期从事思想政治工作,有着丰富的思想政治工作经验。一到任,他就开展有声有色的宣传鼓动工作,抓观念更新,营造团结合作的群体气氛,并深入群众,做深入细致的思想工作,协调各种关系,车间出现了一派喜人景象。而且,钱广言也关注整个工厂乃至整个行业的发展状况,研究本车间如何适应大形势的变化而不断发展。唯一令他头疼的是他不熟悉新技术,尽管以前他也曾在生产单位工作过,但现在对车间许多新生产技术上的难题束手无策,只能听别人的。而作为车间主任,技术能力显然是不可或缺的。钱主任在享受工作成就感的同时,也陷入深深的痛苦之中。

(摘自单凤儒著《管理学基础》(第三版),高等教育出版社,2008年版)

思考题:你觉得作为一个管理者应具备哪些方面的技能?你能给他提出一些建议吗?

第二章　认识管理者

第一节　管理者概述

一、管理者与作业者

管理者是指在组织中从事管理活动、担负管理职能的人,即在一个组织中,管理者担负着对他人的工作进行计划、组织、领导、控制的职能。

任何组织都是由人组成的。根据组织成员在组织中的地位和作用的不同,可简单地把组织成员分成两类:作业者和管理者。

作业者是指在组织中专门从事某项具体生产业务活动和专门从事技术工作的人员。比如学校里的教师、医院里的医生、工厂里的工人、饭店里的厨师、商场里的营业员等等。他们大多处于第一线,直接从事生产、技术等作业工作,对他人的工作不承担监督职责。

管理者则是指挥他人完成具体任务,并为作业者服务的人。比如学校校长、医院院长、工厂厂长、公司经理等等。虽然他们有时也做一些具体的作业工作,如学校校长也可能上课、医院院长也可能上手术台等等,但其目的与作业者是不同的,其主要职责是指挥下属工作。作为一个管理者,应时刻记住,他的主要工作是促进他人做好工作,而不是事必躬亲地去做工作,即使是自己擅长的工作也要尽量委派下属去干,自己则将主要精力和时间放在管理工作上,集中精力做好计划、组织、领导、控制等管理的基本工作,否则很难成为一个有效的管理者。

二、管理者的分类

每个组织中都有各种各样的管理者,每个管理者在组织中所处的地位、所承担的责任和所起的作用也各不相同。按不同的标准可对管理者进行不同的分类。

(一)按管理层次划分

按管理者在组织中所处的层次不同,可将管理者分为高层管理者、中层管理者和基层管理者。

高层管理者处于组织的最高层,是对组织的发展负有全面责任的人,主要负责组织的战略管理,制定组织的总目标,掌握组织的大政方针并评价整个组织的绩效。在对外交往中,他们代表组织以"官方"的身份出现,如学校校长、医院院长、公司总裁等等。

中层管理者也称"中层干部",他们是处于高层和基层管理者之间的管理人员,他们的主要职责是贯彻高层管理者制订的大政方针,指挥和协调基层管理者的工作。与高层管理者相比,中层管理者更注重日常的管理事务,在组织中起承上启下的作用。如工厂里的车间主任、大学里的系主任、商店里的部门经理等。

基层管理者也称第一线管理人员,他们的主要职责是管理作业人员及其工作,负责把组织的各项计划和措施准确地传递给下属员工,直接指挥和监督现场作业活动,保证各项任务的顺利完成。如工厂里的班组长、大学里的教研室主任、商店里的柜组长等。

作为管理者,不论他在组织中处于哪一个管理层次,其工作的性质和内容基本上是一样的,都包括计划、组织、领导、控制等几个方面。不同层次管理者工作上的差别,不是管理职能本身不同,而在于各项管理职能履行的程度和重点不同。通常,高层管理者花在计划、组织、控制职能上的时间要比基层管理者多,而基层管理者花在领导职能上的时间要比高层管理者多。即使是同一职能,不同层次管理者所从事的具体管理工作的内涵也不完全相同。如计划工作,高层管理者关心的是组织的整体、长远战略规划,中层管理者偏重的是中期、内部的管理性计划,基层管理者则更注重短期的业务和作业计划。

💣【案例 2-1】

王新该做些什么?

王新是一家生产小型机械的装配厂经理。每天王新到达工作岗位时都随身带来一份列出他当天要处理的各种事务的清单。清单上的有些项目是总部的上级电话通知他需要处理的,另一些是他自己在一天多次的现场巡视中发现的或者他手下报告的不正常的情况。

一天,王新与往常一样带着他的清单来到了办公室。他做的第一件事是审查工厂各班次监督人员呈送上来的作业报告。他的工厂每天 24 小时连续工作,各班次的监督人员被要求在当班结束时提交一份报告,说明这班次开展了什么工作,发生了什么问题。看完前一天的报告后,王新通常要同他的几位主要下属人员开一个早会,会上他们决定对于报告中所反映的各种问题应采取些什么措施。王新在白天也参加一些会议,会见来厂的各方面访问者。他们中有些是供应商或潜在供应商的销售代表,有些则是工厂的客户。此外,有时也有一些来自地方、省、国家政府机构的人员。总部职能管理人员和王新的直接上司也会来厂考察。当陪伴这些来访者和他自己的属下人员参观的时候,王新常常会发现一些问题,并将它们列入他那待处理事项的清单中。王新发现自己明显无暇顾及长期计划工作,而这些活动是他改进工厂的长期生产效率所必须做的。他似乎总是在处理某种危机,他不知道哪里出了问题。为什么他就不能以一种使自己不这么紧张的方式工作呢?

(摘自 http://classroom.dufe.edu.cn/C196/Asp/Root/Index.asp? Mode=1&Url=)

思考题:王新是哪个层次的管理者?他应该完成哪方面的工作?

(二)按管理领域划分

根据管理者管理范围的大小、所处领域和所起作用的不同,可将管理者分为综合管理者和专业管理者两类。

综合管理者是负责管理整个组织或组织中某个部门的全部活动的管理者,如工厂厂长、大型企业的地区经理等。他们是一个组织或部门的主管,对组织中包括生产、营销、人事、财务、研发等活动负有全部管理责任。

专业管理者是组织中只负责管理某一类活动或职能的管理者。如企业的财务处长、营销部主任、人事处长以及研发部门的管理者等,他们只负责单一职能的管理,只在本职能或专业领域内行使职权、指导工作。专业管理者大多具有某种专业或技术专长。

三、管理者角色

管理者角色是指管理者在组织体系内从事各种活动时的立场、行为表现等的一种特性归纳。1955年,美国著名管理学家彼得·德鲁克首次提出了"管理者角色"这一概念。20世纪60年代末期,加拿大管理学家亨利·明茨伯格通过对五位高层管理者的仔细研究,提出了管理者在组织中扮演着三类十种不同但却高度相关的角色,即人际关系角色、信息传递角色和决策制定角色。

(一)人际关系角色

在人际关系方面,管理者主要扮演三种角色,即挂名首脑、领导者和联络员。当学院院长在毕业典礼上颁发毕业文凭时,当工厂领班带领学生参观时,他们都扮演着挂名首脑的角色;此外,所有的管理者都具有领导者的角色,这个角色包括雇用、培训、激励、惩戒雇员等;管理者扮演的第三个人际关系方面的角色是在人群中充当联络员,一方面可以获得各方面对组织有利的信息,另一方面又可以发展组织的关系资源。

管理者在人际关系方面所扮演的三种角色,是管理者必须要扮演的、工作范畴之内的工作,它们均源于管理者的正式权威和地位。在实际工作中,这三种角色并不冲突,相反,在一定时候还可以合为一体。

(二)信息传递角色

在信息传递方面,管理者主要扮演信息监听者、传播者和发言人的角色。所有的管理者在某种程度上都从外部组织或机构接受和收集信息。典型的情况是,通过阅读报纸杂志以及与他人谈话来了解公众趣味的变化、竞争对手的计划等,此为监听者角色;管理者还起着向组织成员传递信息的通道作用,即扮演传播者角色;当他们代表组织向外界表态时,管理者是在扮演发言人的角色。

(三)决策制定角色

在决策制定方面,明茨伯格围绕制定决策又确定了四种角色,即企业家、混乱驾驭者、资源分配者和谈判者。作为企业家,管理者发起和监督那些将改进组织绩效的新项目;作为混乱驾驭者,管理者采取纠正行动应付那些未预料到的问题;作为资源分配者,管理者负责分配人力、物资和金融资源的责任;当管理者为了自己组织的利益与其他团体议价和商定成交条件时,他们又在扮演谈判者的角色。

明茨伯格认为,所有管理者的活动和工作都可以由上述三类十种角色来描述,它们之间相互联系,构成一个综合的整体。

四、管理者的技能

管理者的技能是指管理者把各种管理知识和业务知识用于实践中所表现出来的能力。管理者要使自己的管理工作卓有成效,就必须具备一些基本的管理技能。这些技能包括技术技能、人际技能和概念技能,即THC技能。

(一) 技术技能(Technical skill)

技术技能,即T技能,它是指正确地掌握从事一项工作所需的技术和方法,包括三方面的内容:① 掌握专业技术。如制造车间主任必须懂得各种机器设备的操作技术,人事测评中心主任必须懂得人员的测评技术。② 掌握工作方法和程序。如办公室主任必须懂得收文和发文程序,市场部经理应该掌握各种营销方法。③ 熟悉工作制度和政策。如财务处长必须懂得会计制度和财务规定,人事处长应该熟悉人事制度和人事政策。

(二) 人际技能(Human skill)

人际技能,即H技能,是指在工作中与人打交道的技能,包括三方面内容:① 处理人际关系的技能(主要是指协调技能和沟通技能)。管理者处于组织结构网络的网结上,与上(上级)、下(下级)、左右(平级)的人发生着联系,有时还要与组织外部的人发生联系(尤其是高层管理者)。娴熟地运用人际技能处理与这些人的关系,建立起相互的信任和真诚的合作关系,管理工作就会事半功倍。② 识人用人的技能。管理就是通过他人的努力达成组织的目标,因此管理者必须深入地了解他人,用人所长,避人所短,而这要求管理者必须有一套高超的识人用人技能。③ 评价激励技能。也就是说,组织成员的工作积极性需要管理者去激发,因此管理者应掌握评价和激励方法,以便客观公正地评价他人并及时给予激励。

(三) 概念技能(Conceptual skill)

概念技能,即C技能,是指对事物的洞察、判断和概括技能,它最难以表达,但却是最重要的。包括三个方面的内容:① 预测技能。管理者应密切注意组织与外部环境的互动关系以及组织内部各部分的相互作用关系,预测各种因素的变化对组织未来发展的影响。② 判断技能。管理者必须敏捷地从混乱而复杂的局面中辨别各种因素的相互作用,迅速地判定问题的实质,及时采取对策。③ 概括技能。管理者应善于思考、善于学习、善于总结经验,能从纷繁复杂的信息中抽象出对组织全局和组织战略有重要影响的关键信息,并据此作出正确的决策。

以上三种技能对任何管理者来说都是应当具备的,但是不同层次的管理者,由于所处的位置、作用和职责不同,对管理技能的需要也有差异性(见图2-1)。对高层管理者而言,由于其面对的问题是全局性的,更具有复杂性,牵扯的因素多、范围广,所以更需要概念技能。概念技能的高低应成为衡量高层管理者素质高低的最重要尺度;对基层管理者来说,由于他们的主要职责是现场指挥和监督,若不掌握熟练的技术技能,就难以胜任管理工作,因此,基层管理者更注重的是技术技能,而对概念技能的要求不是太高。另外,由于管理者的工作对象都是人,因此,人际技能对各个层次的管理者来说都是重要的。在以人为本的今天,没有人际技能的管理者是不可能做好管理工作的。

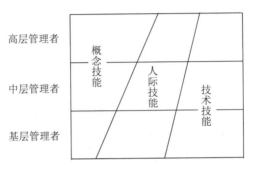

图 2-1　不同层次对管理技能需要比例

五、管理者的职业化

管理者是否需要像医生、律师或会计师那样成为职业工作者?管理工作是否每个人都能做?目前理论界还没有统一的认识,但在实际工作中,职业管理者已经出现,并且也已经得到大家的认同。历史上,美国西部铁路公司在19世纪中叶发生的两辆客车相撞事故,促使该公司最早采用了由"支薪经理"来代替所有者行使管理职能的崭新的管理制度。从那时起,专职经理在管理上发挥了越来越重要的作用。但是,在所有者和管理者刚开始实现分工的年代里,管理工作还主要是由懂业务技术的"硬专家"来承担。随着社会的发展,仅由精通一门技术的专家来管理已经不适应新形势的需要,所以逐渐演化为由工商管理学院培养出来的管理人才来实施管理。这类新的管理专家所具有的管理技能已经大大超出技术技能的范围,所以,被称为"软专家"。

西方国家在19世纪中叶以前,经济组织中所有权与经营权并未分离,管理职能没有完全独立出来,因此,没有职业化的管理阶层(或称经理阶层、企业家阶层)。随着企业规模的扩大,管理工作的难度加大,使得有"财"无"才"的资本家感到力不从心,从刚开始聘请有专门经营管理知识和技能、靠领取薪金作为主要收入来源的管理人才来代行管理之职。据调查,美国500家大公司的高级经理人员中有71.8%是工商管理专业毕业的,出身于工程技术和其他学科专业的仅占28.2%。现在,各行各业中,管理工作的专业化,并逐步形成职业化的管理人才队伍,已经是一种客观发展趋势。

目前,在我国,随着现代企业制度的推行,许多企业已着手对原有的管理制度进行改革。尤其是民营企业,在向现代化企业转变的过程中,他们并不排斥职业经理,甚至有一部分企业已将经营权交给了职业经理。比如,2000年,华帝燃气具公司的7位创业者在企业成立7年之后退居二线,让贤职业经理人,此举成为当时财经媒体的头条新闻。华帝燃气具公司的7位创业者,由于竞争压力选择了35岁的姚占庆担任总经理,创业者退居董事会。董事会与总经理之间的分工大致如此:总经理负责公司运作,董事会负责监督总经理,比如大的投资项目、财务报表要经过董事会的审核。董事会现在可以用更多时间来思考企业长远规划。

当然,管理工作要成为一项专门的职业,经理市场的发育是先决条件。成熟的经理市场将优秀管理者的才能看成是一种稀缺商品,从而雇用这些管理人员的组织需要为这种稀缺商品付出相当高的代价(包括年薪工资、红利和股票期权等报酬)。杰出的管理人才,就像职业体育运动的超级明星一样,成为企业不惜重金聘请的对象。

但是,要培育一个成熟的经理市场,首先必须端正社会对管理阶层权力的认识,即必须突破管理权力来源于所有权的观念,在充分尊重和保护所有权的基础上,树立管理权力来源于管理职位所承担的责任这样的观念。其次,要解决所有者与经营者之间的信任与合作问题,这涉及所有者与经营者之间明确的分工和不同的角色意识。再次,职业经理人本身要具有职业精神,努力培养自身的职业经理能力。所谓职业经理,就意味着一个人只能做经理,不能做教授,也不能当官。没有这样的职业精神,或者说没有这样孤注一掷的勇气,所有者与经营者之间就难以建立充分的信任。

第二节 管理者的道德责任

一、管理者道德责任的主要表现

道德责任是指人们对自己行为的善或恶所承担的责任。企业管理者的道德责任,是指企业管理者的管理行为在道德上所应负的善恶责任。企业管理者的这种道德责任,是由企业管理者的地位、作用决定的。

企业管理者的道德责任,主要是指企业管理者的职业道德与职业责任。对于企业管理者来说,他的职业道德与职业责任是密不可分的。职业责任是职业者在自己的职业实践活动中应该履行的职责,职业道德则是职业者在履行自己的职业实践中应该遵循的道德准则,职业道德从思想上保证职业责任感。同时,一个企业管理者不仅应明确自己的职业道德责任,而且应认识到这种道德责任,既体现在企业管理者与国家、与产品消费者、与职工利益关系的调整上,也体现在企业管理者与企业的当前利益和长远利益的调节上,还体现在现任企业管理者与继任企业管理者的利益关系上。正是这些利益关系的冲突与调整,才构成了企业管理者道德责任的基本内容。所以说,管理者在管理的职场中应遵循以下职业道德责任:

(一) 满足整个社会日益增长的物质、文化需要,对产品消费者负责

社会主义的生产目的,就是不断满足整个社会和人们日益增长的物质、文化需要,不管是生产第一部类还是第二部类产品的企业,其根本目的都是一致的。随着经济的发展,科学技术的进步和人民生活水平的提高,人们的需求在深度上和广度上都有了较大的提高。作为企业管理者,应牢固树立"质量第一、用户至上"的观念。既要用科学的管理,最新的技术,为社会生产出大量的价廉物美、适销对路的产品,也要不断推出满足人们需要的新产品,提供良好的售后服务,把企业同用户紧密地联系在一起;既占有市场,为企业发展奠定良好基础,又尽到对社会、对消费者的责任。我国在商品经济激烈竞争的环境下,越是有适销对路产品的企业,越是要注意对产品的售后服务,设立全国范围的服务网点,向用户提供及时可靠的优质服务。这是企业管理者的战略远见,其结果,不仅保护了产品消费者眼前的利益,而且又保护了企业的长远声誉。

当然,在我国各种法律制度尚不健全的情况下,却出现了有悖于道德责任的不健康的现象。有的产品在打响了牌子后,就不注重质量、不注重服务,使产品的信誉一落千丈。更有甚者,近年来还屡次出现了假酒、假药、假奶粉、毒疫苗等事件。这不仅违反了企业管理者的职业道德,违反了一般的社会公德,而且有的已经触犯了刑法。从管理者的道德责任来看,这是绝不允许的。

💣【案例 2-2】

30 分钟以内送到

美国的多米诺扎饼干公司提出用户需要的产品一定"要在 30 分钟以内送到"的口号。这个公司绝不允许遍布全国的任何一个销售点出现面团用光的现象。有一次,总经理接到一个消息说,有一个销售点的面团可能用光,总经理立即决定租用一架飞机把面团及时送去。

思考题:如果你是总经理,你会这么做吗?你认为这个案例对于我国的管理者有什么样的借鉴意义?

(二) 满足企业生存和发展的需要,对企业尽责

企业管理者,既要为满足社会的需要提供一定的使用价值,还要满足企业自身的需要,使企业得以生存和发展。企业管理者,如果不努力使企业健康发展,那么必定会使企业走向"破产",不能顺利实现社会主义企业的目的。要使企业健康发展,作为企业管理者自身来讲必须做到两条:① 努力提高企业素质。这里所讲的企业的

素质,是指企业从事生产经营活动的各种因素和能力的总和。包括企业的生产技术素质,经营管理素质,各类人员的素质。其中,技术素质是企业生存和发展的基础,管理素质是生产经营活动的主导因素,各类人员素质则是企业成败的关键。企业素质好坏的标志,是企业的各种能力的强弱。诸如产品开发能力、企业生存能力、发展能力、竞争能力、应变能力等等。归结起来,又表现为一个综合经济效益。所以企业管理者的主要目标是提高企业的综合经济效益。② 管理者要考虑企业的眼前利益,又要考虑企业的长远利益,克服短期化行为。在不影响企业当前利益的前提下,要注重企业的技术改造投资,注重企业的固定资产投资,保证企业有更大的发展后劲。特别是在体制上普遍采取任期目标制、招聘制的情况下,现任管理者决不能在任期内搞分光吃光,给继任者留下一个烂摊子。

(三)尊重职工民主权利,逐步改善和提高职工生活水平,对职工负责

社会主义所有制企业的性质决定了职工在企业中的主人翁地位。每一个企业管理者都应在保证国家和企业利益不受损害的前提下,争取职工参与管理企业,努力改善和提高职工的生活水平。目前,国外一些出色的企业,不仅克服了传统管理中"重物不重人"的观念,而且还逐步树立了"以人为本"的新管理观念。从生产力的角度来讲,人是生产力中第一要素。要发挥人的因素的作用,最主要的就是要尊重职工,相信职工,提高管理工作的透明度,也要把企业的近期目标和长远目标、取得的成绩和存在的困难告诉职工群众,让职工群众与管理者一道分享企业成功的喜悦,共同承担面临的困难。其次,要充分发挥职工的民主管理,自觉接受职代会的监督,虚心听取职工的意见和建议,最大限度地调动职工的积极性。只有职工真正把自己作为企业的主人而参与企业的管理,企业才有凝聚力。最后,要提高职工素质,关心职工疾苦,不断改善职工的生活福利条件,在发展生产的基础上不断地增加职工收入,把职工培养成有理想、有道德、有文化、有纪律的一代新人,真正依靠广大职工搞好企业。

二、管理者履行道德责任的基本条件

(一)具有强烈的事业心和责任感

强烈的事业心是一种崇高的思想境界,是履行道德责任的重要条件。作为社会主义企业的管理者,要认识自己所处位置的重要性和所具有的强烈使命感,更要使自己所管理的企业真正做到为人民造福,为社会主义建设多作贡献。企业管理者要实现历史赋予自己的使命,就必须具备竭智尽力的高度的责任感,真正做到努力办好企业不是为了获得个人的报酬、谋取私利,而是要搞一番事业,要在建设社会主义现代化的宏图里一展身手,以自己的才华报效祖国和人民。有了这样的思想境界,即使在工作中面临重重困难也会百折不挠地进取,也不会因为有了成绩就沾沾自喜,眼睛总是盯着更远大的目标,用自己的智慧和能力去勇敢攀登;有了这种思想境

界,就会不断地更新知识,开阔视野,把整个身心融于事业之中。改革中涌现出的许多优秀企业管理者,都是把自己和企业融合在一起的。可以说,企业管理者本人,就是企业的一部分。

(二) 把履行道德责任当作自身的道德义务

道德义务是指人们在一定的内心信念和道德责任感的驱使下,自觉履行的对社会和对他人的义务。企业管理道德的义务则是企业管理者在一定内心信念和管理道德责任的驱使下,自觉履行对企业管理的义务。道德义务是现实道德关系中不可缺少的因素。由于每个人在与他人的联系中会产生道德义务,企业管理者在自己的管理活动中,既要产生道德义务,也要产生与道德义务相辅相成的政治义务、法律义务等。其中的道德义务之所以不同于政治、法律义务,就是因为企业管理者在履行管理道德责任时,不以某种权利为前提,而是在一定内心信念的驱使下,自觉履行对企业的责任的。道德高尚的企业管理者,总是把对道德义务的履行看成自己的天职、使命和责任。一个企业管理者,真正认识了为国家、为人民履行义务的使命感,就一定能在实践中自觉履行道德义务。

(三) 充分发挥职业良心在履行管理道德责任中的作用

在马克思主义看来,良心是人们在履行对他人、对社会的义务的过程中形成的道德责任感和自我评价能力,是人的各种道德情感、情绪在意识中的内在的统一,是各种道德原则和道德规范体现为内心的动机、信念和情感的东西。良心在企业管理者履行道德责任中的作用,主要表现在企业管理者行为选择、行为监督、行为评价等方面。

企业管理者履行道德责任要受外部条件的影响,也要受内部条件及内心世界良心的影响。在同样的客观条件下,选择什么样的道德行为,是要受良心的支配的。企业管理者的良心不仅不违背自己所担负的道德责任,而且还能促使企业管理者产生强烈的责任感和义务感,使履行道德责任成为一种内在的要求,成为一种自觉的活动,甚至没有外部条件的监督也能很好地履行道德责任。对于企业管理活动的进行过程,良心还具有监督作用,即对人的情感、意志、信仰、行为方式和手段起着"检察官"的作用。对于符合道德要求的情感、意志、信念、行动方式和手段的行为,良心就予以激励和强化;反之,就予以纠正和克服。为了避免实践活动中凭感情、情绪办事,凭借良心手段调节人的行为,是必不可少的。企业管理良心作用还表现在履行道德责任行为的评价上。一个企业管理者道德责任履行的好坏,除了受到社会的评价外,还要受到良心的评价。有道德觉悟的企业管理者,只有使企业取得好的成绩,为国家、为企业创造出高水平的效益时,才会感到良心的满足;反之,就会受良心的谴责。

一个有责任感的企业管理者,在企业长期亏损或者出现其他的失误时,其内心是痛苦的,良心往往促使他用加倍的努力来给予弥补。应该说,一些长期亏损的企业,一些制造低劣产品甚至假冒产品的企业管理者,是不具备管理者的资格的。只有具有与企业共荣辱的思想感情,才会把企业建设成为先进企业,才会具有办好企业的雄心壮志和深入细致的工作,要做到这一点,就要求企业管理者随时注意培养企业管理者的职业良心,把社会主义、共产主义的道德原则和道德规范变成履行道德责任的内心的道德要求,指导整个企业的管理行为。只有把履行道德责任同科学认识有机结合起来,变外在的道德义务为内在的道德需要,才能真正树立为企业毕生奋斗的献身精神。这是建设社会主义现代化和改革开放的历史要求,也是每一个企业管理者应达到的崇高思想境界。

第三节 管理者的职业能力

在心理学中,能力通常被认为是直接影响活动效率,使活动顺利完成的个性心理特征,即人在顺利完成某项活动中经常、稳定、熟练地表现出来的心理特点。而在能力培训体系中,能力被认为是被行业所确认的学习者所具备的知识、技能和态度,在特定的职业活动或情境中进行类化迁移与整合,所形成的能完成一定职业任务的技术本领。由此,所谓管理能力是指为实现管理目标,在计划、组织、领导等资源整合过程中,管理者所必须具备的态度、知识和技能。

管理能力可分为三个部分:① 一般能力。也就是人在从事不同种类的活动中所表现出来的共同能力,如观察能力、注意能力、操作能力、思维能力、判断能力、想象能力、语言能力等。② 通用管理能力。也就是不同行业、不同层次的管理者都需具备的管理能力,如时间管理能力、沟通能力、激励能力、决策能力等。③ 特殊管理能力。也就是不同行业的管理者所应该具备的特殊能力。

本书中所讲的管理者的职业能力是指中基层管理者应具有的通用管理能力。主要包括六种能力:时间管理能力、沟通能力、激励能力、团队建设能力、决策能力和目标管理能力。这六种能力按照自我管理、团队管理和组织管理的逻辑顺序加以排列。当管理者刚开始工作时,工作任务比较简单,其主要任务是加强自我管理能力。时间管理能力、沟通能力是其必不可少的能力。随着职业生涯的发展,当其担任了较多的管理工作之后,如何建设团队、如何与团队成员沟通、如何激励团队成员都是摆在他面前的现实任务,因此沟通能力、激励能力和团队建设能力就成为不可或缺的重要能力。其中,沟通能力起着连接自我管理和团队管理的作用。之后,当其再次获得提升之后,决策以及目标管理活动逐渐占据其工作的主要部分,此时,决策能力及目标管理能力成为应具备的主要能力。相对而言,这种顺序比较符合管理者的成长路线,也更符合实际。

一、时间管理能力

时间是珍贵的资源,管理是用最少的投入获得最大的产出。一生中工作时间是一个常量,时间管理就是帮助管理者取得最大的成就。管理者每天都要面对纷繁复杂的事务,这些事务千头万绪,涉及工作的方方面面。如何在繁多的事务中抓住重点,以点带面,从而促进相关工作的开展和完成,时间管理有着重要的作用。科学、规范、有序的时间管理不仅对管理者本人而言极为重要,而且对提高企业全体成员的工作效率、增加企业利润也极为重要。因此,时间管理能力是一种重要的管理能力。

时间管理能力主要指管理者有效利用自己和下属时间的能力。

二、沟通能力

沟通,是管理活动和管理行为中最重要的组成部分,也是企业和其他一切组织的管理者最为重要的职责之一。在组织中,每一个管理者都必然地与自己的上级、同事或下属发生工作上的联系,为了获得事业的成功,一个有效的管理者必须与上级、同事和下级,乃至自己的客户、用户建立良好的工作关系。因此,他必须具有善于与人交往,有效进行沟通,主持商务谈判,以及组织专业会议等诸方面的能力。

这里所说的沟通能力指沟通者所具备的能胜任沟通工作的优良主观条件。简言之,沟通能力指一个人与他人有效地进行沟通信息的能力。表面上来看,沟通能力似乎就是一种能说会道的能力,实际上它包罗了一个从穿衣打扮到言谈举止等一切行为的能力。一个具有良好沟通能力的人,他可以将自己所拥有的专业知识及专业能力进行充分的发挥,并能给对方留下"我最棒"、"我能行"的深刻印象。沟通能力可以细分为以下能力:

1. 倾听与组织信息的能力。主要包含:倾听和阅读信息,对信息、推论、假设进行区别;克服接受信息的障碍,摘要并重组信息方便记忆;不先入为主,而是客观地把握信息。

2. 给予明确信息的能力。主要包含:给予他人最能帮助目标达成的信息;注意信息表达的准确性,锁定目标不偏离主题;创造和谐、双赢的信息输出氛围。

3. 获取正确信息的能力。主要包含:区分信息表面和潜在的意义;善于运用直接、间接、反问等方式得到真实信息;运用循序渐进的方式,突破心理防御,取得共识,修正行为。

三、激励能力

企业管理的重要问题之一就是要调动员工的工作积极性,激励能力是管理者的一个重要能力。

激励能力主要指管理者善于调动被管理者的积极性,能正确地对被管理者进行引导,并且鼓励被管理者进行创造性工作的能力。激励能力可细分为:

1. 训练教育与授权的能力。主要包括:对岗位和人的特点进行判断,适才适用;进行分工和组合,将责任和归属感转移到下属;工作要求能迅速与下属达成共识,指令与执行一致;找出下属行为与要求的差距,促其努力缩小。

2. 行为规范与协商的能力。主要包括:以建设性的态度,讨论偏离规范的行为及其后果;令对方认同纠正的时间和再次出现不被接受行为的后果;对已改善的行为加以强化,或对久未改善的行为采取措施。

3. 启发创新能力。主要包括:对下属的探索性错误的宽容;对新想法的关注与尽可能条件下的尝试;创造轻松自如的工作氛围。

四、团队建设能力

在企业中,任何一个管理者都必须具备组织、号召和动员团队的能力。在现代企业中,任何一项管理性技术工作都需要一定数量的人员,在细密的分工的基础上进行全面的协作才能完成。在组织中团队的智慧和力量是无穷的,因此,一个成功的管理者必须具有团队建设的基本能力。

团队建设能力是指有意识地在组织中努力开发有效的工作小组,并带领小组成员共同完成任务的能力。团队建设能力可以分为:

(1) 分析团队成员的能力。首先,管理人员应当具有能够对一个团队的构成以及各个成员的角色进行系统分析与精细判断的能力。

(2) 组织团队学习的能力。管理人员应当具有组织团队学习,不断地提升团队整体素质的能力。现代企业为了迎接知识经济的巨大挑战,需要不断地提升企业的核心竞争力,而企业核心竞争力的提高有赖于人力资源的个体和整体素质的不断增强。因此,团队建设的一个极其重要的任务就是将团队建设成为一个"学习型"团队。为了有效地实现团队发展的目标,就要求管理者具有能保持团队学习培训的持续性、针对性、系统性和可行性的知识与本领。

(3) 实现团队目标的能力。企业管理者掌握团队建设的管理能力,最根本的目的是为了达成组织的发展方向和既定目标。为了有效地实现组织的目标,管理者就需要从团队目的确定,一直到工作计划的制订、贯彻和实施等一系列的技术和技巧。

五、决策能力

决策是管理的一项基本职能。任何一个组织或管理者都必须进行决策,而这些决策的影响最终将不仅仅局限在组织绩效的某个方面,有时甚至会关系到组织的生存和发展。因此,无论作为组织,还是作为管理者,必须掌握决策的基本知识,认识和重视决策,并不断地提高决策能力。

决策能力是指领导者或经营管理者对某件事拿主意、做决断、定方向的领导管理效绩的综合性能力。决策能力可以分为:

1. 问题的确定与解决能力。主要包含:识别为实现目标决策所可能面临的各类问题;区分问题的不同或种种征兆,发现真正的问题并搜集证据,确定问题的原因;实施最恰当的行动,解决问题。

2. 决策与风险衡量的能力。主要包含:展开两种以上思路或方案达到目标;确定决策要达到可行的满意目标;区分必要条件、理想条件,进行风险判断。

3. 主次先后和轻重缓急判断能力。主要包括:根据目标进行决策的排序;排除干扰集中处理主要问题;权衡利弊,抓主要问题,不优柔寡断。

六、目标管理能力

从某种意义上说,管理是一个为了达到同一目标而协调集体所做努力的过程,如果不是实现一定的目标,就无须管理。管理的过程实际上是一个不断实现目标的过程。因此,对于管理者而言,目标管理能力是一种重要的管理能力。

目标管理能力主要是指管理者依据组织内外部的环境制定目标,并对目标进行分解,然后依据结果进行考核、奖惩的能力。目标管理能力主要包括以下八个方面的能力:

1. 信息处理能力。
2. 综合分析能力。
3. 目标设置能力。
4. 自我评价能力。
5. 制订计划能力。
6. 追踪落实能力。
7. 检查总结能力。
8. 解决冲突能力。

复习思考题

1. 管理者和从事具体事务的作业者有何区别?
2. 管理者有哪些不同的类型?
3. 管理者应扮演哪些角色?
4. 不同层次管理者应具备哪些管理技能?
5. 如何理解管理者的职业化是一种趋势?
6. 为什么要强调管理者的道德责任?
7. 管理者履行道德责任的条件有哪些?
8. 中基层管理者应具备哪些管理能力?

管理定律

1. 南风法则:真诚温暖员工

【内容】

"南风"法也称为"温暖"法则,源于法国作家拉封丹写的一则寓言。北风和南风比威力,看谁能把行人身上的大衣脱掉。北风首先来一个冷风凛冽寒冷刺骨,结果行人把大衣裹得紧紧的;南风则徐徐吹动,顿时风和日丽,行人因为觉得春意上身,始而解开纽扣,继而脱掉大衣,南风获得了胜利。

【启示】

领导者在管理中运用"南风"法则,就是要尊重和关心下属,以下属为本,多点人情味,使下属真正感觉到领导者给予的温暖,从而去掉包袱,激发工作的积极性。

2. 蓝斯登定律:给员工快乐的工作环境

【内容】

美国管理学家蓝斯登指出:跟一位朋友一起工作,远较在"父亲"之下工作有趣得多。可敬不可亲,终难敬;有权没有威,常失权。

【启示】

有关调查结果表明,企业内部生产率最高的群体,不是薪金丰厚的员工,而是工作心情舒畅的员工。愉快的工作环境会使人称心如意,因而会工作得特别积极。不愉快的工作环境只会使人内心抵触,从而严重影响工作效绩。你给员工快乐的工作环境,员工给你高效的工作回报。让你的员工快乐起来!

有很多公司管理者,比较喜欢在管理岗位上板起面孔,做出一副父亲的模样。他们大概觉得这样才能赢得下属的尊重,树立起自己的权威,从而方便管理。这是走入了管理的误区。现代人的平等意识普遍增强了,板起面孔不能真正成为权威!放下你的尊长意识,去做你下级的朋友吧,你会有更多的快乐,也将使工作更具效率、更富创意,你的事业也终将辉煌!

3. 刺猬法则:与员工保持"适度距离"

【内容】

两只困倦的刺猬,由于寒冷而拥在一起。可因为各自身上都长着刺,于是它们离开了一段距离,但又冷得受不了,于是凑到一起。几经折腾,两只刺猬终于找到一个合适的距离:既能互相获得对方的温暖,而又不至于被扎。

【启示】

"刺猬"法则就是人际交往中的"心理距离效应"。领导者要搞好工作,应该与下属保持亲密关系,这样做可以获得下属的尊重。与下属保持心理距离,避免在工作中丧失原则。

延伸阅读

【材料一】

人性假设理论

人性假设对研究组织中人的行为规律和特征具有重要意义。管理者对人有什么样的预料和假设,就会有什么样的管理办法。人性假设是一切管理者应用管理理论、实施管理行为的哲学基础,是管理者采取各项管理措施的前提。

所谓人性即指人的本性,它侧重于人与生俱来的特性。我国古代思想家关于人性的假设最具代表性的是性善论和性恶论。在西方,关于人性的学说更是多种多样,我们这里只介绍与管理学有关的人性理论,比较公认的有四种:即"经济人"、"社会人"、"自我实现人"和"复杂人"。

一、经济人假设

1. 人是由经济诱因来引发工作动机的,其目的在于获得最大的经济利益。

2. 经济诱因在组织的控制之下,因此,人总是被动的在组织的操纵、激励和控制之下从事工作。

3. 任意一种合乎理性的、精打细算的方式行事,总是力图用最小的投入获得满意的报酬。

4. 人的情感是非理性的,会干预人对经济利益的合理追求,组织必须设法控制人的感情。

二、社会人假设

1. 人类工作的主要动机是社会需要,人们要求有一个良好的工作氛围,要求与同事之间建立良好的人际关系,通过与同事的关系获得基本的认同感。

2. 工业革命和工作合理化的结果,使得工作变得单调而无意义,因此必须从工作的社会关系中寻求工作的意义。

3. 非正式组织有利于满足人们的社会需要,因此非正式组织的社会影响比正式组织的经济诱因对人有更大的影响力。

4. 人们对领导者的最强烈期望是能够承认并满足他们的社会需要。

三、自我实现人假设

1. 人的需要有低级和高级之分,从低级到高级可以划分为多个层次,人的最终目的是满足自我实现的需要,寻求工作上的意义。

2. 人们力求在工作上有所成就,实现自我独立,发展自己的能力和技术,以便富有弹性,能适应环境。

3. 人们能够自我激励和自我控制,外部的激励和外部的控制会对人产生威胁,产生不良的后果。

4. 个人自我实现的目标和组织的目标并不是冲突的,而是能够达成一致的,在适当的条件下,个人会自动调整自己的目标并使之与组织目标相配合。

四、复杂人假设

1. 每个人都有不同的需要和不同的能力,工作的动机不但非常复杂而且变动性也很大,人们的动机安排在各种重要的需求层次上,这种动机阶层的构造不但因人而异,而且对同一个人来说,在不同的时间和地点也是不一样的。

2. 人的很多需要不是与生俱来的,而是在后天环境的影响下形成的,一个人在组织中可以形成新的需求和动机,因此一个人在组织中表现的动机模式是他原来的动机模式与组织经验交互作用的结果。

3. 人们在不同的组织和不同的部门中可能有不同的动机模式,例如有人在正式组织中满足物质利益的需要,而在非正式组织中满足人际关系方面的需要。

4. 一个人在组织中是否感到心满意足,是否肯为组织奉献,取决于组织的状况与个人的动机结构之间的相互关系,工作的性质、本人的工作能力和技术水平、动机的强弱以及同事之间的关系等都可能对个人的工作态度产生影响。

5. 人们依据自己的动机、能力以及工作的性质,会对一定的管理方式产生不同的反应。

【材料二】

布莱克的管理方格理论

管理方格理论(Management Grid Theory)是研究企业的领导方式及其有效性的理论,是由美国得克萨斯大学的行为科学家罗伯特·布莱克和简·莫顿在1964年出版的《管理方格》一书中提出的。这种理论倡导用方格图表示和研究领导方式。他们认为,在企业管理的领导工作中往往出现一些极端的方式,或者以生产为中心,或者以人为中心,或者以X理论为依据而强调靠监督,或者以Y理论为依据而强调相信人。为避免趋于极端,克服以往各种领导方式理论中的"非此即彼"的绝对化观点,他们指出:在对生产关心的领导方式和对人关心的领导方式之间,可以有使两者在不同程度上互相结合的多种领导方式。为此,他们就企业中的领导方式问题提出了管理方格法,使用自己设计的一张纵轴和横轴各9等份的方格图。纵轴和横轴分别表示企业领导者对人和对生产的关心程度。第1格表示关心程度最小,第9格表示关心程度最大。全图总共81个小方格,分别表示"对生产的关心"和"对人的关心"这两个基本因素以不同比例结合的领导方式。

管理方格图中,1.1定向表示贫乏的管理,对生产和人的关心程度都很小;9.1定向表示任务管理,重点抓生产任务,不大注意人的因素;1.9定向表示所谓俱乐部式管理,重点在于关心人,企业充满轻松友好气氛,不大关心生产任务;5.5定向表示中间式或不上不下式管理,既不偏重于关心生产,也不偏重于关心人,完成任务不突出;9.9定向表示理想型管理,对生产和对人都很关心,能使组织的目标和个人的需要最理想、最有效地结合起来。

除了那些基本的定向外,还可以找出一些组合。比如,5.1方格表示准生产中心型管理,比较关心生产,不大关心人;1.5方格表示准人中心型管理,比较关心人,不大关心生产;9.5方格表示以生产为中心的准理想型管理,重点抓生产,也比较关心人;5.9方格表示以人为中心的准理想型管理,重点在于关心人,也比较关心生产。还有,如果一个管理人员与其部属关系会有9.1定向和1.9体谅,就是家长作风;当一个管理人员以9.1定向方式追赶生产,而在这样做的时候激起了怨恨和反抗时,又到了1.9定向,这就是大弧度钟摆;还有平衡方法、双帽方法、统计的5.5方法等。

布莱克和莫顿认为,9.9管理方式表明,在对生产的关心和对人的关心这两个因素之间,并没有必然的冲突。他们通过有情报根据的自由选择、积极参与、相互信任、开放的沟通、目标和目的、冲突的解决办法、个人责任、评论、工作活动9个方面的比较,认为9.9定向方式最有利于企业的绩效。所以,企业领导者应该客观地分析企业内外的各种情况,把自己的领导方式改造成为9.9理想型管理方式,以达到最高的效率。

这两位作者还根据自己从事组织开发的经验,总结出向9.9管理方式发展的五个阶段的培训。

阶段1:组织的每个人都卷入方格学习,并用它来评价自己的管理风格。

阶段2:进行班组建设,以健全的协作文化取代陈旧的传统、先例和过去的实践,建立优秀的目标,增强个人在职位行为中的客观性等。

阶段3:群体间关系的开发,利用一种系统性的构架来分析群体间的协调问题,恰当地利用好群体间的对抗以从中发现组织中存在的管理问题,利用这种有控制的对抗和识别为建立一体化所必须解决的症结问题,为使各单元之间的合作关系不断改善做下一次实施计划。

阶段4:设计理想的战略组织模型,要明确确定最低限度和最优化的公司财务目标,在公司未来要进行的经营活动、要打入的市场范围和特征、要怎样创造一个能够具有协力效果的组织结构、决策基本政策和开发的目标等方面有明确的描述,以此作为公司的基本纲领,作为日常运作的基础。

阶段5:贯彻开发。研究现有组织,找出目前营运方法与按理想战略模型的差距,明确企业应该在哪些方面进行改进,设计出如何改进的目标模式,在向理想模型转变的同时使企业正常运转。布莱克和莫顿认为,通过这样的努力,就可以使企业逐步改进现有管理模式中的缺点,逐步进步到9.9的管理定向模式上。

自我测试

管理能力测试

1. 说明:请对下列问题按照如下标准进行打分:

   (1) 5分——我总是这样。
   (2) 4分——我常常这样。
   (3) 3分——我有时这样。
   (4) 2分——我很少这样。
   (5) 1分——我从不这样。

(1) 当我需要做许多工作或作业时,我先设定重点,并按照截止日期进行组织。

(2) 多数人认为我是一个优秀的倾听者。

(3) 当我为自己决定行动方案时(如追求的爱好、要学习的语言、要从事的工作、想要参与的项目等),我一般都会考虑做出这种选择之后的长期(年或更长)影响。

(4) 与包括文学、心理学或社会学的课程相比,我更喜欢包括技术或定量的课程。

(5) 当我与其他人存在分歧时,我坚持与他人交流,直到完全克服为止。

(6) 当我完成一个项目或任务时,我考虑的是细节,而不是问题的概况。

(7) 与和其他人一起度过许多时间进行比较,我更愿意一个人坐在计算机前面。

(8) 我努力把他人纳入到活动中来或在谈论问题时,邀请其他人参与。

(9) 当我选择一门课程时,我会把刚学到的知识与以前学过的课程或概念联系起来。

(10) 当有人犯错误时,我会去纠正,并让他知道正确的答案或方法。

(11) 我认为,在与他人谈话时,讲究效率比较好,而不是考虑他人的需求,便能解决自己的实际问题。

(12) 我制订自己的长期职业远景、家庭远景和其他活动远景,并已经认真考虑过。

(13) 当解决问题时,我更喜欢分析一些数据或统计资料,而不愿意与许多人一起讨论。

(14) 当我为一个集体项目工作时,有人并不竭尽全力,我很可能向朋友,而不是去对这个懒鬼抱怨。

(15) 与他人讨论思想或概念可以使我感到兴奋。

(16) 本书所使用的管理活动类型简直是在浪费时间。

(17) 我认为,礼貌待人,不伤害他人的感情为好。

(18) 我对数据和事情要比他人更感兴趣。

2. 评分标准:

对上述问题按照下列分类进行分值加总。注意(6)、(10)、(14)题是反向打分的,即

(1) 1分——我总是这样。

(2) 2分——我常常这样。

(3) 3分——我有时这样。

(4) 4分——我很少这样。

(5) 5分——我从不这样。

3. 结果分析:

(1)(3)(6)(9)(12)(15) 概念技能总分:_____。

(2)(5)(8)(10)(14)(17) 人际技能总分：_____。
(4)(7)(11)(13)(16)(18) 技术技能总分：_____。

上述技能表明要成为一名好的管理者必须具有的三种基本能力。比较理想的情况是，管理者在上述三种技能方面都具有强大的优势（虽然在每种技能方面的优势不必相等）。缺乏任何一类技能的人都应采取行动，逐渐提高这种技能。同时，根据你三种技能的得分比例判断你更倾向于哪个层次的管理者。

（摘自 http://wenku.baidu.com/view/513b2cd4b14e852458fb57ec.html）

案例分析

升任公司总裁后的思考

郭宁被所在生产机电产品的公司聘为总裁。在准备接任职位的前一天晚上，他浮想联翩，回忆起他在该公司工作20多年的情况。

他在大学时学的是企业管理，大学毕业后就到该公司工作，最初担任液压装配单位的助理监督。他当时感到真不知道如何工作，因为他对液压装配所知甚少，在管理工作上也没有实际经验，他感到几乎每天都手忙脚乱。可是他非常认真好学，一方面，仔细参阅该单位制订的工作手册，并努力学习有关技术知识；另一方面，监督长也对他主动指点，使他渐渐摆脱了困境，胜任了工作。经过半年多时间的努力，他已有能力担任液压装配的监督长工作。可是，当时公司没有提升他为监督长，而是直接提升他为装配部经理，负责包括液压装配在内的四个装配单位的领导工作。

在他当助理监督时，他主要关心的是每日的作业管理，技术性很强。当他担任装配部经理时，他发现自己不能只关心当天的工作状况，他还要做出此后数月乃至数月的规划，还要完成许多报告和参加许多会议。他没有多少时间去从事他过去喜欢的技术工作。当上装配部经理不久，他就发现原有的装配工作手册已基本过时，因为公司已安装了许多新的设备，引入了一些新的技术，这令他花了整整一年的时间去修订工作手册，使之切合实际。在修订过程中，他发现要让装配工作与整个公司的生产作业协调起来是有很多讲究的。他还主动到几个工厂去访问，学到了许多新的工作方法，他也把这些吸收到修订的工作手册中去。由于该公司的生产工艺频繁发生变化，工作手册也不得不经常修订，郭宁对此完成得很出色。他工作了几年后，不但学会了这些工作，还学会了如何将这些工作交给助手去做，教他们如何做好。这样一来他可以腾出更多时间去参加会议、批阅报告和完成自己向上级的工作汇报。

当他担任装配部经理6年之后，正好该公司负责规划工作的副总裁辞职应聘于其他公司，郭宁便主动申请担任此职务。在同另外5名竞争者较量之后，郭宁被正式提升为规划工作副总裁。他自信拥有担任此新职位的能力，但由于此高级职务工作的复杂性，仍使他在刚接任时碰到了不少麻烦。例如，他感到很难预测一年以后的产品需求情况。可是一个新工厂的开工，乃至一个新产品的投入生产，一般都需要在数年前做出准备。而在新的岗位上他还要不断地处理市场营销、财务、人事、生产部等部门之间的协调工作,这些他过去都不熟悉。

他在新岗位上越来越感到:越是职位上升,越难以仅仅按标准的工作程序去进行工作。但是,他还是渐渐适应了,做出了成绩,以后又被提升为负责生产工作的副总裁,而这一职位通常是由该公司资历最深、辈分最高的副总裁担任的。到了现在,郭宁又被提升为总裁。他知道,一个人当上公司最高主管职位之时,他应该自信自己有处理可能出现的任何情况的才能,但他也明白自己尚未达到这样的水平。因此,他不禁想到自己明天就要上任了,今后数月的情况会是怎样?他不免为此而担忧!

(摘自冯贵宗主编《管理学——理论与方法》,中国农业出版社,2008年)

问题:

1. 你认为郭宁当上公司总裁后应当如何去适应这些变化?

2. 你认为郭宁要成功地胜任公司总裁的工作,哪些管理技能是最重要的?你觉得他具备这些技能吗?

3. 如果你是郭宁,你认为当上公司总裁后自己应补上哪些欠缺才能使公司取得更好的绩效?

✍ 实 训

【内容一】

调查与访问——管理者的职责与素质

全班同学分成三组,分别去三个不同类型的企业进行调查与访问。访问的主题为企业管理者的工作职责以及所具有的素质,并形成调查报告。上课时全班同学讨论企业管理者的工作职责、素质及其培养途径。

【内容二】

文献资料收集——出色的管理者

全班同学每人找一位自己感兴趣的国内外知名企业家,通过上网或书籍阅读收集相关资料,讨论他或她作为管理者,具备哪些素质和能力,在管理过程中又分别扮演了哪些角色?最后将这些出色的管理者的特征列在一张表上,交给教师作为作业,并在同学之间进行交流。

【内容三】

案例编制——管理者的道德责任

全班同学分小组收集近两年的关于管理者和企业道德责任方面新闻报道材料,正面的和反面的各收集一个,然后整理成案例形式,并进行分析和论述。

第三章 时间管理能力

📖 重点知识要求

1. 了解时间的意义与特征。
2. 了解时间管理的含义。
3. 熟悉时间管理的误区。
4. 掌握时间管理的技巧和方法。

📖 重点能力要求

1. 培养有效利用时间的技巧。
2. 培养有效进行时间管理的能力。

💣 案例导入

高总是某陶瓷公司的总经理,他的日常工作中几乎每一天都排满了各种各样的任务。这天他一上班,就感觉到又是忙碌的一天:

(1) 某个酒店预定的 10 000 套精品餐具根据合同要在后天交货,但是一大早设计部门反映说制造部生产的大量碗碟出现了状况,与他们的设计有出入。但若不按时交货,他们将要支付高额的赔偿金,高总需要马上处理。

(2) 早上九点业务部召开例会,他需要出席。

(3) 几个朋友给他的手机留言了,让他有空回复。

(4) 市场部策划完成了公司下半年在各省的产品推广方案,方案需要他审阅。

(5) 由于公司热衷于公益事业,高总受邀参加省电视台的访谈节目并作为企业家代表发言。所以在明晚访谈之前,高总需要与电视台的栏目组联系并敲定发言稿。

(6) 下午他要去见两个重要客户,洽谈一下合约的具体事宜。

(摘自 http://www.docin.com/p−31861018.html)

思考题:面对这些繁杂的事务,高总该如何处理?

管理者每天都要面对纷繁复杂的事务,这些事务千头万绪,涉及工作的方方面面。如何在繁多的事务中抓住重点,以点带面,从而促进相关工作的开展和完成,时间管理有着重要的作用。科学、规范、有序的时间管理不仅对管理者本人而言极为重要,而且对提高企业全体成员的工作效率、增加企业利润也极为重要。

第一节 时间管理概述

一、时间的意义

通过下面这个著名的故事,我们可以深刻领会到时间的意义。

1929 年,胡适先生在中国公学 18 年级毕业典礼上发表了一篇演讲,内容如下:

诸位毕业同学:你们现在要离开母校了,我没有什么礼物送给你们,只好送你们一句话。

这一句话是:珍惜时间,不要抛弃学问。以前的功课也许有一大部分是为了这张文凭,不得已而做的。从今以后,你们可以依自己的心愿去自由研究了。趁现在年富力强的时候,努力做一种专门学问。少年是一去不复返的,等到精力衰竭的时候,要做学问也来不及了。

有人说,出去做事之后,生活问题急需解决,哪有工夫去读书?即使要做学问,既没有图书馆,又没有实验室,哪能做学问?

我要对你们说,凡是要等到有了图书馆才读书的,有了图书馆也不肯读书;凡是要等到有了实验室方才做研究的,有了实验室也不肯做研究。你有了决心要研究一个问题,自然会节衣缩食去买书,自然会想出法子来设置仪器。

至于时间,更不成问题。达尔文一生多病,不能多做工,每天只能做 1 个钟点的工作。你们看他的成绩!每天花 1 个钟点看 10 页有用的书,每年可看 3 600 多页书;30 年读 11 万页书。

诸位,11 万页书可以使你成为一个学者了。可是每天看 3 种小报也得费你 1 点钟的功夫;四圈麻将也得费你 1 点半钟的光阴。看小报呢?还是打麻将呢?还是努力做一个学者呢?全靠你们自己选择!

易卜生说:"你的最大责任就是把你这块材料铸造成器。"

学问就是铸器的工具。抛弃了学问便是毁了你自己。

再会了,你们的母校眼睁睁地要看你们 10 年之后成什么器。

读完胡适先生的演讲,请回答下面的问题:

(1) 你的时间够用吗?

(2) 你如何看待以下问题:

① 时间就是金钱吗？　　　　　　　时间＝金钱
② 金钱对你的意义重于时间吗？　　时间＜金钱
③ 时间对你来说比金钱更有价值吗　时间＞金钱
你选择哪一种答案？_____。
相信每个人答案是不尽相同的。

💣【案例 3-1】

水桶效应与时间

一个用不同长度的木板拼成的水桶,其存水量的多少不是由最长的那块木板决定的,而是由最短的那块木板决定的。因为,水桶里的水位到最短的那块木板的边缘就会溢出,水位就不会再增长。长木板也因为短木板的局限,不能发挥更大的作用而变得多余。如果要让水桶装更多的水,就必须把众多木板中那块最短的木板加长。

这如同个人成功所需要的资源。个人成就的大小不是由个人所具有的最富有的资源决定的,而是由各种资源中最稀缺的资源决定的。一个人的成就到一定程度,就会受到最稀缺资源的制约。要取得成功,就必须找到制约成功的那块"短木板",然后把它补长。

时间是个人成功道路上最稀缺的资源,它制约着其他各种资源效果的发挥,决定着成果的大小。无论个人还是企业,要取得更大的成果或者成功,就必须对时间管理予以重视,对时间进行有效管理。

思考题：你觉得上面的说法对吗？

二、时间的特性

1. 供给毫无弹性

时间的供给量是固定不变的。它的供给量在任何情况下都不会增加,但也不会减少。因此,管理者无法针对时间进行开源。

2. 无法蓄积

时间不像人力、财力、物力和技术那样被积蓄储藏。不论管理者愿意或不愿意,管理者都被迫按一定的速率消费时间。因此,管理者无法针对时间进行节流。

3. 无法取代

任何一种活动都有赖时间的堆砌。这就是说,时间是任何活动所不可缺少的基本资源。因此,时间是无法取代的。

4. 无法失而复得

时间不能像遗失物那样失而复得。它一旦丧失,则会永远丧失,无法挽回。

💣【案例 3-2】

> 明日歌
> ◆ 明日复明日，明日何其多。
> ◆ 我生待明日，万事成蹉跎！
> ◆ 世人若被明日累，
> ◆ 春去秋来老将至。
> ◆ 朝看水东流，暮看日西坠，
> ◆ 百年明日能几何？
> ◆ 请君听我明日歌！

思考题：读了这首"明日歌"，你有何感想？

三、时间管理的含义

因为时间具有"供给毫无弹性"、"无法蓄积"、"无法取代"、"无法失而复得"等特性，所以在各种经济资源中，时间最不为一般管理者所理解。也许正因为如此，时间的浪费比其他资源的浪费更为普遍，也更为严重。

所谓时间的浪费，指对实现目标毫无贡献或贡献很小的时间消耗。时间管理所探索的是如何克服时间浪费，以便有效地完成既定目标。时间管理并不是指以时间为对象而进行的管理。由于时间总是按着一定的速率光临，并且按照同一速率消失，所以时间本身是无法管理的。"时间管理"的正确含义应该是面对时间而进行"自管理者的管理"。

所谓"自管理者的管理"，指的是你必须抛弃陋习，引进新的工作方式和生活习惯，包括要订立目标、妥善计划、分配时间、权衡轻重和权力下放，加上自我约束、持之以恒才可提高效率，事半功倍。

第二节 时间管理的误区

时间管理误区，是指导致时间浪费的各种因素。在实际工作中，由于对时间管理认识不够，或缺乏时间管理知识，往往使自己陷于时间管理的误区之中，无法正确有效地利用时间，最终导致工作失败。下面就《任经理的一天》这个案例，分析管理者在时间管理上的误区主要有哪些？

【案例 3-3】

任经理的一天

8:30 上司打电话让任经理去谈话,谈了一会儿有关公司人力资源规划的问题,中间总经理接听电话、有客人来访等,使他们的谈话一直延续到10:00。

10:00 准备布置下属工作,又有电话打来询问有关新入职人员薪资的问题,解释到10:20。

10:20 找来下属布置招聘工作,中间不断有其他下属进来请示工作,任经理的思路和时间被分割和耽误,布置工作一直延续到11:00。

11:00 对秘书报上来的文件等进行批示、处理;阅读文件、各类报告、建议书等,到12:00,还有一部分没有过目。

12:00 匆匆吃过饭,看了一会儿报纸,与同事聊了一会儿天,猛然想起总经理交待的关于人力资源的规划报告还没有完成,明天就要上交的,于是赶紧冲进办公室。

14:00 与销售经理约好讨论招聘营销人员的事宜,由于对招聘主管的工作不放心,本应是下属的职责,任经理却又全包了下来,包括招聘计划、招聘人员资格的具体要求等,都由任经理自己确定,此项工作又占去时间2个小时。

16:00 刚要写自己明天提交给总经理的公司人力资源规划报告,一个下属又进来请示和审批,同时聊了一会儿个人的私事和公司最近的传闻。

16:30 召集下属开会,因为下属反映部门内部不团结已经影响到了工作,任经理必须就此事同下属强调一下。但会议不仅没有达到任经理的预期目的,还拖延了时间,一直持续到17:00。

17:00 下属走后,任经理一看已经过了下班时间,已经没有时间来完成报告,只好挟着自己未写完的报告和要处理的文件回到家中,看样子今晚又得加班到午夜了。

我们仔细分析一下,任经理的时间为什么不够用?

（1）电话干扰——对公司员工解释有关薪酬问题,这本不属于任经理的事。没有薪酬主管吗?

（2）会议安排没有计划,会议拖延,主题不明确,对会议没有实行有效控制。

（3）上司不定时的召见,使中层经理的时间具有很大的随意性。

（4）喜欢下属事事请示和汇报的官僚作风,下属的不断请示和汇报,使自己成为下属任务的执行者,大大浪费了自己的时间。

（5）对下属工作不放心,替下属做工作,结果整天被埋在事务性的工作里。

（6）凡事事必躬亲,有许多不需要看和处理的文件等,耽误时间。

（7）缺乏一份详尽的计划,工作没有目标、没有程序,所以就没有自己主动的行动。

（8）做事情没有轻重缓急和主次之分,经常本末倒置,终日埋头于无关紧要的事务上。

（9）只注意细节和小事，事事过问，事事关心，就像一个多事的婆婆，结果下属没有事情可做。

（10）不知道中层经理是可以说"不"的，经常听命于上司的召唤，对下属的打扰也不加以控制，结果使时间浪费在一些无关紧要和与己无关的事务上。

（11）对于自己熟悉和喜欢的事尽快做完，对于棘手的问题拖延解决，只有通过加班来完成。

（12）不舍得放权，不授权，下属轻松自在，自己却忙得要死。

（摘自http://www.qs100.com/news/NewFile/200592293759.htm）

思考题：任经理的时间为什么不够用？

一、工作缺乏计划

（一）工作缺乏计划的原因

尽管有许多管理者都能重视计划的拟定与执行，但仍有一些管理者却从来不做计划。究其原因，不外是：

1. 因过分强调"知难行易"而认为没有必要在行动之前多做思考。
2. 不做计划也能获得实效。
3. 不了解做计划的好处。
4. 计划与事实之间极难趋于一致，故对计划丧失信心。
5. 不知如何做计划。

（二）工作缺乏计划的原因的针对性剖析

1. 有些事情固然是易行而难料的，但如果过分地强调这一点，就有可能养成一种"做了再说"或"船到桥头自然直"的侥幸心理。在这种心理之下，"计划"将不受重视。试想房子正开始燃烧的紧要关头，消防队员是否应立刻拿起水龙头或灭火器进行抢救？还是应先花费少许时间判别风向、寻找火源、分派工作，然后再来灭火？

2. 在某些情况下，虽然不做计划确实能够获得实效，但是这种实效的获得完全是靠运气，而非来自良好的管理。企业的经营绝对不能只靠运气而不讲求管理。

3. 不做计划的人只是消极地应付工作，在心理上他将处于受摆布的地位；做计划的人则有意识地支配工作，在心理上他将居于支配者的地位。这显然是做计划的意义所在。做计划的另一种好处是，计划足以缩短工作的执行时间并提高工作效率。美国一位教授曾经针对某公司的两个工作性质相近的工作组，就其计划时间、执行时间以及所获的成效进行比较。结果发现，计划时间较长的那一组工作所需的执行时间较短，而计划时间较短的那一组工作所需的执行时间则较长；计划时间较长的那一组工作所花费的计划时间与执行时间的总和，要少于计划时间较短的那一组工作所花费的计划时间与执行时间的总和;计划时间较长的那一组工作的成果,在效率上要高于计划时间较短的那一组工作的成果。许多管理者常常以"没有时间"作为不做计划的借口,这种借口是难以成立的,因为根据上述的道理可知,越不做计划的人将越无时间,更何况花时间做计划无异于"投资时间以节省时间",这本来就是一种明智的举措。

4. 由于目标中拟定所假设的客观环境时时发生变动,所以计划与事实常常难以趋于一致。但是,在计划执行过程中管理者必须定期审察目标的实现进程与完成目标的最佳途径。这样,管理者将能针对目标本身及完成目标的最佳途径做必要的修正,以期符合实际。如果无计划的引导,则一切行动将杂乱无章。杂乱无章的举措不仅导致时间的浪费,而且迟早将把企业带向失败的死胡同。

5. 在管理教育,包括学校教育和管理顾问机构所提供的训练,以及管理学文献极为普遍的今天,"不懂如何做计划"已不能成为不做计划的借口。

💣【案例3-4】

忙乱的小美

公司主管通知小美今天正式去公司实习,早晨8点半要准时到公司集合,需携带相关资料和有效证件。兴奋的小美6点不到就起床了,洗漱完毕,小美为穿什么衣服,配什么样的背包犯了愁,她前前后后试穿了好几套服装都不满意,最后一看时间,呀,都过去一个多小时了,一会儿还要挤公交买早餐呢。小美赶紧挑了一套还算不错的衣服,拿起包就准备往门外走。突然又想起要带资料和证件,于是又是一番寻找,总算出门了。踩着高跟鞋的小美在路边随便买了一份早餐,急冲冲走到车站,时间已经是7点40分了。此时正是上班高峰期,车站人头攒动,可公交车却迟迟不来。左等右盼,总算在快8点时小美才挤上了公交。车到站时已经是8点31分,而小美走到公司大楼还需要至少8分钟的时间。

(摘自肖剑锋主编《团队与个人管理实务》第二版,中国财政与经济出版社,2013年版。)

思考题:小美的时间是怎么溜走的?

二、不会拒绝他人托付

有些人很多事情本来不该做,却又因无力拒绝而导致了时间的浪费,究其原因,主要包括以下几个方面:

1. 渴望受到别人的赞许或者接纳。
2. 怕会冒犯别人。
3. 对义务的认识错误。浪费时间的同时,真正的工作又没有做。
4. 不知道如何拒绝,不知道如何表达拒绝的意思,找不到拒绝的借口。

5. 缺乏工作目标与优先顺序。
6. 别人毫不考虑地就假定你会答应。
7. 无法拒绝老板。

💣【案例 3-5】

被打扰的时间

一份来自日本的统计数据表明:"人们一般每 8 分钟会受到一次打扰,每小时大约 7 次,或者说每天 50～60 次。平均每次打扰时间大约是 5 分钟,总共每天大约 4 小时。80%(约 3 小时)的打扰是没有意义或者极少有价值的。同时,人被打扰后重拾原来的思路平均需要 3 分钟,总共每天大约就是 2.5 小时。"

根据这个统计数据,我们可以发现,每天因打扰而损失的时间约为 5.5 小时,按 8 小时工作制算,这占了工作时间的 68.7%。

(摘自张彦忠主编《一分钟的价值》,中山大学出版社,2007 年版)

思考题:为什么会造成这种现象?

三、拖延时间

做事拖延时间的意思就是在没有正当理由的情况下,延误或耽搁事情。做事拖延强调的是拖延造成了工作的失误,拖延造成了进度的失误,因而浪费了时间。具体表现在:

1. 没有能力辨认事情的重要性。
2. 做事拖延是一种自我幻觉,也是一种习惯,同时也可以说是一种态度。
3. 认为遇到压力才有最好的表现,只有让自己到最后一刻才去做。
4. 习惯先做简单琐碎的,拖延困难的。
5. 工作时间的估算不切实际。
6. 贪求过多,没有定期地监控进度,缺乏自律。
7. 搁置工作,没有事先确定完成期限。

💣【案例 3-6】

拖延指数测验

1. 请据实选择以下每一个陈述最切合你的答案:
(1) 为了避免对棘手的难题采取行动,我总是寻找理由和借口。
    A. 非常同意   B. 略表同意   C. 略表不同意   D. 极不同意
(2) 为使困难的工作能被执行,对执行者施加压力是必要的。

A. 非常同意　　　B. 略表同意　　　C. 略表不同意　　　D. 极不同意

(3) 我经常采取折中办法以避免或延缓不愉快的事。
A. 非常同意　　　B. 略表同意　　　C. 略表不同意　　　D. 极不同意

(4) 我遭遇了太多足以妨碍完成重大任务的干扰与危机。
A. 非常同意　　　B. 略表同意　　　C. 略表不同意　　　D. 极不同意

(5) 当被迫从事一项不愉快的决策时,我避免直截了当的答复。
A. 非常同意　　　B. 略表同意　　　C. 略表不同意　　　D. 极不同意

(6) 我对重要的行动计划的追踪工作一般不予理会。
A. 非常同意　　　B. 略表同意　　　C. 略表不同意　　　D. 极不同意

(7) 试图令他人为管理者执行不愉快的工作。
A. 非常同意　　　B. 略表同意　　　C. 略表不同意　　　D. 极不同意

(8) 我经常将重要工作安排在下午处理,或者携回家里,以便在夜晚或周末处理。
A. 非常同意　　　B. 略表同意　　　C. 略表不同意　　　D. 极不同意

(9) 我在过分疲劳(或过分紧张,或过分泄气,或太受抑制)时,无法处理所面对的困难任务。
A. 非常同意　　　B. 略表同意　　　C. 略表不同意　　　D. 极不同意

(10) 在着手处理一件艰难的任务之前,我喜欢清除桌上的每一个物件。
A. 非常同意　　　B. 略表同意　　　C. 略表不同意　　　D. 极不同意

2. 评分标准:

每一个"非常同意"评4分,"略表同意"评3分,"略表不同意"评2分,"极不同意"评1分。

"我的拖延指数是_____。"

(1) 总分<20分,表示你不是拖延者,你也许偶尔有拖延的习惯。
(2) 21<总分<30,表示你有拖延的毛病,但不太严重。
(3) 总分>30,表示你或许已患上严重的拖延毛病。

"所以,我是一个_____。"

(摘自 http://tieba.baidu.com/f? kz=139338045)

四、不会应付不速之客

作为管理者,经常会受到不速之客的拜访,拜访者说得最多的话是:"只借用你一分钟时间可以吗?"但是,这"一分钟"往往会随着话题的深入演变成"一个小时"、"两个小时",甚至更久。对于管理者而言,不速之客的拜访会占用原本计划好的时间,从而造成时间的浪费和工作的推迟。

造成这种现象的原因之一是管理者敞开大门,门户开放等于是听命于别人,这种方式可以让需要找管理者办事的人都能够找到他。在这种情况下,管理者就变成了公然欢迎别人打扰的人,大门敞开着,不速之客当然会进来。

五、不会应付电话干扰

电话干扰会浪费很多时间。许多管理者认为电话经常占据他们大量的时间。无法拒绝电话干扰的原因,主要有:

1. 害怕冒犯别人,怕来电者觉得不愉快。
2. 希望保持消息灵通,不想漏掉任何情形。
3. 自我膨胀,自我感觉身价不凡。
4. 享受社交的乐趣,把接电话变成社交活动的工具或者当成不愿意承担某项艰巨或乏味工作的借口。

【案例 3-7】

约翰的烦恼

约翰毕业于沃顿学院,1992年进入科特公司,供职于人力资源部,由于工作业绩突出,2000年晋升为人力资源总监。最近,由于公司在市场上面临前所未有的挑战,他的工作变得更加繁重,他越来越感到时间的稀缺,有点力不从心。每天,他的电话多达几十个,以致无法进行正常工作,他恨不得把电话线拔掉。他每天都在思考,该如何处理这么多的电话干扰呢?

(摘自张彦忠著《一分钟的价值》,中山大学出版社,2007年版)

思考题:约翰为什么会陷于这样的烦恼之中?他该如何应付如此多的电话呢?

六、会议过多或过长

会议出现过多或过长的原因主要有以下几种:

1. 会议没有适当的准备,或者没有会议目的。
2. 会议没有议程。
3. 开会找错人参加,或者是参加的人太多或太少,或者是关键的人没有到会。
4. 开会没有计划。
5. 会议过多或会议时间过长。
6. 不能准时开会,或者不能准时散会。
7. 开会时有外来干扰。
8. 讨论脱离议程的内容浪费时间。
9. 会议没有结论,甚至会而无议,议而未决。
10. 没有追踪对会议的执行情况。

七、办公桌混乱

在很多办公室,经常会看到这样的现象:办公桌上杂乱无章,文件、工具、传真、留言条、电脑键盘,甚至一些化妆用品、照片架摆放得乱七八糟,当需要寻找某一个文件时,得将办公桌从上到下、从里到外翻几遍才可能找得到,而这个寻找过程又进一步加剧了混乱的状况。

混乱的办公桌造成了时间的浪费,管理者需要花大量的时间来找一个文件或一个传真;同时,混乱的办公桌还在一定程度上出卖了管理者的品性,任何人从这样的办公桌上都可以一眼看出管理者是个忙而无序的人。

【案例3-8】

小A的办公桌

小A的办公桌是整幢办公楼里最出名的,原因就是——乱。每次领导检查卫生都要对着她的桌子直皱眉头,而每次在逼于无奈的境况下小A疯狂整理后的办公桌最多只能保持一天的清白。曾经有不怕死的清洁大婶出于好心帮小A把桌上的纸张都理到一个大盒子里,结果小A足足花了半个小时找一份急需的文案,并连续给大婶看了一个星期的臭脸。而最让人震撼的是,有一次一个同事好奇地翻动小A的物品,结果一不小心摸到了一个发霉腐烂巨恶心的桔子。从此之后,再也没有同事对小A的办公桌提出异议了。

(摘自 http://wzdaily.66wz.com/wzdsb/html/2007-04/13/content-248254.htm)

思考题:对比小A的办公桌,检查一下你的桌上是什么情形。

八、"事必躬亲"

管理者如果事必躬亲必然会引起时间的浪费。事必躬亲的原因主要有:
1. 管理者缺乏安全感,害怕失败,害怕被部属取代。
2. 对部下缺乏信心、不信任部属,觉得自己可以把工作做得更好更快。
3. 觉得做事比管人舒服。
4. 希望人人都知道所有的细节,以至于不能够适当地控制工作量。
5. 管得过多,没有最终进度,人手不足,部属的工作过量。

【案例3-9】

诸葛亮事必躬亲,过劳而死

诸葛亮可谓是一代英杰,赤壁之战等广为世人传诵,显示其超人的聪明和勇气。

然而他日理万机,事事躬亲,乃至"自校簿书",终因操劳过度而英年早逝,留给后人很多感慨。诸葛亮曾在给刘禅的呈文《后出师表》中说:"臣鞠躬尽瘁,死而后已!"虽然他为蜀汉"鞠躬尽瘁,死而后已",但蜀汉仍最先灭亡。这与诸葛亮的不善授权不无关系,凡军中二十两银子以上的事务他都要亲自过目,如此事无巨细,导致他操劳过度,心力衰竭。所以有些书评其为"不善于分工"!

(摘自http://www.china-b.com/jyzy/ldl/20090224/332340_1.html)

思考题:诸葛亮是一个好的领导者吗?

第三节 时间管理能力的培养

时间对于管理者而言是重要的资源,时间管理能力也是管理者的一项重要的能力。管理者可以学习有效利用时间的技巧、掌握时间管理的方法,从而提高自己的管理能力。

一、有效利用时间的技巧

(一)合理制订工作计划

所谓计划,即指未来行动纲领的先期决策。管理者如果能对自己每周、每天的工作时间做出周详的计划,以此来控制自己的时间,把有限的时间合理地分配到每一项工作上,形成井然有序的工作习惯,必然会缩短执行时间,大大提高工作效率。

1. 制订计划的步骤

(1) 确立目标。

(2) 探寻完成目标的各种途径。

(3) 选定最佳途径。

(4) 将最佳途径转化为每周或每日的工作事项。

(5) 编排每周或每日的工作次序并加以执行。

(6) 定期检查目标的现实性以及完成目标的最佳途径的可行性。

2. 合理制订工作计划的方法

(1) 确立每一个小时的有效计划,执行时可以节省三四个小时,却能获得更好的结果。

(2) 建立系统,包括计划表、每日的目标、优先次序、完成的期限,运用好整合组织系统。

(3) 花时间拟定计划,拟定计划应有优先次序。拟定计划初期虽消耗时间,但会以较少时间得到较佳成果。

(4) 认清"危机不可避免"这种危机导向假设是一种错误的思想,大多数的危机都是能够预先得知的,多给自己一点时间,预先为偶发事故做好应变计划。

(5) 要有自律,强迫自己定好完成期限,尝试制订第一个月目标优先次序及每日计划,列出同时可提供的协助、监控进度、评估成果等。

(6) 不要害怕许下承诺。管理者要学习的是设定目标,许下承诺,意味着他知道自己何时将达成目标。

(7) 要指出明确的结果。当然,"重要结果"被明确指出时,目标就比较容易设立,但如果没有把握指出"重要的结果",就要指出"明确的结果"。

(8) 指定工作的优先次序不是件很容易的事,却是所有管理工作中最能提高生产效率的方法。决定好应该把精力集中于什么地方,认清安排优先顺序的三个标准,即长期的重要性、短期紧迫性、发展趋势。并且依照这三个标准排好次序,并依次排序列出它的目标,就可以根据这三个标准去完成任务。

(9) 假设计划无论如何都会被紧急事故破坏,大多数的管理者每天都会被相同或类似的情况浪费时间。虽然紧急事故可能把一天的工作打断,但如果这天的工作已经事先计划妥当,而且重要工作可以在紧急事故之前完成,或者是在紧急事故之后再做完,损失就可以减到最低。

(10) 许多管理者心里有计划,但却认为这个计划没有重要到可以记录下来,很多人相信自己的记忆力很好,不用记。然而记忆力有时也会出错,所以在排定优先次序或完成期限以前,任何计划都必须白纸黑字记录下来。

💣【案例 3-10】

艾琳·格拉斯纳的化妆品公司

艾琳·格拉斯纳曾在一家全国性的大公司里当过地区经理,工作是一流的,管理 250 多个上门推销的推销员。当她离开这家大公司之后,便开始经营自己的化妆品公司。她从意大利的小型香水厂得到一套化妆品配制流水线,租用了一座旧仓库,并且安装了一套小型的化妆品灌瓶与包装生产线。三年的时间快过去了,艾琳化妆品公司初见成效,格拉斯纳小姐打算拓展她的产品线,建立分销网络。以下是她所采取的步骤:

第一步:她在准备的一份使命报告中说,"艾琳化妆品公司准备生产一套化妆品系列,在美国东北部通过百货商店与专业商店分销上市"。她建立的长期目标:一是成为意大利香水在美国市场上的主要代理人;二是只销售高级化妆品;三是以高收入顾客为主要销售对象。

第二步:格拉斯纳特别想达到的一个目标是:在美国东部的 5 座大城市里开设自己的经销办事处。她巡视了 10 座城市,寻找最佳落脚点,她选中 5 座城市,和她的律师和销售部经理一起为那些落脚点办理租约设立了一套程序,然后确定了最后期限:明年 6 月 1 日,这些办事处开张营业。这个期限没有兑现,他们都强调在开张之前,一切事宜必须协调好:签署租约、添置办公设备、安装电话、雇佣办事员、招聘或续聘推销员、通知客户们准备新的办事处专用信笺,等等。

第三步:格拉斯纳为艾琳化妆品公司设计的另一个目标是:在下一年度,销售额应达到300万美元。她的销售部经理说,这个目标不现实。格拉斯纳问艾琳公司的生产部经理,如果所有的生产线都上马,下年工厂是否能够完成300万美元的订单任务。他回答说,这要等他核准完生产能力的各项数字后才能给她一个答复。

第四步:面对那么多要完成的目标,格拉斯纳决定把她的一些职权委派给那些主要部门的经理们。她逐一与他们碰头,一一落实要达到的目标。她给生产部经理定下的目标是,增强生产能力,每个月生产1万只产品,破损率降低到5%,把工薪支出保持在预算的50万美元之内。那位经理也提出了异议,认为有的指标不合理。到了年终,生产部经理完成了两个目标,可是工薪支出超出预算10万美元。

(摘自 http://wenwen.soso.com/z/q130646689.htm)

思考题:

1. 如何才能使"成为一个主要代理人"的目标更加具体化?
2. 你认为格拉斯纳在处理公司主要计划与派生目标之间的关系上存在哪些问题?
3. 在开设新的办事处中,格拉斯纳忽略了制订计划中的哪一个步骤?
4. 格拉斯纳如何能让生产部经理更能明确她的目标,并承担起责任?

(二)学会说"不"

拒绝别人的请托必须掌握一定的要领,包括:

1. 要耐心倾听请托者所提出的要求。即使你在对方述说的半途中已经知道非加以拒绝不可,你都必须凝神听完他的话语。这样做,为的是确切地了解请托的内涵,以及表示对请托者的尊重。

2. 如果无法当场决定接受或拒绝请托,则要明白地告诉请托者你仍要考虑,并确切地指出你所需要的考虑时间,以消除对方误以为你是在以考虑作挡箭牌。

3. 拒绝接受请托的时候,应显示出对请托者的请托已给予庄重的考虑,并表示你已经充分了解到这种请托对请托者的重要性。

4. 拒绝接受请托时,在表情上应和颜悦色。最好多谢请托者能想到你,并略表歉意。切忌过分地表达歉意,以免令对方以为你不够诚挚——因为如果真的感到非常严重的过意不去,那么你应该设法接受他的请托而不会加以拒绝。

5. 拒绝接受请托时,除了应显露和颜悦色的表情外,仍然应该显露坚定的态度。也就是说,不要被请托者说服而打消或修正拒绝的初衷。

6. 拒绝接受请托时,最好能对请托者指出拒绝的理由。这样做,有助于维持与请托者原有的关系。但是,这并不意味着对所有的请托拒绝都必须说明理由,有时不说明理由反而会显得更真诚。

7. 要让请托者了解,你所拒绝的是他的请托,而不是他本人。就是说,你的拒绝是对事而不对人的。

8. 拒绝接受请托之后,如果可以,应该适当为请托者提供处理其请托事项的其他可行途径。

9. 切忌通过第三者拒绝某人的请托,因为一旦这么做,不仅显示你的懦弱,而且在请托者心目中会认为你不够诚挚。

(三) 提高工作效率

1. 要有能力辨认事情的重要性。解决的方法就是学习辨认,要求别人帮你辨识,可以请资深的同事或主管指出某件事情拖着会是什么情形以及会发生什么后果。

2. 不要产生自我幻觉。进行自我分析,认清自己是否容易让某个危机酝酿成形,然后假设自己扮演解决该项危机的英雄角色,并想到压力、危机,以及要付出的代价。

3. 不要认为遇到压力才会有最好的结果。这种假设纯粹是把拖延的习惯合理化,解决的办法就是要先做最重要的事情。

4. 习惯先做较难的事情,后做较简单的事情。这么做可能无法完成最重要的工作,还往往会带来压力和危机。怎样去解决?重要的事情先做好,应该用精力最旺盛或者说效率最高的时段来完成最重要的事情。

5. 工作时间的估算要切合实际。给所有员工安排20%～50%的缓冲时间,留下20%的时间不安排任何事情,以便弥补以前还没有完成的工作。

6. 不要贪求过多。把目标排好优先顺序,以便完成最重要的工作,同时要学习时时刻刻监控自己的进度。对于那些缺乏自律的人而言,可以给所有目标和优先顺序安排期限,请别人协助你,监控你的进度。

7. 不要搁置工作。管理者应该认为自己是个负责任者,在这样的意识下,就不会搁置工作,就会在潜意识中告诉自己,要永远做最有效率的事情。

(四) 拒绝不速之客干扰

1. 解决的方法

突然有人来造访并说:"只借用你一分钟时间可以吗?"只占用你一分钟时间,这绝不表示只花一分钟的时间就可以解决他的问题。

应对这种情况可以有以下几个解决方法:

(1) 延后处理

遇到不速之客干扰时,如果需要,可以另外安排谈话的时间,即延后处理。可以告诉他:"对不起,我们改天或者其他什么时候再来讨论这件事情。"可以当场把约定的谈话时间记在记事本上,表示你会守信用。

(2) 把访客转交给别人

经常是访客来找到你,而实际不是你的事情,那你可以转交给别人来处理。如果可能,鼓励部属自己去寻找答案,或寻找其他的同事帮助。

(3) 另外安排时间

可以另外安排时间,重新安排与不速之客见面的时间。要定一个时间上限,这样便可以先安排好多次谈话的时间,访客在你结束见面之前也才不会感到意外。如果你对谈话的时间没有把握的话,绝对不要因为迟疑而不敢发问。

2. 回答问题

对于有很多人说:"我可以打扰你一分钟吗?"在回答有或没有之前,永远要问:"什么事?"对于不速之客的问题,回答时应注意:

(1) 简明扼要

如果可以回答而不至于打断正从事的工作,千万要扼要地回答,然后双方都可以继续做自己的事情。有人到你的办公室来,你甚至可以站起来跟他讲话。如果你坐着,就是给那些不速之客机会。

(2) 长话短说

一个你以为可以很快问完的问题,有时常常会变成一个比较复杂的问题,例如与访客谈了几分钟以后,发现这个事要多花点时间,这时就可以说:"我原以为这是个简单的问题,但现在看起来问题有点复杂了,对不起,我早该问你要花多少时间。"或者"我12点以前要完成老板交给我的任务,把你的事情延期到明天好吗?"也可以说:"我真的不想让你扫兴,但是我现在真没空,希望你能够见谅。"

(五) 长话短说的电话

电话干扰会对工作产生影响,造成时间的浪费,会影响时间管理。解决的方法主要有阻绝干扰和集合电话。

1. 阻绝干扰

很多人就是因为不了解过滤电话,不知道如何处理电话,以至于一天的大部分时间往往都浪费在接电话上。学会过滤电话、阻绝干扰有几个步骤:

(1) 处理。如果有可能尽量由助理回答来电者的需求,并记下有关信息。

(2) 转接。如果助理无法处理电话,下一步就是把电话转给团队里其他能够协助的人。

(3) 暂缓。如果遇到只有管理者本人才能处理的状况,助理要试着写下留言,避免使管理者受到打扰,管理者可以下一步再去处理这个事情。

(4) 速办。如果来电者合乎事先约定好的原则,紧急事情或者重要人物的电话可以直接接听,速办可以把时间压缩更短。

除此之外,还有一些圆滑过滤电话的诀窍,例如可以这样表达:

"(处理)你稍微等一下,我翻一下我们的档案。"

"(转接)我们的企划主任今天下午正在着手这个计划,要不要我把您的电话转给他?"

"(暂缓)我想他11点左右就可以回你的电话,这样可以吗?"

"(速办)我看我可不可以去打断他一下。"

如果没有助理,那么就必须与同事互相帮助接电话,安装留言系统。如果有开关,可以暂时切断电话,或将电话移到视线以外,关键性的时间索性拔掉电话的插头,甚至可以选择把工作带到没有电话的地方。

2. 集合所有电话

在某一时间段把电话一起回掉,再去做别的事情。就是说在这个时间你都是在回电话,就不会受到电话的干扰。

良好的电话交谈技巧,有几个简单的方法:

(1) 暗示他谈话即将结束,尽量简短扼要。

(2) 提到你有时间限制时,就说待会儿得开一个会,开会之前有一分钟的时间,问对方还需要任何帮助吗?

(3) 坦率直言:"拜托,等一下我得走了,老板要我在几分钟之内到达他办公室,明天见。"

(六) 召开简短高效的会议

1. 会议要有目的,没有目的就不开会。如果有可能,应该把会议的目的写下来,一定要让所有参与会议的人都了解。

2. 召开会议前首先安排会议的议程,没有议程就开不成会议。因此必须用书面公布议程,或者用口头宣读会议议程,使与会者有备而来,这样会议才会有重点。

3. 杜绝找错人参加、参加的人数太多或太少的情况出现。派得上用场的人才应该参加会议。

4. 安排适当的计划。做很多事情都一定要有 PDCA (P 是计划,D 是执行,C 是检查,A 是行动),一个没有计划的会议就是一个失败的会议。

5. 会议的时间和次数要适当。在开会之前,要调查大家是否愿意列席会议,把拖很长的会议时间尽量减少,评估需要何人参加,需要哪些资料,是否需要协调,然后再安排开会的时间地点。

6. 务必准时开会与散会。为了迟到者而耽搁开会时间,等于惩罚准时出席的人,奖励迟到的人。会议主持者或会议主席应该把握会议进度,才不会造成时间浪费,这客观上就是节省了大家的时间。

7. 应付干扰、提高效率的办法就是制订规则。规定与会者,除了真正紧急事情之外,任何人不得干扰会议,或者在开会之前就声明请与会者将手机调到静音,或关闭手机,避免手机铃声干扰会议。

8. 禁止脱离会议主题。会议主持者或会议主席应具备会议控制能力,在会议讨论出现偏离议题的趋势时,应能及时有效地控制会议的发展方向和与会者的讨论范围。

9. 会要有议,议要有决,决要有行。在会议结束前,综述结论,确保与会者能够达成协议,提醒与会者要做的工作以及会后必须完成的任务。

10. 追踪会议决议的执行。在下次会议议程一开始就要求相应的与会者将上次会议决议事项执行的进度进行报告,从而对决议执行过程进行追踪。

(七) 美化办公桌

1. 及时清理桌面,释放工作空间

养成良好的清理桌面的习惯,可以提高工作效率。桌面乱往往是东西多造成的,想要克服就要养成良好的清理习惯。

动手整理办公桌之前可以先问自己一个问题——桌面上的东西是办公必需的吗？是马上就要用的吗？如果答案是否定的,那么就可以大胆地抛弃它们了。除了保证办公桌桌面的干净整洁外,还有一点就是,固定物品的固定摆放。文件夹固定放在什么位置,记事本固定放在什么位置,这样一旦需要的时候就不会为了找到它们而手忙脚乱。同时,要保证每样物品都有自己的大致区域,限定在固定的位置.这样也方便随时检查清理。

2. 文件的处理

每天拿到的文件中有80％在一开始就要丢弃,但一般管理者只丢弃20％,所以造成了文件的积压,这也造成了时间的浪费,所以一般性的文件处理完就销毁。

档案要分类存放。给档案标识指明设定的符号,例如 T 代表永久档案,M 可以代表普通档案;当文件需要复印时,在文件上面做个标记;如果有必要归档,就将意见写在原件的下面或后面,这样就不会因为档案过多而浪费时间。设计简化文件的处理系统,减少副本,用标准格式,尽可能减少报告的长度和数量,选择性的过滤后交由别人处理,选择性地安排顺序、存档,控制文件记录保留的时间,这些都是一种系统化的工作。如果系统化工作做得很好,就不会因文件复杂而浪费时间。

※【案例 3-11】

律师的习惯

有一位律师有乱放东西的习惯。用的钱包原来很小,后来越来越大。慢慢的,钱包盛不下了,就换了一个背包。小背包不行又换了个大背包。他放东西既没有规律也没有条理,什么东西都往里塞而且速度非常快。东西虽然放进去了,但是找的时候就麻烦了。里面的东西多得很,常常需要翻来翻去翻半天。

一天他遇上一个搞管理的朋友,建议他把所用的东西进行分类。不常用的东西不要带。常用的东西带在身上分层放。记住放东西的位置,用完仍放回原处。就这样,通过有计划的管理,他用东西到了得心应手的地步,办事效率大大提高。

(摘自 http://www.docin.com/p-5014710.html)

思考题：这个案例说明了什么问题？在你的日常生活中也存在这样的问题吗？如果存在,应该如何改进？

第三章 时间管理能力

(八) 正确授权

1. 授权的定义

授权是指将一个管理者职责内的任务转移到一个部属的身上,在托付完成工作的同时,也一并授予他完成任务所需要的权限与责任,但管理者保留并承担其管理行为责任,这是不能授权的。

💣【案例3-12】

李老板的"授权"

一个省级经销商李老板把他属下的所有人员召集起来说:"大家都很了解目前公司的情况,近段时间里也不断有人给我提建议。确实,目前公司发展到了这么大的规模,什么事都是我一个人说了算,这是不行的。所以,我开始授权,请大家替我分担一些担子。采购、仓管、财务、销售、服务等各个部门,你们都有各自的职责范围,从今天起,大家可以自己拍板。不过,在做出任何重大决策之前,请先征求一下我的意见,而且请记住,不要做那些我不会去做的决定。"

一切都安排妥当之后,李老板认为自己从今天开始,应该会过得轻松一些了。但接下来发生的场景却使李老板哭笑不得。

采购部门认为要获得老板的赏识,就必须严格遵守老板原来的做法,即按公司原来的进货渠道,继续采购那些公司一直销售的产品。采购部的执行力也真够到位,他们甚至连产品型号、款式都一如既往,不管销售部如何叫嚷,不管这些产品在当前是否适销对路,照进不误。因为他们坚信:严格遵守老板的做法,就算做得没有老板好,至少也不会犯错误。

如此一来,销售部的日子就不那么好过了。销售部面对着这些新进的过时的产品,急得像热锅上的蚂蚁。不过马上就有人提出解决办法,他们向老板提出:为了抵抗竞争,提高销售量,做些小小的促销活动吧。

促销活动是常事,李老板没有细加追问就同意了。于是销售部的员工们就下到各销售实地去,像钦差大臣一样自作主张给客户赠送了大量的促销品,向客户承诺更多的服务内容,产品销量快速上升,但到月底一算,销售总量上升了,营业利润总额却下降了。

企业授权之后怎么乱成了一锅粥了?李老板于是又召集下属:"我们需要加强组织管理。公司需要更多的控制。"但是,在现有经销商意识和管理水平下,再多的规章制度最终也会变成烂纸一堆。

(摘自 http://www.jobcn.com/hr/News_content.jsp?ID=118147)

思考题:李老板是在进行授权还是分权?如何正确地进行授权呢?

2. 授权的原则

(1) 尽量及时授权

一个团队里每一个人都有不同的任务在身,而不同的任务综合起来,就是这个团队需要完成的任务。但是有很多突发性的事情,一个领导者如何善用团队的资源去把整个任务完成?作为领导者首先要有魅力,有自己做事的风格。领导者对团队成员的信任是非常重要的,所以要尽量地及时授权。

💣【案例 3-13】

子贱为官

孔子的学生子贱做过某地的地方官。平日,大家只见他整天弹琴作乐,悠然自得,根本没见他走出过公堂。然而在他的治理之下,这地方生活富足,人心安定。后来,子贱离开了此地,接替他的官吏每天天没大亮,星星还没消失就出去了,一直忙到夜里繁星密布才疲惫不堪地返回公堂。为了工作,吃也吃不香,睡也睡不好,大事小事无不亲自处理,却还是有很多问题遗留未决。

这位官吏非常苦恼,便特意到子贱府上求教,探讨治理地方的窍门。子贱得知他的来意后,微微一笑,说道:"我哪里有什么治理的窍门呀!只不过我在任时是凭借大家的力量处理政务,而你用的方法是只靠自己。光依靠自己的力量治理当然辛苦了。"

(摘自 http://wenku.baidu.com/view/0a6904a6f524ccbff1218474.html)

思考题:这个故事说明了什么道理?

(2) 明确分配工作,必须了解下属的能力与才干,说明"做什么",而非"怎样去做"

因为达成目标的方法有千百种,例如一个人要到某个地方去,可以骑自行车去,也可以开车去,还可以乘出租车去,所以有许多不同的方式可以达到目标。所以,在达到目标的过程中强调的是"做什么",而不是"怎样去做"、"如何去做"。

(3) 授予权力的同时要提供资源

授权不是撒手不管,而是在给下属适当权力的同时,提供相应的资源,并说明目标与期望,以及评估的标准等。

💣【案例 3-14】

蜈蚣买汽水

有一群虫子聚集在草地上一起聚餐联谊,不多久,它们就把准备的汽水喝了个精光。大家于是商量,要推派一个代表跑腿去买汽水。小虫们认为要解决口干舌燥的急事,一定要找到一位跑得特别快的代表,才能胜任这样的任务。

大伙儿最后一致推选蜈蚣为代表,因为它们认为蜈蚣的脚特别多,跑起路来,一定像旋风般的快。蜈蚣在盛情难却的情况下,起身出发为大家买汽水。过了好久,

第三章 时间管理能力

大家焦急地想蜈蚣怎么还没回来。螳螂自告奋勇跑去了解究竟发生了什么事。它一推开门,才发现蜈蚣还蹲在门口辛苦地穿着鞋子呢!

(摘自 http://my.iciba.com/blog-56148-95046.html)

思考题:这个故事说明在授权的同时要注意什么问题?

(4) 注重成效

成是成果,效是效率,授权要强调成效和结果。授权并不意味着授予下属权力后就完全放任,而是要进行追踪监控,要进行最终成果的鉴定。下属在获得相应的职权后必须为达成目标尽心尽力。

(5) 由简至繁,循序渐进向下授权

对于一个新人来说,由于经验或能力不够,管理者不应该给他很多的任务和权力,可能要从最最简单的开始;而对于一个资深成熟的人,管理者要相信他有足够的经验,可以不断地加重他的责任,或是赋予他更多的权力。

(6) 授权者仍然要承担责任

授权不是"一授了之",当下属在执行任务过程中出现困难时,管理者要帮助其寻找解决困难的方法。同时,如果下属在获得授权后工作过程出现偏差,授权者也要为此承担相应的责任。

(7) 坚持适度原则

在授权时,必须明确哪些权力可以授予下属,哪些权力必须掌握在管理者手中,坚决不能授予下属。

【案例 3-15】

宁 死 不 招

加州的一个小镇发生了一起银行抢劫案,抢匪刚把钱藏好,就被警察逮捕了。由于抢匪是从太平洋上偷渡过来的,不会讲英语,警长只好把麦克请来当翻译。经过一阵疲劳轰炸式的拷问,抢匪坚持不肯说出钱的下落,警长只好扮起黑脸,咆哮着叫麦克告诉抢匪:"再不说就把他毙了!"麦克忠实地把话翻译给抢匪。大概是翻译得太好,抢匪吓得语无伦次地说:"钱就在镇中央的井里,求你叫他饶我一命!"麦克转过头来,神情凝重地告诉警长:"那小子有种,宁死不招,他叫你毙了他……"

思考题:从案例中可以看出,警长的错误出在哪里?

3. 授权的类型

授权有两种类型,分别是下达指令型和充分信任型。

(1) 下达指令型

放不开手的管理者,坚持一个人独挑大梁,结果造成属下唯命是从,既不做任何决策,也不负任何责任。这种授权,管理者或授权者必须亦步亦趋地监督,下属没有机会成长,而管理者仍然是忙碌依旧。所以授权时千万不要去下达指令。

(2) 充分信任型

要充分信任你的下属,充分信任型的授权才是有效管理之道。这种方式注重的是结果,不是过程,被授权者可以自行决定如何完成任务,并对结果负责。最初也许比较费时,但随着下属的成长,管理者会感觉到越来越轻松。而且当下属学会负责,并积累了经验,一旦时机成熟,管理者向更高的职务升迁的时候,下属也会因为他的升迁而得到进一步的肯定。

充分信任型的授权,双方必须在以下方面达成共识:

① 预期的成果。管理与被管理的一方需要预期的结果。双方需要沟通,讨论的重点是成果,而不是手段。例如要交代一件事情给下属去完成,管理者和下属要讨论希望这个结果是一个什么样的情形,过程可以由下属自己操作,这便是充分信任。

② 规范。授权一定要有一个限度,在进行授权之前要将所交代的事情规范好,在沟通的过程中,尽量不要出现职权的越级。

③ 资源。授权下属去完成一件事情,管理者首先必须确定可用的资源,包括人力,即哪些人配合下属来完成;物力,即要用哪些东西;资金,即完成工作需要多少花费;技术,即要用到哪些方法和技术等。这些都是在授权之前必须经过沟通才能得到的,而这样的沟通是建立在充分信任的基础之上的。

④ 确认任务完成后评估的标准。充分信任的授权要掌握和确认任务完成后评估的标准。

⑤ 奖惩。根据评估的结果进行奖惩,包括经济上的奖惩和职务上的调整。

二、有效管理时间的方法

(一) 六点优先工作制

美国伯利恒钢铁公司总裁理查斯·舒瓦普为自己和公司的低效率而忧虑,于是去找效率专家艾维·李寻求帮助,希望李能卖给他一套思维方法,告诉他如何在短短的时间里完成更多的工作。

艾维·李说:"好!我10分钟就可以教你一套至少提高效率50%的最佳方法。你把明天必须要做的最重要的工作记下来,按重要程度编上号码,最重要的排在首位,依此类推,早上一上班,马上从第一项工作做起,一直做到完成为止,然后用同样的方法对待第二项工作、第三项工作……直到你下班为止。即使你花了一整天的时间才完成了第一项工作,也没关系,只要它是最重要的工作,就坚持做下去。每一天都要这样做。在你对这种方法的价值深信不疑之后,叫你公司的人也这样做。"

"这套方法你愿意试多久就试多久,然后给我寄张支票,并填上你认为合适的数字。"

舒瓦普认为这个思维方式很有用,不久就填了一张25 000美元的支票给李。舒瓦普后来坚持使用艾维·李教给他的那套方法,五年后,伯利恒钢铁公司从一个鲜为人知的小钢铁厂一跃成为最大的不需要外援的钢铁生产企业。舒瓦普常对朋友说:"我和整个团队坚持拣最重要的事情先做,我认为这是我的公司多年来最有价值的一笔投资!"

这一方法要求把每天所要做的事情按重要性排序,分别从"1"到"6"标出六件最重要的事情。每天一开始,先全力以赴做好标号为"1"的事情,直到它被完成或被完全准备好,然后再全力以赴地做标号为"2"的事,依此类推……

艾维·李认为,一般情况下,如果一个人每天都能全力以赴地完成六件最重要的大事,那么,他一定是一位高效率人士。

(二)帕累托原则

这是由19世纪意大利经济学家帕累托提出的。它的大意是:在任何特定群体中,重要的因子通常只占少数,而不重要的因子则占多数,因此只要能控制具有重要性的少数因子即能控制全局。这个原理经过多年的演化,已经变成当今管理学界所熟知的"80/20"原理——即80%的价值是来自20%的因子,其余20%的价值则来自80%的因子。比如,20%的客户给你带来了80%的业绩,可能创造了80%的利润;世界上80%的财富是被20%的人掌握着,世界上80%的人只分享了20%的财富;在一次讨论会上,20%的人通常发表80%的谈话;在一间教室里,20%的学生利用了教师80%的时间等等。因此,要把注意力放在20%的关键事情上。

💣【案例 3-16】

穆尔的经历

穆尔于1939年大学毕业后,在哥利登油漆公司找到业务员的工作。当时的月薪是160美元,但满怀雄心壮志的他仍拟定了一个月薪1 000美元的目标。当穆尔逐渐对工作感到得心应手后,他立即拿出客户资料以及销售图表,以确认大部分的业绩来自哪些客户。他发现,80%的业绩都来自于20%的客户,同时,不管客户的购买量大小,他花在每个客户身上的时间都是一样的。于是,穆尔的下一步就是将其中购买量最小的36个客户退回公司,然后全力服务其余20%的客户。

结果如何?第一年,他就实现了月薪1 000美元的目标,第二年便轻易地超越了这个目标,而成为美国西海岸数一数二的油漆制造商。最后还当了凯利穆尔油漆公司的董事长。

思考题:你能用帕累托原则来安排自己的学习和生活吗?

根据帕累托原则,我们应当对要做的事情分清轻重缓急,将要做的事情按照紧急、不紧急、重要、不重要的排列组合分成四个象限,这四个象限的划分有利于我们对时间进行深刻的认识及有效的管理。

表 3-1 四个象限的区分

	紧　　急	不　紧　急
重要	重大项目的谈判 紧急问题的处理 重要会议或工作 接待重要的人物 ——必需的! (第一象限)	愿景价值观的澄清 计划、准备、预防 学习、培训、休闲 陪客户逛大街 ——重要的! (第二象限)
不重要	无谓的电话、信件 报告、会议、应酬 附和别人期望的事 打麻将偏偏三缺一 ——无奈的! (第三象限)	各种琐碎的闲杂事 无用的广告、函件 发呆、上网、闲聊 游荡、逃避性活动 ——多余的! (第四象限)

1. 第一象限

这个象限包含的是一些紧急而重要的事情,这一类的事情具有时间的紧迫性和影响的重大性,无法回避也不能拖延,必须首先处理优先解决。它表现为重大项目的谈判、重要的会议工作等。

💣【案例 3-17】

紧急的事情并不是经常出现、随时发生的。发洪水危及人们的生命财产安全就是紧急而重要的事情。水火无情,一旦发生洪水任何事情都变得不重要,抗洪救灾成了头等大事。一切力量和资源都要为优先处理这件事服务。如果洪水发生在无人居住的地方,不会有人身和财产的损失,发洪水这件事就变得无关紧要。

企业要与美国的商贸界人士谈判,但没有人精通英文,找一个精通商务英语的翻译就成了紧急而重要的事情,翻译找不到会直接影响与外商谈判的可能性和进程。如果在与外商谈判前就已经有了一个很好的翻译,寻找翻译也就不再是紧急而重要的事情了。

(摘自 http://wenku.baidu.com/view/9c90dc7101f69e3143329492.html)

2. 第二象限

这一象限不同于第一象限,这一象限的事件不具有时间上的紧迫性,但是,它具有重大的影响,对于个人或者企业的存在和发展以及周围环境的建立维护,都具有重大的意义。

💣【案例 3-18】

未雨绸缪,这是我国古代的一个成语,它的意思是,在下雨之前或者是不下雨的时候要先修缮房屋门窗,以防备下雨的时候遭雨淋。

不下雨的时候并不需要急于修缮房屋门窗,修缮房屋门窗是不紧急的事情。不漏雨的屋子对于雨天来说绝对重要,这件事在不下雨的时候准备,才能够保证在下雨天也不影响工作的进行。

海啸的预警机制在东南亚海啸以前没有得到应有的重视,尽管人们早就认识到它能够有效疏散人员,转移财物。在海啸没有发生的时候,海啸预警机制虽然并不需要紧急建立,但是它对于沿海国家来说非常重要。

海啸发生之前,海啸预警机制固然重要,但人们并不认为它需要马上设立,所以就忽视了这件非常重要的事情。到海啸发生时,沿海国家由于没有事先设立海啸预警机制,致使信息沟通困难,各部门反应迟钝,造成了极其重大的生命财产损失。

(摘自 http://wenku.baidu.com/view/9c90dc7101f69e3143329492.html)

案例分析:未雨绸缪是对第二象限事件管理的形象描述。生活和工作中许多重要的工作,都需要在事件出现之前做好准备,这就是制订计划的原因。

制订计划的目的是把那些重要而不紧急的事情,按部就班地高效完成。因此要学会怎样制订计划,怎样做准备。计划、准备、学习、培训等事情都是重要的预防或者是重要的储备工作。

3. 第三象限

第三象限包含的事件是那些紧急但不重要的事情,这些事情很紧急但并不重要,因此这一象限的事件具有很大的欺骗性。很多人认识上有误区,认为紧急的事情都显得重要,实际上,像无谓的电话、附和别人期望的事、打麻将三缺一等事件都并不重要。这些不重要的事件往往因为它紧急,就会占据人们很多宝贵时间。

💣【案例 3-19】

牛仔型管理者

美国西部的牛仔戴着牛仔帽,穿着牛仔服,横枪跨马,驰骋于茫茫草原。他们杀富济贫,打家劫舍,行侠仗义,扶危济困,遇上什么事就管什么事,大有天下人管天下事的豪杰风范。

现在职场中的很多管理者,就变得像西部牛仔一样。但他们每天不是横枪跨马驰骋于茫茫草原,而是带着公文包驰骋于茫茫商场。他们每天解决的事情很多,在他们看来也是非常的紧急,比如公司停电、工商局来检查、员工要辞职、客户要退货、原材料不足等各种各样的问题。这些管理人员倒是很负责任,左冲右杀,把这些事情挨个处理,充分显示了个人的能力。

其实,公司停电、工商检查、客户退货、材料不足等都有相应的部门来处理。它们虽然紧急,但对于管理者并不是特别重要的事情。

(摘自 http://wenku.baidu.com/view/9c90dc7101f69e3143329492.html)

思考题：这些紧急的事情需要管理者亲自去处理吗？这些事情能给公司带来多大的效益呢？

4. 第四象限

第四象限的事件大多是些琐碎的杂事，没有时间的紧迫性，没有任何的重要性，这些事件与时间的结合纯粹是在扼杀时间，是在浪费生命。发呆、上网、闲聊、游逛，这是饱食终日无所事事的人的生活方式。

时间管理的四象限法对实际工作有重要的指导意义，在工作中如何对所要完成的任务进行正确的排序，尤其是如何对"要事"优先安排进度计划，关系到全局工作的完成质量。

【案例 3-20】

最 后 一 课

吴教授在给即将毕业的 MBA 班的学生上最后一次课。令学生们不解的是，讲桌上放着一个大铁桶，旁边还有一堆拳头大小的石块。"我能教给你们的都教了，今天我们只做一个小小的测验。"教授把石块一一放进铁桶里。当铁桶里再也装不下一块石头时，教授停了下来。教授问："现在铁桶里是不是再也装不下什么东西了？""是。"学生们回答。"真的吗？"教授问。随后，他不紧不慢地从桌子底下拿出了一小桶碎石。他抓起一把碎石，放在已装满石块的铁桶表面，然后慢慢摇晃，然后又抓起一把碎石……不一会儿，这一小桶碎石全装进了铁桶里。"现在铁桶里是不是再也装不下什么东西了？"教授又问。"还……可以吧。"有了上一次的经验，学生们变得谨慎了。

"没错！"教授一边说，一边从桌子底下拿出一小桶细沙，倒在铁桶的表面。教授慢慢摇晃铁桶。大约半分钟后，铁桶的表面就看不到细沙了。"现在铁桶装满了吗？""还……没有。"学生们虽然这样回答，但心里其实没底。"没错！"教授看起来很兴奋。这一次，他从桌子底下拿出的是一罐水。他慢慢地把水往铁桶里倒。

水罐里的水倒完了，教授抬起头来，微笑着问："这个小实验说明了什么？"一个学生马上站起来说："它说明，你的日程表排得再满，你都能挤出时间做更多的事。""有点道理。但你还是没有说到点子上。"教授顿了顿，说："它告诉我们：如果你不是首先把石块装进铁桶里，那么你就再也没有机会把石块装进铁桶里了，因为铁桶里早已装满了碎石、沙子和水。而当你先把石块装进去，铁桶里会有很多你意想不到的空间来装剩下的东西。在以后的职业生涯中，你们必须分清楚什么是石块，什么是碎石、沙子和水，并且总是把石块放在第一位。"

(摘自 http://finance.sina.com.cn/d/20011011/115205.html)

思考题：吴教授的话对我们有什么启发？

第三章 时间管理能力

(三) 麦肯锡30秒电梯理论

麦肯锡公司曾经得到过一次沉痛的教训:该公司曾经为一家重要的大客户做咨询。咨询结束的时候,麦肯锡的项目负责人在电梯间里遇见了对方的董事长,该董事长问麦肯锡的项目负责人:"你能不能说一下现在的结果呢?"由于该项目负责人没有准备,而且即使有准备,也无法在电梯从30层到1层的30秒钟内把结果说清楚。最终,麦肯锡失去了这一重要客户。从此,麦肯锡要求公司员工凡事要在最短的时间内把结果表达清楚,凡事要直奔主题、直奔结果。麦肯锡认为,一般情况下人们最多记得住一二三,记不住四五六,所以凡事要归纳在三条以内。这就是如今在商界流传甚广的"30秒钟电梯理论"或称"电梯演讲"。

(四) 莫法特休息法

《圣经新约》的翻译者詹姆斯·莫法特的书房里有3张桌子:第一张摆着他正在翻译的《圣经》译稿;第二张摆的是他的一篇论文的原稿;第三张摆的是他正在写的一篇侦探小说。

莫法特的休息方法就是从一张书桌搬到另一张书桌,继续工作。

"间作套种"是农业上常用的一种科学种田的方法。人们在实践中发现,连续几季都种相同的作物,土壤的肥力就会下降很多,因为同一种作物吸收的是同一类养分,长此以往,地力就会枯竭。人的脑力和体力也是这样,如果每隔一段时间就变换不同的工作内容,就会产生新的优势兴奋灶,而原来的兴奋灶则得到抑制,这样人的脑力和体力就可以得到有效的调剂和放松。

✺【案例 3-21】

厌 倦 有 价

一个山区小部落的人编得一手好草席,在全国市场上可以卖很高的价。于是,一家美国公司的代表前往该部落,试图做一笔交易。他对部落首领声称,他的公司愿意订购几千条草席。

经过慎重考虑,部落首领意外地宣布,大量订购的每条草席的单价要比少量订购的单价高。

"为什么?"美国人问。

"因为反复做同样一件东西是很令人厌倦的。"部落首领回答道。

(摘自 http://wenku.baidu.com/view/24ce64c66137ee06eff918c4.html)

思考题:这个故事说明了什么道理?

(五) 最新的时间管理方法——GTD

GTD,Getting Things Done 的缩写,来自于戴维·艾伦的一本畅销书《Getting Things Done》,国内的中文翻译本是《尽管去做:无压工作的艺术》。

GTD 的基本方法：GTD 的具体做法可以分成收集、整理、组织、回顾与行动五个步骤。

(1) 收集：就是将能够想到的所有的未尽事宜(GTD 中称为 stuff)统统罗列出来，放入 inbox 中，这个 inbox 既可以是用来放置各种实物的实际的文件夹或者篮子，也可以是用来记录各种事项的纸张或掌上电脑。收集的关键在于把一切赶出你的大脑，记录下所有的工作。

(2) 整理：将 stuff 放入 inbox 之后，就需要定期或不定期地进行整理，清空 inbox。将这些 stuff 按是否可以付诸行动进行区分整理，对于不能付诸行动的内容，可以进一步分为参考资料、日后可能需要处理的以及垃圾等几类，而对可行动的内容再考虑是否可在两分钟内完成，如果可以则立即行动完成它，如果不行则要对下一步行动进行组织。

(3) 组织：主要分为对参考资料的组织与对下一步行动的组织。对参考资料的组织主要就是一个文档管理系统，而对下一步行动的组织则一般可分为下一步行动清单、等待清单和未来清单或某天清单。

等待清单主要是记录那些委派他人去做的工作，未来清单或某天清单则是记录延迟处理且没有具体的完成日期的未来计划等等。而下一步清单则是具体的下一步工作，而且如果一个项目涉及多步骤的工作，那么需要将其细化成具体的工作。

GTD 对下一步清单的处理与一般的 to-do list 最大的不同在于，它做了进一步的细化，比如按照地点(电脑旁、办公室、电话旁、家里、超市)分别记录只有在这些地方才可以执行的行动，而当你到这些地点后也就能够一目了然地知道应该做哪些工作。

(4) 回顾：回顾也是 GTD 中的一个重要步骤，一般需要每周进行回顾与检查，通过回顾及检查你的所有清单并进行更新，可以确保 GTD 系统的运作，而且在回顾的同时可能还需要进行未来一周的计划工作。

(5) 行动：现在你可以按照每份清单开始行动了，在具体行动中可能会需要根据所处的环境、时间的多少、精力情况以及重要性来选择清单以及清单上的事项来行动。

复习思考题

1. 时间的特性是什么？
2. 什么是时间管理？
3. 时间管理的误区有哪些？
4. 如何有效利用时间？
5. 时间管理的方法有哪些？
6. 什么是帕累托原则？
7. 什么是四象限法？

8. 请分析说明掌握有效利用时间的技巧对你有何意义。

📖 管理定律

1. 快鱼法则:速度决定竞争成败

【内容】

美国思科公司总裁约翰·钱伯斯在谈到新经济的规律时说,现代竞争已"不是大鱼吃小鱼,而是快的吃慢的"。这就是"快鱼法则"。

"大鱼吃小鱼"以往被视为常理,可是在竞争日益激烈的信息社会中,在市场规律的作用下,市场经济往往不论大小而论快慢,"快鱼吃慢鱼"的现象时有发生。

有人曾形容说,美国人第一天宣布某项新发明,第二天投入生产,第三天日本人就把该项发明的产品投入了市场。在加拿大将枫叶旗定为国旗的决议通过的第三天,日本厂商赶制的枫叶小国旗及带有枫叶标志的玩具就出现在加拿大市场,销售火爆,而作为"近水楼台"的加拿大厂商则坐失良机。

【启示】

现代社会一切竞争都围绕着速度展开,谁抓住了速度,谁就走在了时代的前头,抓住了未来,也就掌握了竞争的成败。

快鱼法则不只体现在市场竞争中,在企业内部管理中也表现出其重要性,即提高工作效率。同样一件事,第一个人用一小时做好,第二个人用半小时做好,那后者就是"快鱼"。从整体来讲,如果我们企业的每一个员工,都有一种"快鱼"的紧迫感,摒弃丝毫的懈怠和推脱态度与行为,企业也将会实现飞速发展。

2. 帕金森定律:杜绝人浮于事,机构臃肿

【内容】

1958年,英国历史学家、政治学家诺斯科特·帕金森出版了《帕金森定律》一书。帕金森教授对于机构人员膨胀的原因及后果做了非常精彩的阐述:一个不称职的官员,可能有三条出路:一是申请退职,把位子让给能干的人;二是让一位能干的人来协助自己工作;三是聘用两个水平比自己更低的人当助手。

这第一条路是万万走不得的,因为那样会丧失许多权利;第二条路也不能走,因为那个能干的人会成为自己的对手;看来只有第三条路可以走了。于是,两个平庸的助手分担了他的工作,减轻了他的负担。由于助手的平庸,不会对他的权利构成威胁,所以这名官员从此也就可以高枕无忧了。两个助手既然无能,他们只能上行下效,再为自己找两个更加无能的助手。如此类推,就形成了一个机构臃肿、人浮于事、相互扯皮、效率低下的领导体系。

帕金森用英国海军部人员统计证明:1914年皇家海军官兵14.6万人,而基地的行政官员、办事员3 249人;到1928年,官兵降为10万人,但基地的行政官员、办事员却增加到4 558人,增加40%。帕金森定律深刻地揭示了行政权力扩张引发人浮于事、效率低下的"官场传染病"。

帕金森经过多年调查研究，发现一个人做一件事所耗费的时间差别如此之大：他可以在10分钟内看完一份报纸，也可以看半天；一个忙人20分钟可以寄出一叠明信片，但一个无所事事的老太太为了给远方的外甥女寄张明信片，可以足足花一整天：找明信片一个钟头，寻眼镜一个钟头，查地址半个钟头，写问候的话一个钟头零一刻钟……。特别是在工作中，工作会自动地膨胀，占满一个人所有可用的时间，如果时间充裕，他就会放慢工作节奏或是增添其他项目以便用掉所有的时间。

帕金森的结论是："一份工作所需要的资源与工作本身并没有太大的关系，一件事情被膨胀出来的重要性和复杂性，与完成这件事所花的时间成正比。"你以为给自己很多很多的时间完成一件事就可以改善工作的品质，但实际情况并非如此。时间太多反而使你懒散、缺乏原动力、效率低，可能还会大幅度降低效力。

【启示】

帕金森定律对行政机关人浮于事、机构臃肿、效率低下作出了最为透彻的解释，对企业也有非常深刻的警示作用。在企业管理中，要敢于削减臃肿机构，克服工作惰性；要珍惜时间，提高工作效率。

3. 不值得定律：让员工花时间做自己喜欢的工作

【内容】

不值得定律最直观的表述是，不值得做的事情，就不值得花时间做好，这个定律似乎再简单不过了，但它的重要性却时时被人们疏忘。不值得定律反映出人们的一种心理，一个人如果从事的是一份自认为不值得做的事情，往往会保持冷嘲热讽、敷衍了事的态度。不仅成功率小，而且即使成功，也不会觉得有多大的成就感。

【启示】

因此，对个人来说，应在多种可供选择的奋斗目标及价值观中挑选一种，然后为之奋斗。选择你所爱的，爱你所选择的，才可能激发我们的斗志，也可以心安理得。而对一个企业或组织来说，则要很好地分析员工的性格特性，合理分配工作，如让成就欲较强的职工单独或牵头完成具有一定风险和难度的工作，并在其完成时给予及时的肯定和赞扬；让依附欲较强的职工，更多地参加到某个团体中共同工作；让权力欲较强的职工，担任一个与之能力相适应的主管。同时要加强员工对企业目标的认同感，让员工感觉到自己所做的工作是值得的，这样才能激发职工的热情。

延伸阅读

【材料一】

背上的猴子

经理应该通过尽量减少"自己的时间"中受下属制约的时间部分来提高自由支配时间部分，然后利用这些提高的自由支配时间部分来更好地处理老板和公司给他规定的工作。大部分经理几乎从未意识到，他们大部分时间都花在了下属问题上。

第三章　时间管理能力

所以,我们将使用"背上的猴子"这个比喻来解释"受下属制约的时间"是如何形成的,以及经理应怎样做。

第一部分:猴子在哪儿?

让我们想象一下,一个经理正走在大厅时,这时他看见一个下属 Jones 迎面而来。两人碰面时,Jones 打招呼道:"早上好!顺便说一下,我们出了个问题。你看……"当 Jones 继续往下说时,经理发现这个问题与所有下属提出的问题具有两个相同之处,引起了他的注意。这两个相同之处是:① 经理知道自己应该参与解决问题。② 经理知道目前还无法提供解决问题的方案。于是,经理说:"很高兴你能提出这个问题。我现在很忙,让我考虑一下,再通知你。"然后他就和 Jones 各自走开了。

现在我们分析一下刚才发生的一幕。他们两个人碰面之前"猴子"在谁的背上?下属的背上。两人走开之后,又在谁的背上?经理的背上。一旦猴子成功地从下属的背上跳到上司的背上,"受下属制约的时间"便一直持续到猴子回到真正的主人那儿接受照顾和饲养。在接收这只猴子的同时,他也就自动地站到了他下属的下属位置上。也就是说,当经理做了两件一般应让下属为老板做的事时,他也让 Jones 将他变成了她的下属。这两件事就是——经理从下属那儿接过了责任,并承诺汇报工作进展状况。而下属呢,为了确保经理不会忘记这件事,以后她会将头探进经理办公室,欢快地询问道:"怎么样了?"(这叫监督)

或者让我们想象一下经理是如何结束他和另一位下属 Johnson 的谈话的。他离开时说:"好的。给我一份备忘录。"我们分析一下这个场景。猴子现在在下属的背上,因为下一步要采取行动的是他,但猴子准备跳跃了。观察这只猴子。Johnson 尽职地写好经理要求的备忘,放在发件篮里,然后很快经理从收件篮中收到并读了一遍。现在该谁采取行动?经理。如果他不迅速采取行动,下属就会越生气(因为他会浪费时间),经理也就越内疚(他所背负的"受下属制约的时间"也会越来越重)。

或者,设想经理在和另一个下属 Smith 会面时,他同意为他让 Smith 作的公共关系建议书提供一切必要的支持。结束的时候经理说:"需要帮助尽管告诉我。"我们就此作一分析。同样,猴子本来是在下属背上的。但是又有多久呢? Smith 意识到:直至经理批准她的建议书才能让经理"知道"。根据经验,她也意识到她的建议书会在经理的公文包里呆上几个礼拜才能得到处理。

是谁真正得到了猴子?谁要找谁核实?浪费时间和瓶颈问题又会发生。第四个下属,Reed,刚从公司的另一部门调任,将发起并管理一项新的业务。经理说过他们马上要碰个头,订出一套新的工作目标,并补充说:"我会草拟一个跟你讨论的大纲。"我们也来分析一下。下属(通过正式委任)得到了一份新工作并(通过正式授权)负有全部责任,但是经理要负责下一步的工作。在他做出任何行动之前,他肩负着猴子,而下属也无法开展工作。为什么会出现这样的情形?因为在各种情形下,经理和下属在最初时总是自觉或不自觉地认为他们所考虑的问题是两人共同的问题。每次猴子都是在经理和下属的背上跳来跳去。它所要做的就只是不合时宜地跳,然后,一转眼,下属就机敏地消失了。于是,经理的一大堆事务中又增添了一桩。当然,可以培训猴子合时宜地跳。但在最开始就阻止它们叉腿坐在两个人的背上就更容易些。

第二部分:谁为谁工作?

设想一下,如果这4个下属都能为他们上司的时间周全地考虑,从而尽量使每天跳到经理背上的猴子不超过3只。在5天的工作周里,经理就会得到60只尖叫的猴子——猴子太多,会令他无法一只一只地处理好。所以他只能将"受下属制约的时间"花在搞定"优先事情"上。周五下午快下班时,经理把自己关在办公室里考虑面临的事情,而他的下属们则等在门外希望能抓住周末前的最后机会提醒他"快作抉择"。想象他们在门外等的时候怎样彼此悄悄议论:"真是难办。他根本没法做任何决定。真是不知道像他那样一个没能力做决定的人怎么在公司做得这么高。"

最糟的是,经理无法作出任何"下一步的行动"是因为他几乎所有的时间都花在了应付上司和公司要求做的事上了。要完成这些事,他需要自由支配的时间,而当他忙于应付这些猴子时,也就失去了自由支配的时间。这样经理就陷入了恶性循环中。但是时间却被浪费了(这是说得轻的)。经理用对讲机告诉秘书,让她转告那几个下属,他只能礼拜一早上见他们了。晚上7点,他离开公司,下定决心要第2天回办公室,利用周末处理事情。第2天清晨,当他回到办公室时,却透过窗户看见高尔夫球场上有两对人正在打球。猜到是谁了吧?

这下好了。他现在知道谁是真正为谁工作了。而且,他现在也明白了,如果他这个周末完成了他要完成的任务,他的下属就会士气高涨,从而每个人都会提高跳到他背上的猴子数量。简而言之,当他登高远眺时,他明白了他越被纠缠不放,就会越落后。

于是他像躲避瘟疫似的飞快地离开了办公室。那他的计划呢?多年来他一直没时间做的一件事:和家人共度周末(这是自由支配的时间的众多形式之一)。周日晚上他享受一次长达10小时的香恬醇酣,因为他对周一已有了清楚的计划。他要摒弃下属强加给他的时间。而同时,他也得到相同长度的自由支配时间。其中,他还要将一部分自由支配时间花在下属身上,以确保他们学会艰涩难懂却极有意义的管理艺术——"猴子的照料和喂养"。经理也有了大量的自由支配时间来控制他的"受上司制约的时间"和"受公司制约的时间"的时限和内容。这也许需要几个月的时间,但和一直以来的情形相比,回报将是异常丰厚的。他的最终目标是管理自己的时间。

第三部分:摆脱猴子

周一早上,经理尽量晚地回到办公室,他的4个下属已聚集在他的办公室门口等着询问他猴子的问题。他把他们逐一叫进办公室。每次面谈的目的是拿出一只猴子放在两人中间的办公桌上,共同思考下属的下一步行动应是什么。对于有些猴子也许要花更长一些时间。下属的下一步行动也许很难定夺,那么经理也许可

第三章 时间管理能力

以暂时决定先让猴子在下属背上过夜,然后在第二天早上约定的时间把猴子带回到经理办公室,继续寻求下属的下一步行动方案(猴子在下属和经理的背上都睡得一样香)。

当经理看见各个下属带着各自的猴子离开办公室,觉得很满足。在后来的24小时里,不再是下属等待经理;相反,是经理在等待下属了。后来,似乎是为了提醒自己有权利在间歇期间参与一项有建设性的工作,经理踱步走到下属办公室门口,探进头去,欢快地问道:"怎么样?"(这里的时间,对于经理是自由支配时间;对于下属则是上司施加的)。

当背着猴子的下属在第二天约定的时间与经理会面时,经理这样解释基本规则:"任何时候当我帮助你解决这样或那样的问题时,你的问题都不应成为我的问题。你的问题一旦成为我的问题,那你就不再有问题了。我不会帮助一个没有问题的人。""这次面谈结束后,问题应该由你带出去,正如由你带进来一样。你可以在任何约定的时间向我求助,然后我们可以共同决定下一步谁应采取什么行动。""在偶尔需要我采取行动的情况下,我们俩要共同决定,我不会单独采取任何行动。"

经理就这样将他的思路传递给各个下属,一直谈到上午11点。这时他突然明白他不用关门了,他所有的猴子都不见了。当然他们都会回来,但只在约定的时间。他的日程安排将确保这一点。

我们采用这个"背上的猴子"的比喻的目的是经理能将主动性转给并一直留在他的下属那儿。我们曾试图强调一个浅显易懂的老生常谈,即:在培养下属主动性之前,经理必须确保他们有这种积极主动的精神。一旦他将主动性收回,他也就失去了它,并要向自由支配时间说"再见"。一切又将回到受"下属制约的时间"。

同样,经理也无法与下属同时有效地拥有主动性。一旦有人说"老板,我们这儿有个问题"时,即暗含着这种双重性;同时,也正如以前提到过的,说明猴子叉腿坐在了两个人的背上,这对于开始职场生涯的一只猴子来说是很糟的。因此,让我们花几分钟的时间来探讨我们所说的"管理主动性剖析"。

经理在处理他与上司和公司的关系时可以有5个级别的主动性:
(1) 等着被叫去做(主动性的最低级)。
(2) 问应该做什么。
(3) 提出建议,然后采取最终行动。
(4) 采取行动,但马上提出建议。
(5) 自己行动,然后按程序汇报(主动性的最高级)。

显而易见,经理应该足够职业化,从而在处理与老板或公司的关系上不会采取1级和2级主动性。采取1级主动性的经理无法控制受老板制约的时间和受公司制约的时间的计时和内容,从而失去了对他被要求工作的内容和时间进行抱怨的权利。采取2级主动性的经理可以控制计时,却无法控制内容。而采取3、4、5级主动性的经理则可以控制计时和内容,尤以采取5级主动性的经理控制力最大。

在处理和下属的关系上,经理的工作是双重的。首先,取缔1级和2级主动性,这样下属就不得不学习并掌握"完成的员工工作"。然后,他必须确保每一个离开他办公室的问题都有一个认同的主动性级别,和与下属会面的下一次时间及地点。后者应在经理的日历上标明。

第四部分:猴子的照料与喂养

为了进一步弄清背上的猴子与分配任务和进行控制之间的比喻关系,我们可以大致参考经理的约会安排。经理的约会安排需要运用指导"猴子的照料与喂养"管理艺术的5个严格规则(违反这些规则会造成自由支配时间的丧失)。

规则1:猴子要么被喂养,要么被杀死。否则,他们会饿死,而经理则要将大量宝贵时间浪费在尸体解剖或试图使它们复活上。

规则2:猴子的数量必须被控制在经理有时间喂养的最大数额以下。下属会力所能及地尽量找到时间喂养猴子,但不应比这更多了。饲养一只正常状况的猴子时间不应超过5~15分钟。

规则3:猴子只能在约定的时间喂养。经理无须四处寻找饥饿的猴子,抓到一只喂一只。

规则4:猴子应面对面或通过电话进行喂养,而不要通过邮件。(记住:如果通过邮件的话,采取下一步行动的人就是经理)。文档处理可能会增加喂养程序,但不能取代喂养。

规则5:应确定每只猴子下次喂养时间和主动性级别。这可以在任何时间由双方修改并达成一致,但不要模糊不清。否则,猴子或者会饿死,或者将最终回到经理的背上。

"控制好工作的时间和内容"是一条关于管理时间的恰当建议。对于经理而言,商务中首要任务是通过消除"受下属制约的时间"来增加自己的"自由支配时间";其次是利用这部分刚发现的自由支配时间确保各个下属确实具有并运用积极性;最后,经理利用另一部分增长的自由支配时间控制"受老板制约的时间"和"受公司制约的时间"。所有这些步骤将提高经理的优势并使他花在支配"管理时间"上的每个小时的价值能无任何理论限制地成倍增长。

(摘自 http://www.360doc.com/content/10/0523/21/537954_29155848.shtml)

【材料二】

时间管理十一条金律

金律一:要和你的价值观相吻合

你一定要确立个人的价值观,假如价值观不明确,你就很难知道什么对你最重要,当你价值观不明确,时间分配一定不好。时间管理的重点不在于管理时间,而在

第三章 时间管理能力

于如何分配时间。你永远没有时间做每件事,但你永远有时间做对你来说最重要的事。

金律二:设立明确的目标

成功等于目标,时间管理的目的是让你在最短时间内实现更多你想要实现的目标;你必须把今年度4~10个目标写出来,找出一个核心目标,并依次排列重要性,然后依照你的目标设定一些详细的计划,你的关键就是依照计划进行。

金律三:改变你的想法

美国"心理学之父"威廉·詹姆士对时间行为学的研究发现这样两种对待时间的态度:"这件工作必须完成,它实在讨厌,所以我能拖便尽量拖"和"这不是件令人愉快的工作,但它必须完成,所以我得马上动手,好让自己能早些摆脱它"。当你有了动机,迅速踏出第一步是很重要的。不要想立刻推翻自己的整个习惯,只需强迫自己现在就去做你所拖延的某件事。然后,从明早开始,每天都从你的时间表中选出最不想做的事情先做。

金律四:遵循20/80定律

生活中肯定会有一些突发困扰和迫不及待要解决的问题,如果你发现自己天天都在处理这些事情,那表示你的时间管理并不理想。成功者花最多时间在做最重要,而不是最紧急的事情上,然而一般人都是做紧急但不重要的事。

金律五:安排"不被干扰"时间

每天至少要有半小时到一小时的"不被干扰"时间。假如你能有一个小时完全不受任何人干扰,把自己关在自己的空间里面思考或者工作,这一个小时可以抵过你一天的工作效率,甚至有时候这一小时比你三天工作的效率还要高。

金律六:严格规定完成期限

巴金森在其所著的《巴金森法则》中,写下这段话:"你有多少时间完成工作,工作就会自动变成需要那么多时间。"如果你有一整天的时间可以做某项工作,你就会花一天的时间去做它。而如果你只有一小时的时间可以做这项工作,你就会更迅速有效地在一小时内做完它。

金律七:做好时间日志

你花了多少时间在做哪些事情,把它详细地记录下来,早上出门(包括洗漱、换衣、早餐等)花了多少时间,搭车花了多少时间,出去拜访客户花了多少时间……把每天花的时间一一记录下来,你会清晰地发现浪费了哪些时间。这和记账是一个道理。当你找到浪费时间的根源时,你才有办法改变。

金律八:理解时间大于金钱

用你的金钱去换取别人的成功经验,一定要抓住一切机会向顶尖人士学习。仔细选择你接触的对象,因为这会节省你很多时间。假设与一个成功者在一起,他花了40年时间成功,你跟10个这样的人交往,你不是就浓缩了400年的经验?

金律九:学会列清单

把自己要做的每一件事情都写下来,这样做首先能让你随时都明确自己手头上的任务。不要轻信自己可以用脑子把每件事情都记住,而当你看到自己长长的list时,也会产生紧迫感。

金律十:同一类的事情最好一次把它做完

假如你在做纸上作业,那段时间都做纸上作业;假如你是在思考,用一段时间只作思考;打电话的话,最好把电话累积到某一时间一次把它打完。当你重复做一件事情时,你会熟能生巧,效率一定会提高。

金律十一:每1分钟每1秒做最有效率的事情

你必须思考一下要做好一份工作,到底哪几件事情是对你最有效率的,列下来,分配时间把它做好,始终直瞄靶心。

(摘自 http://wenku.baidu.com/view/7185c75abe23482fb4da4c58.html)

自我测试

你会管理时间吗

1. 请你根据实际情况回答下列问题,真实地选择"是"或者"否"。

(1) 我经常"朝三暮四",让好多事情虎头蛇尾。

(2) 我总有紧张感,许多事情经常要在同一时间处理。

(3) 繁重的学习任务、突如其来的约会,还有他人对我成绩的期待,所有这一切都令我倍感紧张。

(4) 我通常不是主动去学习,而是被动学习。

(5) 我整天都无法集中精力,因为有太多的干扰因素和许多琐事分散我的注意力。

(6) 我的学习时间和业余时间永远存在着冲突。

(7) 对于不喜欢的事情,我经常是能拖就拖。

(8) 我只喜欢做我感兴趣的事情,我可以通宵打游戏也不觉得累。

(9) 我很少列出需要做的事情一览表。

(10) 在朋友、社团或其他非学习活动上,我没有足够的时间投入。

2. 评分标准:

以上10个问题,回答"是"得1分,回答"否"不得分。

3. 结果分析:

(1) 8~10分:表示不善于管理时间。

(2) 4~7分:表示时间管理技能尚可,但有待于进一步改进。

(3) 2~3分:表示时间管理技能高超。

(4) 0~1分:表示你在撒谎。

第三章 时间管理能力

(摘自张彦忠主编《一分钟的价值》,中山大学出版社,2007年版)

● 案例分析

小张的故事

　　某天早晨,小张在上班途中,信誓旦旦地下定决心,一到办公室即着手草拟下年度的部门预算。他很准时地于9点整走进办公室,但他并不立刻从事预算的草拟工作,因为他突然想到不如先将办公桌和办公室整理一下,以便在进行重要工作之前为自己提供一个干净与舒适的环境。他总共花了30分钟的时间,才使办公环境变得有条不紊。他虽然未能按原定计划于9点钟开始工作,但他丝毫不感到后悔,因为30分钟的清理工作不但已获得显然可见的成就,而且它还有利于以后工作效率的提高。他面露得意神色随手点了一支香烟,稍作休息。此时,他无意中发现桌上的一份商业报告内容十分吸引人,于是情不自禁地拿起来阅读。等他放下这份报告时,已经10点钟了。这时他略感不自在,因为他已自食诺言。不过,商业报告毕竟是精神食粮,也是沟通媒体,身为企业的部门主管怎么能不关心商业信息,即使上午不看,下午或晚上则非补看不可。这样一想,他才稍觉心安。于是他正襟危坐地准备埋头工作。就在这个时候,电话铃响了,那是一位顾客的投诉电话。他连解释带赔罪地花了近40分钟的时间才说服了对方、平息了怨气。挂上了电话,他去了洗手间。在回办公室的途中,他闻到咖啡的香味。原来另一部门的同事正在享受"上午茶",他们邀他加入。他心里想,预算的草拟是一件颇费心思的工作,若无清醒的脑筋难以胜任,于是他毫不犹豫地应邀加入,就在那儿言不及意地聊了一阵。回到办公室后,他果然感到精神奕奕,满以为可以开始致力于工作了。可是,乖乖!一看表,已经11:20了,离11:30的部门联席会议只剩下10分钟。他想反正这么短的时间内也办不了什么事,不如干脆把草拟预算的工作留待明天算了。

　　(摘自http://wenku.baidu.com/view/05698bf3f90f76c661371ab9.html)

问题:
1. 小张在时间管理上存在哪些问题?
2. 你在学习、工作中存在类似的问题吗?请举一二例。

● 实　训

【内容一】

时间管理小游戏

　　假定你个人的生命处于0～100岁之间,接下来我们来玩一个游戏。

　　请准备一张长条纸,用笔将它划成10份(中间部分刚好每两列一份代表生命中的10年,分别写上10、20等,最左边的空余部分写上"生"字,最右边的空余部分写上"死"字)。

下面我给大家出几个问题,请大家按我提的要求去做:

第一个问题:请问你现在几岁?(把相应的部分从前面撕掉)

过去的生命是再也回不来了!请撕彻底撕干净!

第二个问题:请问你想活到几岁?(如果不想活到100岁的话就从后面把那部分撕掉)

第三个问题:请问你想几岁退休?(请把相应的退休以后的部分从后面撕下来,不用撕碎,放在桌子上)

就剩这么长了,这是你可以用来工作的时间。

第四个问题:请问一天24小时你会如何分配?

一般人通常是睡觉8小时(有人还不止呢!)占了1/3;吃饭、休息、聊天、摸鱼、看电视、游玩等又占了1/3;其实真正可以工作有生产力约8小时,只剩1/3。

所以请将剩下来的折成三等份。并把2/3撕下来,放在桌子上。

第五个问题:比比看。

请用左手拿起剩下的1/3,用右手把退休那一段和刚才撕下的2/3加在一起,并请思考一下你要用左手的1/3工作赚钱,提供自己另外2/3的吃喝玩乐及退休后的生活。

第六个问题:想一想。

你要赚多少钱、存多少钱才能养活自己上述的日子,这还不包括给父母、子女、配偶的哦!

第七个问题:请问你现在有何感想?

第八个问题:请问你会如何看待你的未来?

【内容二】

如何花这 8.64 万元

如果银行每天早晨向你的账号拨款8.64万元,你在这一天可以随心所欲,想用多少就用多少,用途也没有任何的规定。条件只有一个:用剩的钱不能留到第二天再用,也不能节余归自己。前一天的钱你用光也好,分文不花也好,第二天你又有8.64万元。请问:你如何用这笔钱?

我们每个人每天都有8.64万元,每天有24小时,每小时有60分钟,每分钟有60秒,总计就是8.64万秒。我们应该如何花这8.64万元呢?

请将你的做法写下来,并与周围的同学比较,看看谁的做法更有价值。

【内容三】

时间管理诊断

根据以下问题,对自己每天的时间安排进行诊断,并将诊断结果记下来,看看自己的时间管理能力是否在日渐增强。

1. 今天做了哪些有意义的事?
2. 今天有哪些事情是在适当的时间内做的?
3. 今天有哪些事情是在不适当的时间内做的?为什么在不适当的时间做了这些事情?
4. 今天在哪一段时间着手进行最重要的工作?为什么在这段时间做这份工作?这工作是否可以提早做?
5. 今天最有效率的是哪段时间?为什么这段时间最有效率?
6. 今天最没有效率的是哪一段时间?为什么这段时间最没有效率?
7. 今天工作中最大干扰是什么?为什么会产生干扰?这干扰是否可以控制或排除?
8. 今天花费了多少时间做重要的事?
9. 今天花费了多少时间做不重要的事?
10. 从明天开始,应该怎样做才能改进时间的效果?

第四章
沟通能力

📖 **重点知识要求**

1. 了解沟通的含义、意义与过程。
2. 了解沟通的类型。
3. 熟悉沟通的障碍。
4. 掌握口头沟通的技巧。
5. 掌握书面沟通的技巧。
6. 掌握非语言沟通的技巧。

📖 **重点能力要求**

1. 培养良好倾听的能力。
2. 培养良好表达的能力。
3. 培养基本的书面沟通的能力。
4. 培养运用非语言沟通的能力。

💣 **案例导入**

小孙是一家公司的人力资源部经理,最近他准备举办一个培训班,需要从各个车间抽调员工参加,为了争取车间的支持,他到各车间里去说服车间主任。第一位车间主任是他师兄,见面后小孙上去就是一拳,"我告诉你啊,下礼拜给我派两个人参加培训班,如若不派,从今晚开始我就到你家吃、到你家住、到你家闹去!你派不派人?"旁观者皆大乐,车间主任哭笑不得,赶快答应。第二位车间主任是他师傅,他换了个说法:"师傅,您不能把我扶上墙之后就撤梯子,您一定得帮我这个忙,派俩人在下周参加培训班,帮我圆上这个场。"师傅只好同意。第三、四、五、六车间均随机应变取得了各位主任的支持,第七个部门是设计科室,"张工,这是今年上半年职工培训计划,您看看,第四次课还得麻烦您上。"张工表示坚决支持,"这第一次还得您派俩人参加,您看派谁去?"张工

第四章 沟通能力

也答应了并当场定下人选。小孙顺利地获得了各车间的支持。

思考题：小孙为什么能够获得车间主任们的支持？

任何一个组织的运行和有效管理都离不开组织成员的分工与合作，离不开协调，离不开经常性地与外界进行信息交流与互动。因此，无论是员工还是管理者，作为组织的成员，在日常工作中都必须要进行有效的信息沟通。沟通是我们实现目标、满足需要的重要工具，也是使组织的活动统一起来的重要手段。因此，管理者和员工都要认识沟通的重要性，掌握沟通的有效方法，否则就会陷入无穷的问题与困境之中。那么，究竟什么是沟通呢？

第一节 沟通概述

一、沟通的概念

沟通是指为达到某种目的，通过一定的载体将信息在个人和群体间进行传递与交流的过程。

沟通由以下四个主要因素构成：

1. 信息。在沟通过程中，需要传递一定的信息内容，它包括事实、情感、价值观、意见、个人观点等。信息需要被转化为信号形式才能发送出去。
2. 发送者。即信息源，它是信息发送的主动方，代表了沟通的主体意图。
3. 沟通渠道。即沟通载体，它是信息传递的媒介物，是由发送者主动选择的。不同的沟通渠道会产生不同的沟通效果。
4. 接收者。作为信息的接收者，在沟通过程中，一方面需要接收发送过来的信息，并将其转化理解；另一方面也要及时将信息反馈给发送者，从而实现双向交流，最终使理解达成一致。

二、沟通的意义

（一）沟通是实现组织目标的重要手段

组织中的个体、群体为了实现一定的目标，在完成各项具体工作的时候需要相互交流、统一思想、自觉地协调。信息沟通使组织成员团结起来，把抽象的组织目标转化为组织中每个成员的具体行动，从而实现组织目标。

（二）沟通是正确决策的必要前提

正确地收集、处理、传递和使用信息是科学决策的前提。在决策过程中利用信息传递的规律,选择一定的信息传播方式,可以避免延误决策时间而导致的失败。管理者通过一定的方式推行决策方案,赢得上级的支持和下级的合作,没有有效的沟通是不会达到这一目标的。

(三)沟通是组织协调的重要途径

由于现代组织是建立在职能分工基础上的,不同职能部门之间不易相互了解和协调配合。通过有效的沟通,可以使组织内部分工合作更为协调一致,从而保证整个组织体系的统一指挥、统一行动,实现高效率的管理。

(四)沟通是改善人际关系的重要条件

组织中每个成员都有受人尊重、社交和关爱的需要,人与人之间的沟通和交流可以使这些需要得到满足。经常性的沟通和交流也可以使人们彼此了解、消除彼此的隔阂和误会、消除和解决矛盾和纠纷,从而有利于良好人际关系的形成。

三、沟通的过程

沟通实际上是信息从发送者到接收者的传递和理解的过程。沟通过程中,发送者首先选择需要发送的信息,然后将信息编码,并选择一定的渠道发送给接收者,接收者将收到的信息解码理解后,将反馈信息传递给发送者,再由发送者组织下一次的传递。信息的发送和接收过程都可能受到一定的干扰。这是一个不断持续的过程,见图 4-1。

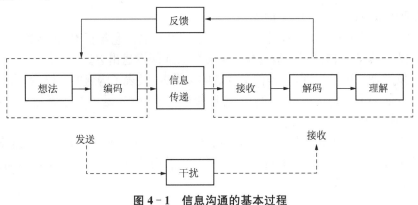

图 4-1 信息沟通的基本过程

四、沟通的类型

按照不同的分类标准,沟通可以分为不同的类型,并且不同的沟通类型具有不同的功能和特点。在管理过程中,选择合适的沟通类型,将有助于增加沟通的有效性。

(一)按照沟通的方法划分,沟通可以分为口头沟通、书面沟通、非语言沟通等

这是组织中使用最普遍的沟通方式,它们之间的比较如表 4-1 所示。

第四章 沟通能力

表 4-1 沟通方式比较

沟通方式	举例	优点	缺点
口头沟通	演讲、讨论、会谈等。	快速传递、快速反馈、信息量大。	不易保存、不易核实、易失真。
书面沟通	报告、备忘录、信件、文件、内部期刊、布告、短信、电子邮件等。	严肃、准确、不易歪曲、长久、可核实。	效率低、缺乏反馈。
非语言沟通	声、光、体态、语调等。	信息意义明确、内涵丰富、含义隐含灵活。	传递距离有限、界限模糊、只能意会不可言传。

1. 口头沟通

借助口头语言进行的沟通称为口头沟通,如演讲、讨论、会谈等。在一个管理者的工作中,与下属谈话、向上司请示及汇报工作、与外单位谈判等,是再常见不过的沟通。口头沟通是一个极为普遍但又十分重要的管理技巧和沟通活动。

口头沟通的优点:快速传递、快速反馈和信息量大。在这种方式下,信息可以在最短的时间内被传递,并在最短的时间内得到对方的回复。如果接收者有疑问,也可以通过迅速反馈使发送者对发送的信息进行及时的修正和明确,避免误解的产生。但是,这种方式也有局限性:信息在传递的过程中不易保存、转瞬即逝、不易核实。另外,每个人在传递信息的过程中会对信息进行不同的解释和加工,其最终的内容常常与最初大相径庭。

2. 书面沟通

书面沟通是指采用各种书面文字形式进行的沟通,如报告、备忘录、信件、文件、内部期刊、布告、短信、电子邮件等。

书面沟通的优点:严肃、准确、不易歪曲、长久、可核实。信息发送者对要传递的信息内容可以认真推敲,并用最好的方式表达出来,信息接收者也可反复阅读以增强理解。书面沟通的信息可以长期保存,以便核实信息。但是,书面沟通也有其不足之处:书面沟通方式更为精确,但耗费了更多的时间,效率较低;另一个缺陷是缺乏反馈,无法保证所发出的信息能被接收到;即使被接收到,也无法保证接收者能够正确理解发送者的本意。一旦误解,其影响的时间更为长远。

3. 非语言沟通

一些沟通既非口头形式也非书面形式,而是通过非语言的形式加以传递。当与人沟通时,特别是面对面交流时,会伴随大量的非语言形式,这些非语言比语言本身更有意义,甚至有时无需语言就可以从对方的表情、姿势、态度、动作等非语言信号中得到很多有价值的信息并作出评价。但是,非语言信息传递距离有限,而且"只可意会,不可言传"的特点也易造成误解。

● 【案例 4-1】

研发部的梁经理

研发部梁经理才进公司不到一年,工作表现颇受主管赞赏,不管是专业能力还是管理绩效,都获得大家肯定。在他的缜密规划之下,研发部一些延宕已久的项目,都在积极推行当中。

部门主管李副总发现,梁经理到研发部以来,几乎每天加班。他经常第 2 天来看到梁经理电子邮件的发送时间是前一天晚上 10 点多,接着甚至又看到当天早上 7 点多发送的另一封邮件。这个部门下班时总是梁经理最晚离开,上班时第一个到。但是,即使在工作量吃紧的时候,其它同仁似乎都准时走,很少跟着他留下来。平常也难得见到梁经理和他的部属或是同级主管进行沟通。

李副总对梁经理怎么和其它同事、部属沟通工作觉得好奇,开始观察他的沟通方式。原来,梁经理部是以电子邮件交代部属工作。他的属下除非必要,也都是以电子邮件回复工作进度及提出问题。很少找他当面报告或讨论。对其它同事也是如此,电子邮件似乎被梁经理当作和同仁们合作的最佳沟通工具。

但是,最近大家似乎开始对梁经理这样的沟通方式反应不佳。李副总发觉,梁经理的部属对部门逐渐没有向心力,除了不配合加班,还只执行交办的工作,不太主动提出企划或问题。而其它各部门主管,也不会像梁经理刚到研发部时,主动到他房间聊聊,大家见了面,只是客气地点个头。开会时的讨论,也都是公事公办的味道居多。

李副总趁着在楼梯间抽烟碰到另一部门陈经理时,以闲聊的方式问及陈经理,陈经理认为梁经理工作相当认真,但可能对工作以外的事没有多花心思,李副总也就没再多问。这天,李副总刚好经过梁经理房间门口,听到他打电话,讨论内容似乎和陈经理业务范围有关。他到陈经理那里,刚好陈经理也在打电话。李副总听了谈话内容,确定是两位经理在谈话。之后,他找了陈经理,问他怎么一回事。明明两个主管的办公房间就在隔邻,为什么不直接走过去说说就好了,竟然是用电话谈。陈经理笑答,这个电话是梁经理打来的,梁经理似乎比较希望用电话讨论工作,而不是当面沟通。陈经理曾试着要在梁经理房间谈,而不是电话沟通。陈经理不是用最短的时间结束谈话,就是眼睛还一直盯着计算机屏幕,让他不得不赶紧离开。陈经理说,几次以后,他也宁愿用电话的方式沟通,免得让别人觉得自己过于热情。

了解这些情形后,李副总找了梁经理聊聊。梁经理觉得,效率应该是最需要追求的目标,所以他希望用最节省时间的方式,达到工作要求。李副总以过来人的经验告诉梁经理,工作效率重要,但良好的沟通绝对会让工作进行顺畅许多,不同的沟通方式会起到不同的作用。

(摘自:http://wenku.baidu.com/view/ca29afa4b0717fd5360cdcd8.html)

第四章　沟通能力

思考题：梁经理在沟通方面的问题主要有哪些？应该如何改进？

（二）按照沟通的组织系统划分,沟通可以分为正式沟通和非正式沟通

1. 正式沟通

正式沟通是通过组织机构明文规定的渠道而进行的沟通,如组织之间人员的往来、请示性汇报制度、会议制度等,都属于正式沟通。正式沟通所传递的信息一般具有计划性、目的性、系统性和权威性。其基本目的在于有效确立和实施组织目标,实现组织的经济效益和社会效益。

正式沟通的优点是：沟通效果好、严肃可靠、约束力强、易于保密、沟通信息量大、具有权威性；其缺点在于对组织机构依赖性较强而造成速度迟缓,沟通形式刻板,如果组织管理层次多,沟通渠道长,容易形成信息损失。

2. 非正式沟通

非正式沟通是指以组织中的非正式系统或个人为渠道的信息沟通。这类沟通不受组织监督,是由组织成员自行选择途径进行的,比较灵活方便。员工中的人情交流、生日聚会、工会组织的文娱活动、走访、议论某人某事、传播小道消息等都属于非正式沟通。

非正式沟通的优点是：传递信息的速度快,形式不拘一格,并能提供一些正式沟通所不能传递的内幕消息。缺点是：传递的信息容易失真,容易在组织内引起矛盾,且较难控制。

【案例 4-2】

小 道 消 息

斯塔福德航空公司是美国北部一个发展迅速的航空公司。然而,最近在其总部发生了一系列的传闻：公司总经理波利想出卖自己的股票,但又想保住自己总经理的职务,这是公开的秘密了。他为公司制订了两个战略方案：一个是把航空公司的附属单位卖掉；另一个是利用现有的基础重新振兴发展。他自己曾对这两个方案的利弊进行了认真的分析,并委托副总经理本杰明提出一个参考意见。本杰明曾为此起草了一份备忘录,随后叫秘书比利打印。比利打印完后即到职工咖啡厅去,在喝咖啡时比利碰到了另一位副总经理肯尼特,并把这一秘密告诉了他。

比利对肯尼特悄悄地说："我得到了一个极为轰动的最新消息。他们正在准备成立另外一个航空公司。他们虽说不会裁减职工,但是,我们应该联合起来,有所准备啊!"这话又被办公室的通讯员听到了,他立即把这消息告诉他的上司巴巴拉。巴巴拉又为此事写了一个备忘录给负责人事的副总经理马丁,马丁也加入了他们的联合阵线,并认为公司应保证兑现其不裁减职工的诺言。

第二天,比利正在打印两份备忘录又被路过办公室的探听消息的人摩罗看见了。摩罗随即跑到办公室说："我真不敢相信公司会做出这样的事来。我们要被卖

给联合航空公司了,而且要大量削减职工呢!"

这消息传来传去,三天后又传回到总经理波利的耳朵里。波利也接到了许多极不友好,甚至敌意的电话和信件。人们纷纷指责他企图违背诺言而大批解雇工人,有的人也表示为与别的公司联合而感到高兴,而波利则被弄得迷惑不解。

(摘自蒋永忠等主编《管理学基础》,清华大学出版社,2007年版)

思考题:

1. 请解释斯塔福德航空公司在私下传闻中所发生的一切。
2. 总经理波利怎样才能使问题得到澄清?
3. 公司内存在非正式沟通渠道,是否有可能将之关闭,如何关闭?

(三)按照信息传递的方向划分,沟通可以分为下行、上行、平行和斜向沟通

1. 下行沟通

它是指信息从上级管理者流向下级成员的沟通。例如,组织和群体的领导者对职工进行的信息沟通。下行沟通可以使下级明确工作任务、目标和要求,增强其责任感和归属感,协调企业各层次的活动,增强上下级之间的联系等。但在逐层向下传达信息时应注意防止信息误解、歪曲和损失,以保持信息的准确性和完整性。

2. 上行沟通

它是指信息从下级成员流向上级管理者的沟通。例如,下级主动向上级传递信息、汇报思想、反映意见、提出建议等。上行沟通是管理者了解下属和一般员工意见和想法的重要途径。上行沟通畅通无阻,各层次管理者才能及时了解工作进展的真实情况,了解员工的需要,体察员工的不满和怨言,从而加强针对性的管理。

3. 平行沟通

它是指同级成员之间的沟通。平行沟通是组织中更为大众化的沟通形式。通过平行沟通,有助于加强成员间的相互了解,有利于各种关系的平衡和协调,和谐群体成员的心理气氛,提高工作效率,改善工作态度。

4. 斜向沟通

它是指处于不同层次的没有直接隶属关系的成员之间的沟通。这种沟通方式有利于加强信息的流动,促进理解,并为实现组织的目标而协调各方面的努力。

※【案例4-3】

制定沟通的策略

假定你是一家大型全国性公司的一分支机构经理,你对地区事业部经理负责。你的分支机构有120名员工,在他们与你之间有两个层次的管理人员——作业监督人员和部门负责人。你所有下属人员都在本分支机构的所在地工作。现有四种案例情景:

第四章　沟通能力

【情景1】

你的1名新任命的部门经理明显地没有达到该部门预算的目标。成本控制人员的分析报告表明,该部门在上上个月,原材料和设备费、加班费、维修费和电话费等项目超支了40%。当时你没有说什么,因为这是部门经理就任的第1个月。但这次你感到必须采取某种行动了,因为上月份该部门的开支又超预算55%,而其他的部门并没有这样的问题。

【情景2】

你刚刚从地区事业部经理的电话中听说,你们的公司已被一家实力雄厚的企业收购。这项交易在1个小时内就会向金融界宣布。事业部经理不知道具体的细节,但要求你尽快将这消息告诉你的手下人。

【情景3】

一项新的加班制度将在1个月内生效。过去,作业监督人员在确定加班人选时,是当面或通过电话并按工龄长短的次序征求个人意见后敲定。这样,资历较长的工人便享有加班工作的优先权。这种做法已被证明为慢而低效,因为过去几年内不少资深的工人已经减少了加班时间投入。而新的制度将在加班任务安排方面给各位监督人员以更大的变通性,也即将要提前1个月征得工人们对加班的允诺。你发现部门经理和监督人员都明确赞成这项新的制度,且大多数的工人也都会喜欢的,但一些资历较深的工人可能对此有意见。

【情景4】

你的上司曾在你的职位上工作过多年。这次你了解到,他越过你而直接同你的两位部门经理进行了沟通。这两位部门经理向你的上司报告了几件对你不利的事情,并由此使你受到了轻微的责备。你有些惊讶,因为尽管他们所说的是事实,但他们并没有向你的上司全面地说明情况。否则,你又会处于有利的地位,而不会受到这种待遇。你的上司两天后要来分支机构考察,你想将这一误会向他作个解释。

(摘自汪峰彬等编著《管理学教学案例精选(修订版)》,复旦大学出版社,2009年版)

思考题:请对以上四种情景分别制订出有效的沟通方案或策略,并说明你采取这种策略的理由。

第二节　影响沟通的障碍

完美的沟通,如果其存在的话,应是经过传递之后接收者感知到的信息和发送者发出的信息完全一致。然而,无论是进行个人之间的沟通还是组织沟通,都会遇到障碍,沟通的有效性都会受到影响。这些障碍有来自于信息沟通过程中内部方面的因素,也有来自于信息沟通过程中所遇到外部环境方面的因素(政治、经济、社会、文化因素等)。

一、信息沟通过程中的障碍

沟通过程中的障碍主要是指信息在从发送者到接收者的传递和理解过程中遇到的干扰和问题,使得信息丢失或发生曲解,从而影响了沟通的整体效果。这种沟通过程中的障碍主要体现在以下方面:

(一)来自信息发送者的障碍

1. 表达能力不佳

信息发送者如果表达能力不佳、词不达意,或者逻辑混乱、艰深晦涩,将可能使人无法对其准确解码。

💣【案例 4-4】

秀才买柴

从前有个秀才,有一次到集市上去买柴。他远远看见有一个卖柴的人站着,就大声喊道:"荷薪者过来!"卖柴的人听得莫名其妙,但"过来"两字还是听懂了,又看到秀才招手,便担着柴走过来。秀才问:"其价几何?"卖柴的人糊涂了,但"价"字还是听懂了,于是说了价钱。秀才嫌贵,便说:"外实而内虚,烟多而焰少,请损之。"卖柴的人听了这句话,不知道秀才说的是什么,只好走了。

(摘自 http://www.360doc.com/content/09/0611/09/149216_3852254.shtml)

思考题:你能说说秀才说的几句话的意思吗?他们不成交的原因是什么?

2. 形象因素不良

假如信息发送者给人以不良印象,例如外表邋遢、办事拖拉、办事不力、不守信用等,那么,即使他发送的信息是真的,接收者也极可能先入为主地认为信息不重要或者不真实。

3. 从个人利益出发

发送者在选择发送的信息时,可能会出于自身利益的考虑,选择发送对自己有利的信息,隐瞒对自己不利的信息,因而影响信息的完整度和可信度。

(二)来自信息传递过程中的障碍

1. 没有利用恰当的沟通渠道

信息沟通有多种渠道,各种渠道又有各自的优缺点,如果不考虑本组织机构的实际情况和具体要求,随便选择沟通方式和渠道,将会造成信息沟通的障碍。例如用口头的方式布置一个意义重大、内容庞杂的促销计划将使实际效果大打折扣,用书面的方式就会取得较好的效果。

第四章 沟通能力

💣【案例 4-5】

谁把货弄错了

某日,某公司外派维修的售后服务工程师陈某电话要求工厂售后服务部门为其在安徽芜湖的维修现场发送配件一个。按规定要求,陈某应当书面传真具体的规格型号,然后发货,以保证准确性。结果陈某讲自己干了三年多,都很熟,声称要节省传真费用,且客户很急,要求电话口头报告型号,售后服务部当事人员鉴于这种情况,就相信了陈某,按陈某说的型号发去了配件,结果发到现场后,型号错误,又要重发,造成出差费用、运输费用等的增加,更重要的是影响客户生产。

事后处理此事,陈某一口咬定自己当初报告的就是第二次发的正确型号;而售后服务当事人员则坚持陈某当初报告的就是第一次错误的型号。但是没有书面函件,该相信谁?最后因为双方都在明知公司规定的情况下,违反了书面沟通程序规定,造成的损失,由双方共同承担。

(摘自 http://finance.sina.com.cn/leadership/mrlzy/20060519/16172582263.shtml)

思考题:类似的情况应该如何避免?

2. 传递环节过多

信息在传递过程中,同其他物体的运动一样,会发生损耗。通常,信息通过的层次越多,它到达目的地的时间就越长,信息失真率则越大。一项研究表明,企业董事会的决定经过五个层次后,信息损失平均达 80%。其中,副总裁这一层的保真率为 63%,高级主管为 56%,车间主任为 40%,班组长为 30%,工人为 20%。

3. 外界环境的干扰

环境的干扰也是导致信息沟通障碍的重要原因。例如噪声大、注意力难以集中、信号突然中断、讨论问题的场合不适宜、相互传递信息被打岔,以及室内的布置、房间的颜色、空间距离的远近等,都会对传递信息和相互沟通产生影响,造成信息在传递中的损失和遗漏,甚至扭曲变形,从而造成了错误的或不完整的信息传递。

(三)来自信息接收者的障碍

1. 选择性知觉

由于受个人主观因素的影响,人们在接收信息时会根据自己的需要、动机、经验、背景及其他个人特质而选择性地接收传递给他的信息。符合自己需要的又与自身利益有关的内容容易接收,认为不重要或对自己无利的则不容易接收。这样就会在不经意中产生选择性知觉,造成沟通障碍。

2. 解码和理解偏差

由于个人所处社会环境不同,在团队中角色、地位、阅历各异,兴趣爱好也不尽相同,因此,在解码的时候,接收者往往会从自己的角度来理解信息,从而造成偏差。即使同一个人,由于接收信息的心情、氛围不同,也会对信息有不同的解释。

3. 拒绝倾听

在沟通过程中,有些信息的接收者或是自高自大,或是漫不经心,拒绝接听他人的意见。这种态度阻碍了有效的沟通。

【案例 4-6】

乔·吉拉德的一次经历

美国汽车推销之王乔·吉拉德曾有过一次深刻的体验。一次,某位名人来向他买车,他推荐了一种最好的车型给他。那人对车很满意,眼看就要成交了,对方却突然变卦而去。

乔为此事懊恼了一下午,百思不得其解。到了晚上 11 点他忍不住打电话给那人:"您好!我是乔·吉拉德,今天下午我曾经向您介绍一款新车,眼看您就要买下,却突然走了。这是为什么呢?"

"你真的想知道吗?"

"是的!"

"实话实说吧,小伙子,今天下午你根本没有用心听我说话。就在签字之前,我提到我的儿子吉米即将进入密执安大学读医科,我还提到他的学科成绩、运动能力以及他将来的抱负,我以他为荣,但是你毫无反应。"

(摘自张文光主编《人际关系与沟通》,机械工业出版社,2009 年版)

思考题:为什么会出现这样的情况?如果你是乔·吉拉德,你会怎么做?

4. 信息过量

信息并不是越多越好,重要的是要有用的、优质的信息。信息过量会造成沟通的障碍。当人们负载的信息过度时,就会无法分清主次,整天埋在信息堆里,浪费了大量时间,却没有办法达到良好的沟通效果。

【案例 4-7】

珍珠港事件一定发生吗?

1941 年 12 月,日本偷袭了珍珠港。直到 1942 年 4 月,罗斯福总统在档案里突然发现一份材料,说:"哎呀,中国在去年 4 月就通知我们:日本人可能偷袭珍珠港。"第一个知道日本可能偷袭珍珠港的是中国情报部。根据情报,日本人可能要发动太平洋战争,偷袭珍珠港,没有想到这么重要的一条信息却淹没在了一大堆档案里,等到罗斯福在第二年 4 月看到的时候,珍珠港事件已经过去快 5 个月了。

(摘自张文光主编《人际关系与沟通》,机械工业出版社,2009 年版)

思考题：这个案例给你什么启发？

二、信息沟通环境方面的障碍

信息沟通环境方面的障碍主要体现在不同文化之间的差异上，大至社会文化，小至企业文化，不同文化价值观影响下的沟通行为有很大的不同。

例如，在强调个人主义的美国，沟通类型倾向于以个人为中心，而且语义明确。美国的管理者喜欢用备忘录、通报、职务报告及其他正式的沟通手段来阐明他对某一问题的看法。美国企业主管人员可能会隐瞒某些信息，为的是让自己看起来比别人懂得更多，而且将之作为说服员工接受其决策和计划的一种工具。为了保护自己，低层的员工们也如法炮制，采取类似的行为。

而在强调集体主义的国家，如日本，沟通时有更多的相互间的互动关系，而且人际间的接触更倾向于是非正式的。日本管理者在有关问题上更多的是先以口头协商方式与下属们沟通，然后再起草一份正式的文件说明已达成的共识。日本人看重协商一致的决策，因而开放式的沟通是其工作环境氛围的一个内在构成要素。同时，他们更多采用面对面的沟通。

💣【案例4－8】

赖副理的困惑

某天，赖副理有一次去找他的美国上司，他说："我在公司工作了三年，没有功劳也有苦劳，没有苦劳也有疲劳，怎么这三年薪水一直加得不多啊？"美国上司听了之后回答："赖先生，我们是按照一个人的价值来付他薪水的。我们发现你工作了三年，用的是同一种方法，这三年来看不出你有什么特别不一样的地方，所以你在我们公司工作了三年其实等于只工作了一年，因为另外两年只是copy and copy。赖先生，我们希望你能够改善你自己的工作能力，或者是把自己的贡献度做得更大，那么我们一定会付更多的薪水，价值越高，付的薪水就越多。"最后那个美国上司讲了这么一句话："赖先生，你看到门口那个警卫了吗？他工作的比你更久，他工作了八年，他的薪水也没有加上，因为他的价值就是在那里。"

（摘自http://wenku.baidu.com/view/1690c186b9d528ea81c779d8.html）

思考题：这个案例对你有什么启发？

第三节　沟通能力的培养

沟通能力是重要的管理能力。无论是人际沟通、组织内的沟通还是组织与组织间的沟通,要实现有效的沟通,都需要管理者具备较高的沟通能力。那么,如何培养沟通能力呢?必须遵循有效沟通的原则,掌握各种沟通技巧。

一、遵循有效沟通的原则

(一) 目的性原则

沟通的目的性原则是指在沟通过程中,必须是出于一定的目的而进行沟通。沟通是为了解决某个问题,或是为了达成某种共识,抑或是为了交流感情等,都是为了实现某种目的。因此,在沟通前必须明确沟通的内容是什么,沟通的渠道是什么,是为了哪项工作、实现哪个目的。否则,即使沟通的方案看起来多么好和多么有吸引力,都应该毫不犹豫地抛弃。在沟通的过程中,也应围绕目的进行,避免出现与沟通目的相违背的行为。

(二) 清晰性原则

沟通的清晰性原则是指沟通时必须将沟通的各项事宜,如渠道的结构、沟通的时间要求、地点要求、内容要求、频率要求等等,进行明确、清晰地告示,要尽量避免含糊不清。其目的在于使全体沟通成员准确理解其沟通要求,明白他们在沟通中所担当的角色,即他们所应当履行的沟通职责和义务,从而最大限度地排除沟通成员对沟通要求的模糊和误解,保证沟通能够顺畅高效地进行,顺利达到沟通的预期目标。因此,信息发送者在沟通中所使用的语言必须适用于接收者,两者间的语言方式必须一致,只有这样才能增强沟通的效果。

(三) 简明性原则

沟通的简明性原则包括好几层意思。

一层意思,是指沟通的具体方式、方法设计应当尽量简单明了,以便所有沟通成员掌握和运用。只要是利用简单沟通方式、方法能够沟通良好,并有效达到沟通目标的沟通过程,就不应当采用复杂、繁琐、迂回的沟通方式、方法进行沟通。一两句话就完全能有效地达到沟通效果的,更应该采取口头通知的方式,而不应该闲聊一两小时来沟通。如果不注意具体沟通方式、方法的简捷性,将降低管理沟通的效率。

另一层意思是指管理沟通应当采用最短沟通渠道或路径进行沟通。如能面谈就无须叫人转告;可设立总经理信箱以取代基层员工将信息通过中层管理者向上层层传递。渠道简捷性的目的在于提高信息传递速度,通过减少渠道环节降低信息损耗或变形的可能性。

(四) 连续性原则

管理沟通的连续性原则是指大多数管理沟通行为过程,尤其是例行日常管理沟通活动,并非一次沟通就可以一劳永逸地完成沟通工作任务,而是要通过反反复复多次沟通,才能较好地履行和完成管理沟通的工作职责。

连续性原则要求企业在进行管理沟通时注意三大方面:① 管理沟通在时间上的

连续性。因为组织内外的情况在不断地变化,组织成员的想法也在不断改变,所以沟通是一个没有终点的过程,要达到始终协调一致的目的就必须进行反复沟通,这一过程一定要持续地坚持下去。② 管理沟通在方式、方法、渠道等,即沟通模式上的连续性。沟通模式上的连续性则一方面要求企业要慎重选择适合企业管理沟通的高效简捷模式,另一方面要求企业要在使用和改变企业管理沟通模式时考虑到人们的习惯,尽量使其具备操作上的连续性。③ 沟通内容上的连续性。内容上的连续性与模式上的连续性均是从提高管理沟通的熟练与效率角度出发考虑问题。

(五)反馈性原则

沟通的反馈性原则是指信息接收者在接收信息的过程中或收到信息之后,应该及时地回应对方,以便澄清"表达"和"倾听"过程中可能造成的误解。

很多沟通问题是由于误解或信息传递不准确造成的。如果沟通双方在沟通过程中使用反馈,及时交流,则会减少沟通障碍。反馈可以是言语的,也可以是非言语的。

二、掌握口头语言沟通的技巧

一家著名的公司在面试员工的过程中,经常会让 10 个应聘者在一个空荡荡的会议室里一起做一个小游戏,很多应聘者在这个时候都感到不知所措。在一起做游戏的时候主考官就在旁边看,他不在乎你说的是什么,也不在乎你说的是否正确,他是看应聘者说、听、问这三种行为是否都出现,并且这三种行为是以何种比例出现的。如果一个人要表现自己,他的话会非常多,始终在喋喋不休地说。可想而知,这个人将是第一个被请出考场或者被淘汰的人。如果他坐在那儿只是听,不说也不问,那么,他也将很快被淘汰。只有在游戏的过程中又说又听,同时还会问,这样才意味着他具备一个良好的沟通技巧。

所以每一个人在沟通的时候,一定要养成一个良好的沟通习惯:说、听、问三种行为都要出现,并且这三者之间的比例要协调,如果具备了这些,将是一个良好的沟通。

(一)倾听的技巧

一个善于沟通的人,首先必须善于倾听,倾听是有效沟通的关键性环节。美国公关大师卡内基曾给予倾听极高的评价:倾听是"我们对任何人的一种最高的恭维"。懂得如何倾听的人最有可能做对事情、取悦上司、赢得友谊,并且把握别人错过的机会。但是,大多数人却并不善于倾听。

美国知名主持人林克莱特一天访问一名小朋友,问他:"你长大后想当什么呀?"小朋友天真地说:"我想当飞机的驾驶员!"林克莱特接着问:"如果有一天,你的飞机飞到太平洋上空,所有引擎都熄火了,你会怎么办?"小朋友想了一想说:"我会先告诉坐在飞机上的人都绑好安全带,然后我穿上我的降落伞跳出去。"当在现场的观众笑得东倒西歪的时候,林克莱特继续注视着这孩子,认真地问他:"你为什么要这样做?"孩子的答案透露出一个孩子真挚单纯的想法:"我要去拿燃料,我还要回来!我还要再回来!"

作为管理者,更要特别注意运用好沟通的技巧。

1. 全神贯注

在倾听的过程中,必须把注意力集中到说话人的身上,要心无二用,忌"左耳进、右耳出",任何可能导致分心的想法和念头都有可能使对方产生不必要的误解,从而产生不利的影响。

【案例 4-9】

把手机关掉

有一个业务员要把润滑油卖给某公司,可那天这个家伙在总经理面前打了四次手机。打完第四次的时候总经理就跟他说:"你好像很忙啊?"他说:"哎。"总经理说:"你出去把手机打完了再进来跟我说话,我希望你再跟我说话的时候,不要开手机。"他说:"对不起,对不起!"最后,总经理语重心长地说:"年轻人,你要把这个坏习惯改过来。我给你个忠告,你这辈子要想让客户喜欢你,最好在客户面前,你的手机永远不要响起。"

(摘自张文光主编《人际关系与沟通》,机械工业出版社,2009年版)

思考题:反省一下你过去的经历,你有类似的情况吗?

2. 鼓励对方先开口

一方面,倾听别人说话是一种礼貌,愿意倾听表示愿意客观地考虑别人的看法,这会让说话的人觉得自己受到尊重,有助于建立融洽的关系,彼此接纳。

另一方面,对方先提出看法,你就有机会在表达自己的意见之前,掌握双方意见的一致之处,可以使沟通更加顺畅。

因此,在沟通过程中,可以鼓励对方先开口。

3. 不要随意打断别人

当对方说话时,随意打断对方或随便插入其他话题都是很不礼貌的,听别人讲完完整的话后再作出反应,表明你很重视沟通的内容。人们总是把打断别人说话解释为对自己思想的尊重,但这却是对对方的不尊重。如果有特殊原因必须要打断的,要适时示意,并先致歉再插话。

【案例 4-10】

巴顿尝汤

巴顿将军为了显示他对部下生活的关心,搞了一次参观士兵食堂的突然袭击。

在食堂里,他看见两个士兵站在一个大汤锅前。

"让我尝尝这汤!"巴顿将军向士兵命令道。

"可是,将军……"士兵正准备解释。

"没什么'可是',给我勺子!"巴顿将军拿过勺子喝了一大口,怒斥道:"太不像话了,怎么能给战士喝这个?这简直就是刷锅水!"

"我正想告诉您这是刷锅水,没想到您已经尝出来了。"士兵答道。

(摘自 http://joke.dqt.com.cn/index2.asp?id=2967)

思考题:你在生活中遇到过这样的情况吗?

4. 客观公正地听

客观公正地听,就是全面理解说话者想要表达的意思和观点。如何做到呢?

(1) 要区别话语中的观点与事实。说话者在陈述事实时,往往会加入自己的观点。而且在表述时,已将观点变成了事实。尤其是人们在表述偏见或喜爱时,就好像在谈论事实。例如,有个人常这样说:"我不具备文学方面的天赋,我永远也不可能成为一个作家,这是众所周知的。"显然,说话者将其作为一个事实在陈述。其实,这只是说话者心中的不满,是一种信念而已。

(2) 要控制自己的感情,以免曲解对方的话语。保持客观理智的感情,将有助于获取正确的信息。尤其是当我们听到涉及感情的令人不愉快的消息时,更要先独立于信息之外,来仔细检查事实。因为当我们把听到的话加上自己的感情色彩时,我们就失去了正确理解别人话语的能力了。

(3) 听出对方话语中的真实含义。有些人说话时,其表面意思和真实含义相距甚远,因此作为听众,需要听出其真实的想法。

【案例 4-11】

成功房产经纪人的经验

一位生意兴隆的房地产经纪人认为,自己之所以成功,在于不但能细心聆听顾客讲的话,而且能听出他们没讲出来的话。他讲出一幢房屋的价格时,顾客说:"我家买房,价格高低无所谓的。"可是说的声音有点犹豫,笑容也有点勉强,那经纪人便知道顾客心目中想买的房子和他所能买得起的显然有差距。"在你决定之前,"经纪人练达地说,"您不妨多看几幢房子。"结果皆大欢喜。顾客买到了他能买得起的房子,生意成交。

(摘自 http://www.360doc.com/content/10/0824/08/213037_48323700.shtml)

思考题:平常生活中你是一个善于察言观色的人吗?

5. 站在对方立场

有一学者说:"为了让自己成为受人欢迎的人,我们必须培养一种'设身处地'的能力,也就是抛开自己的立场置身于对方立场的能力。"

站在对方立场就是考虑对方的需要,从他的角度去思考问题,帮助他解决实际问题。但在实际生活中,我们常常以为站在了对方立场,而事实证明很多时候我们并不是站在了对方立场。例如,有人要自杀,打电话来求助,你说:"你不要自杀,这个世界不是很好吗?人活着应该很愉快。"这句话看似站在对方的立场,其实不然。想一想,一个要自杀的人怎么可能体会到这个世界的美好呢?如果体会得到,他就不会产生自杀念头了。可见上一句中"这个世界很好"只是我们自己的立场而已。

6. 善于捕捉要点

捕捉到有用的信息,是倾听的基本目的之一。当自己还不能摸透对方意图时,切不可随意附和赞同,最好能得到对方的确认。例如可以问"我理解你的意思是……"与此同时,还要善于从说话人的语气、手势变化中捕捉到信息。如说话人会通过放慢语速、提高声调、突然停顿、重复等方式来强调某些重点。

7. 恰当地反馈

倾听时,如果能给予说话者恰当的反馈,将会鼓励他多说,这在一定程度上是使说话顺利进行下去的关键。反馈的方法有多种:

(1) 运用诚恳适宜的身体语言予以回应。用点头、微笑、手势、体态等方法作出积极的反应,让对方感到你愿意听他说话。例如身体上与说话者保持同盟者的姿态。说话者站你则站,说话者坐你则坐。

(2) 复述说话者的话,你就会看上去和他们更亲近。不要把说话拉回到你身上,相反,提出一些"附和性"的问题。

(3) 对精辟的见解、有意义的陈述或有价值的信息,要以诚心地赞美来夸奖说话的人。例如:"这个故事真棒!""你的想法真好!"真诚的赞美可以鼓励别人多说。

(4) 适时的恰当的提问让说话者进一步知道你很关注,说话者会深受鼓舞的。

(二) 说话的技巧

说话是沟通中应用最多、最基本的语言形式,说话的技巧是管理者必备的素质和基本功。

1. 了解听话者

西班牙作家塞万提斯说过:"说话不考虑等于射击不瞄准。"所以在说话前,必须要有充分的准备,凡事预则立。那么,如何做说话前的准备呢?古人云:"知己知彼,百战不殆。"

(1) 了解听话者的需求情况。人们有各种各样的需求,听话者的需求情况决定着他们的兴趣和爱好,选择听话者喜欢的内容将有助于形成良好的沟通。

(2) 了解听话者的个性。

俗话说:"见什么人说什么话",就其积极意义而言,就是想要与他人对话,必要时要事先把握对方的个性,随机应变地采用不同的说话方法。

● **【案例 4-12】**

孔子授徒

有一次,孔子的学生子路问孔子:"听到了是不是马上见之于行动?"孔子回答说:"有父亲、哥哥在,怎么能不向他们请示就贸然行事呢?"

过了一些天,冉有也向孔子问同样的问题,孔子回答说:"听到了当然要马上行动!"

公西华对此十分迷惑,不明白为什么同一个问题老师却有不同的回答。孔子解释道:"冉有办事畏缩、犹豫,所以我鼓励他办事果断一些,叫他看准了马上就去办;而子路好勇过人,性子急躁,所以我得约束他一下,叫他凡事三思而行,征求父兄的意见。"公西华听了老师的回答,顿时恍悟过来。

实际上,孔子正是由于看到了子路和冉有具有不同的性格(子路是强硬型,冉有是随和型),从而顺其自然选择不同的说话内容。

(摘自 http://www.docin.com/p-259199.html)

思考题:你能做到在说话前先了解听话者的个性吗?

2. 决定恰当的话题

每一个人都应该知道,让听话者感兴趣的不仅是说话者本身,更重要的是话题。双方都感兴趣的话题,才是沟通得以进行的关键。如果不能适当地与听话者说话,那么就不会达到有效的沟通效果。

决定恰当话题的前提是寻找共同点。尽管社会生活是多姿多彩的、内容丰富的,但是想要找到一个合适的共同话题,与人交流却依然艰难。通常说话者可以利用一些常见的话题,与对方亲近,打开沟通的局面。

例如:适合制造话题的字眼,主要有:

收藏品、兴趣、小孩、交通、机器(汽车、电脑)、金钱、经营管理、交际(网络消息)、食物、酒、饮料、时事、新闻、热门话题、天气状况、气候、流行信息、旅游、休闲娱乐、异性、运动、体育比赛、电影、录像、电视剧、音乐等等。

选择话题时的注意事项:

对于不知道的事,不要冒充内行;不要向陌生人夸耀自己的成绩;不要在公共场合谈论朋友的失败、缺陷和隐私;不要谈容易引起争执的话题;不要到处诉苦和发牢骚,这不是获取同情的正确方法。

3. 恰当地表达

格拉西安说过:"说得恰当要比说得漂亮更好。"在说话技巧中,表达则是更为重要的一步。如何恰当地表达呢?

(1) 注意说话的具体场合

鲁迅先生曾讲过这样一个故事:一户人家生了一个男孩,全家非常高兴,满月的时候,抱出来给客人看——大概自然是想得到一点好兆头。

一个说:"这孩子将来要发财的。"他于是得到一番感谢。

一个说:"这孩子将来要做官的。"他于是收回几句恭维。

一个说:"这孩子将来是要死的。"他于是得到一顿大家合力地痛打。

前两个客人明显说的是假话,后一个客人说的是客观事实,但为什么待遇不同呢?因为后一个客人说话不注意场合,在人家欢庆时说出不吉利的话。

所以,说话时无论是话题的选择、内容的安排,还是言语形式的采用,都应该根据特定场合的表达需要来决定取舍,做到灵活自如。要注意场合的庄重与否、亲密与否、正式与否、喜庆与否。

(2) 说话必须清楚明确,避免产生歧义

说话者应该谨慎地选择说话的内容,语义要清晰,避免产生歧义,以免引起不必要的误会。

【案例 4-13】

请 客

有个人请客,看看时间过了,还有一大半的客人没来。主人心里很焦急,便说:"怎么搞的,该来的客人还不来?"一些敏感的客人听到了,心想:"该来的没来,那我们是不该来的啰?"于是悄悄地走了。主人一看又走掉好几位客人,越发着急了,便说:"怎么这些不该走的客人,反倒走了呢?"剩下的客人一听,又想:"走了的是不该走的,那我们这些没走的倒是该走的了!"于是又都走了。最后只剩下一个跟主人较亲近的朋友,看了这种尴尬的场面,就劝他说:"你说话前应该先考虑一下,否则说错了,就不容易收回来了。"主人大叫冤枉,急忙解释说:"我并不是叫他们走哇!"朋友听了大为光火,说:"不是叫他们走,那就是叫我走了。"说完,头也不回地离开了。

(摘自 http://blog.sina.com.cn/u/1238540015)

思考题:客人为什么全走光了?

(3) 充分利用说话的时机

对于说话人来说,要想达到预期的目的,取得好的效果,说话不仅要符合时代背景,与彼时彼地的情景相适应,还要巧妙地利用说话时机,灵活把握时间因素。

(4) 说话时要情理相融,以情动人,以理服人

以情动人、以理服人,这是说话的两个方面,二者有机统一,互相交融,可以使说话取得良好的效果。说话者应该具有真诚的态度,取得听话者的好感,融洽感情,消除隔膜,缩短距离。说理充分透彻,有的放矢。利用已有材料进行分析说理,抓住事物的本质,一切问题都可迎刃而解。

(5) 说话时要言简意赅,有强烈的吸引力

在说话时要抓住重点,理清思路。这是说话的基本要求,也是说好话的前提。

作为一个高明的说话者,应时刻把主题牢记在心,不管怎样加插,不管转了多少个话题,都不偏离说话的中心。话语的结构要求明了,善于提出问题、分析问题、解决问题。观点和材料的排列,要便于理解、记忆和思考,所以要较多地采用由近及远、由浅入深、由已知到未知的顺序安排。当然,时间顺序最好按过去、现在、未来进行安排,这样容易被听者记住。同时,要言简意赅,以少胜多。听话者感兴趣,才便于理解、容易记住。那种与主题无关的废话、言之无物的空话、装腔作势的假话,听话者极为厌烦。

【案例 4-14】

换个名字说戏

1954年,周恩来总理出席日内瓦国际会议,为了向外国人表明中国爱好和平,决定为外国嘉宾举行电影招待会,放映越剧艺术片《梁山伯与祝英台》。为此,工作人员准备了一份长达16页的说明书。周恩来看后笑道:"这样看电影岂不太累了?我看在请柬上写上一句话就行,即'请您欣赏一部彩色歌剧电影:中国的《罗密欧与朱丽叶》'。"果然一句话奏效,外国嘉宾都知道这部电影要讲述的故事。

(摘自 http://www.docin.com/p-259199.html)

思考题:你能举个类似的例子吗?

(三)提问的技巧

善于提出问题是一项重要的沟通技能,有效的提问能够直击所需要的信息,而无效的提问不仅浪费时间,还容易把对方引向错误的方向。如何提高提问的能力呢?

1. 保持目标清晰

提问前必须要确定提问的目的是什么。也许是想组织一次讨论,或了解具体信息,或达到一定的目的,或者以提问的形式下达命令。不管是出于何种目的,在弄清了提问要实现的目标之后,就必须紧紧围绕目标来组织提问的内容和方式。

2. 选择恰当的提问方式

一般来说,提问的方式可以分为两种:开放式问题和封闭式问题。

开放式问题无法以简单的"是"或"不是"来回答。例如:你今天过得如何、这为什么是个好计划、你从这件事学到什么、这会有什么问题,这类问题可以鼓励回答问题的人说话,提供更多的信息,强调更多的要点,让听众更加容易理解。但如果使用过度会导致信息太多,话题混杂和浪费时间;也会因为太多的资讯而使问题失去特点、优先顺序或关联性。

封闭式问题一般用"是"或"不是"来回答。例如:你今天过得好吗、这计划可行吗、你还要犯错误吗,它使回答者的答复被严格限定,没有机会展开其想法,能为发问者提供特定信息;它有利于人们以问题来控制谈话内容,更加节省时间。但使用这类问题可能会错过更重要的资料,也可能抑制开放的讨论。

总之，作为提问者，应该根据实际情况，挑选合适的提问方式，从而实现沟通的目的。

【案例 4-15】

加 鸡 蛋

有两家卖粥的小店，左边店和右边店每天的顾客相差不多，都是川流不息、人进人出。然而，晚上结算的时候，左边店总是比右边店多出百十来元，天天如此。

细心的人发现，走进右边粥店时，服务员微笑着迎上前，盛了一碗粥，问道："加不加鸡蛋？"客人说加，于是服务员就给客人加了一个鸡蛋。每进来一个人，服务员都要问一句："加不加鸡蛋？"有说加的，也有说不加的，各占一半。

走进左边粥店，服务员也是微笑着迎上前，盛上一碗粥，问道："加一个鸡蛋还是两个鸡蛋？"客人笑着说："加一个。"再进来一个顾客，服务员又问一句："加一个还是两个鸡蛋？"爱吃鸡蛋的说加两个，不爱吃的就说加一个，也有要求不加的，但是很少。一天下来，左边这个小店就总比右边那个多卖出很多个鸡蛋。

（摘自 http://www.gmw.cn/content/2006-01/11/content_358455.htm）

思考题：这个案例对你有什么启发？

3. 使用简明的语言，注意语气语调

提问是为了更好地沟通，所以应尽量使用简明的语言，让对方更好地理解问题。提问时要注意语气和语调的自然大方，如无必要就不要过于咄咄逼人，以免引起对方的反感，不利于沟通的正常进行。

三、掌握书面语言沟通的技巧

书面语言是一种通过文字形式达成沟通的重要形式。通过书面语言的沟通，可以起到传送信息、澄清事实、表达观点、说服他人、交流感情的作用。

（一）书面沟通的原则

1. 书写目的明确

从书写的角度来看，书面沟通的主要目的包括提出问题、分析问题、给出定义、提供解释、说明情况和说服他人，因而，书写者必须明确自己书写的目的，在此基础上确定书写的内容和形式以及发送的对象。

2. 信息传递正确、完整

正确书写是书面沟通的重要原则，也就是说，写出的文章材料要真实、可靠，观点要正确无误，语言要恰如其分。文字表述上要概念明确、判断恰当、推理合乎逻辑、避免错别字。

书写时应该完整地表达想要表达的思想、观点，完整地描述事实。因此在书写时就必须反复检查、思考，不断填补重要的事项，避免遗漏。

3. 内容表达简洁

书面沟通中在正确传递信息的同时,应力求简洁。"简洁"与"完整"似乎是一对矛盾,这其实是一个度的把握问题。"完整"是为了表达想要沟通的重要方面,但并不意味着要把所有的事实、观点都罗列在纸上。可以通过排序的方法,把不太重要的事项删除,也可以进行总结,把琐碎的、没有太大价值的文字精简掉,使得文章言简意赅。

4. 书写格式清晰

在正确表达的基础上,应该力求清晰。清晰的文章能引起读者的兴趣,更能使读者正确领会作者的意图。要做到清晰,除了要选用符合文章的样式外,还应注意文章的整体布局,包括标题、大小写、字体、页边距等,尤其是要留下适当的空白,若是把所有的文字都挤在一起,则很难阅读;如果是手写的,则不能潦草,因为这不仅影响到阅读速度,还影响到读者对文章的理解。

管理工作使用到的书面沟通形式多样,这里仅列举信函和报告的写作方法。

(二)信函的写作技巧

书信是人们日常生活、工作中不可缺少的交际沟通、交流思想的工具。管理所使用的文书中,使用最多的也是信函。信函可以用于各种主题,也可用任何正式程序的形式写成。对很多管理人员而言,书写信函是理性、经常而又频繁的工作。作为一名管理者,应当具备信函书写的一般知识,掌握信函书写的技巧,努力写好各种信函,这将有助于事业的成功。常见的信函的结构包括:

1. 开头

"良好的开端是成功的一半",商务信函写作也不例外。因为,开头的好坏决定了能否吸引读者阅读、能否满足读者需求、能否实现信函的目的。开头应遵循以下原则:① 符合信函的目的和读者的需求。在肯定性的信函中应以主题和好消息开始,在负面性的信函中应以主题缓冲的表述开始,在劝说性的信函中应以主题和容易激发兴趣的陈述开始;② 给人以周到、礼貌、简洁明了的感觉,信函开头段比较短,以积极的口吻,运用礼貌且谈话式的语言,避免不必要的重复;最后,检查信函的完整性,必须从复函日期及事宜的准确性上,从句子的结构、段落本身的逻辑性上来检查开头段是否完整。

2. 中间

中间段是在开头所提及的主要内容的基础上,对有关信函中涵盖的资料、数据进行富有逻辑性的、简要而清晰地描述。比如,投诉的准确程度、在销产品的益处、支付程度等。此外,也可以提供表格或图片以支持有关表述。

3. 结尾

除了对整篇信函作全面归纳之外,也可提出期望读者采取的行动。最后应表示真诚地赞美并以友善的口吻结束。

为了写出好的信函以便适应管理需要、实现沟通的目的,在写作信函时应注意如下技巧：

（1）想好了再写，下笔之前先想好如何措辞、写些什么内容，下笔之后一气呵成，使行文流畅、自然。

（2）书写字体应该整洁干净、工工整整。另外，若需手写信函，则应使用钢笔，以示尊重，一般不用圆珠笔，更不要用铅笔。

（3）应注意礼貌。收到来信后要及时回复。写完信后要仔细检查一遍，不要有错字、漏句。若同时写多封信函，则一定要避免张冠李戴、错放或漏放信函。

（4）信封有一定的格式，一般应按规定格式写。信封地址要写得工整、清楚。字迹潦草模糊、涂涂改改，不仅影响信件的投递，对于收信人来说也是不礼貌的。书写信封一般应写明收信人的详细地址，收信人的姓名或公司、企业、团体的全名，寄信人的详细地址和姓名。

【案例 4-16】

两封信函

第一封信函：

亲爱的先生（女士）：

我已间接获悉你在寻找一家公司为贵公司所有部门安装新电脑。我确信作为一个完全能令人放心的公司，我公司定能被指派。尽管我们在贵公司业务方面经验有限，但曾经为您服务过的人说我们能胜任此项工作。我是个非常热情的人，对于与您相会的可能性，除非另行通知，我在周一、周二和周五下午不能拜访你处。这是因为……

第二封信函：

刘云端先生：

这是来自微软的信，继我们上周的电话谈话后，我很高兴再邮给您一本我公司的最新宣传手册。

您曾表示过贵公司对安装新型计算机软件感兴趣，我相信我们的服务符合您的要求，会让您满意。

期待您的回音，并期望很快能同您会面。

此致

敬礼！

签名

（摘自张文光主编《人际关系与沟通》，机械工业出版社，2009年版）

第四章　沟通能力

思考题：这两封信函的写作存在问题吗？如果有的话，问题在哪里？你能自己写一封信函吗？

（三）报告的写作技巧

对于管理人员来说，撰写报告是一项基本的工作。所谓报告是下级向上级汇报工作、反映情况、提出意见和建议、答复咨询、报送材料等使用的公文形式，是上下级之间一种重要的交流方式。报告有多种形式，有调查报告、计划报告、可行性报告、工作报告、进展报告、设计报告等。这里以调查报告和工作报告为例，讲述其写作技巧。

1. 调查报告

调查报告是为解决某些问题而调查分析实际情况、研究对策，然后向有关部门和上级领导所作的报告。一般有两种：一是主动报告，某项工作进展得如何，以及一个企业、一个部门发生了什么事件需要有关部门掌握、了解，都需要及时写出情况报告；二是被动报告，组织因工作需要，安排人员就某个方面、某个问题进行调查研究，事后提交的报告即为被动报告。调查报告的意义在于总结经验，发现、研究、解决问题。

调查报告的内容大体有：标题、导语、概况介绍、资料统计、理性分析、总结和结论或对策、建议，以及所附的材料等。由此形成的调查报告结构，就包括标题、导语、正文、结尾和落款。

（1）标题

调查报告的标题有单标题和双标题两类。所谓单标题，就是一个标题，其中又有公文式标题和文章式标题两种。公文标题由"事由＋文种"构成，如《××省农村中学语文教学情况的调查报告》；文章式标题，如《××市的校办企业》。所谓双标题，就是两个标题，即一个正题、一个副题。如《为了造福子孙后代——××县封山育林调查报告》。

（2）导语

导语是调查报告的开头部分，通常是简要地叙述为什么对这个问题（工作、事件、人物等）进行调查；调查的时间、地点、对象、范围、经过以及采用什么方法；调查对象的基本情况、历史背景；调查后的结论等。这些方面的侧重点由调查人根据调查目的来确定，不必面面俱到。前言部分常见的写法有说明式、概述式、提问式、结论式等，写作时不论采用何种方法，都要简明扼要，具有吸引力，便于引出下文。

（3）主体

主体是调查报告的核心部分，是导语的引申展开，是结论的根据所在。主体的内容包括三个方面：① 调查到的事实情况，包括事情产生的前因后果、发展经过、具体做法等。② 研究、分析事实材料所揭示的事物本质及其特点、规律。③ 提出具体建议或应采取的一些具体措施。主体部分内容丰富，结构安排力求条理清晰、简洁明快。调查报告主体部分的结构框架有两种分类方法：① 根据逻辑关系安排结构，如纵式结构、横式结构、纵横式结构。这三种结构，以纵横式结构常为人们采用。② 按照内容安排结构如:"情况—成果—问题—建议"式结构,多用于反映基本情况的调查报告;"成果—具体做法—经验"式结构,多用于介绍经验的调查报告;"问题—原因—意见或建议"式结构,多用于揭露问题的调查报告;"事件过程—事件性质结论—处理意见"式结构,多用于揭示案件是非的调查报告。

(4) 结尾和落款

调查报告可以有结尾部分,也可以不写结尾部分。

一般而言,结尾也叫结论。有四种情况需要写结尾:① 主体报告情况、介绍经验,需要结论。② 主体中没有提到的问题、希望、要求、建议等,需在结尾中提及。③ 附带说明有关情况,如调查过程中遇到的一些情况,主体中没有提及,需在末尾加以说明。④ 有附带材料需要加以说明的,如一些典型材料、专题报告、统计图表等。无论采用哪种形式,都必须简洁有力,切忌拖泥带水、画蛇添足。调查报告的落款部分需要写上报告单位以及时间。

调查报告容量较大,而且要对事物进行全面的分析、研究,从而提高人们的认识,指导实际工作,这就要求写作时不仅要具有科学的世界观和方法论,而且要深入实际,掌握第一手资料,同时还要具有驾驭题材、组织材料的能力。在具体写作时应注意以下几点:

① 实事求是。在调查所得的全部材料中找出能揭示事物规律的结论,不论是成绩还是问题,不论是经验还是教训,不论是建议还是对策,都应是实事求是的结果,并据此来选用比较恰当的报告结构方式。决不能先入为主地用事先拟好的结论来套用或改造事实,或者为了采用某种熟知的结构方式对号入座地去找材料甚至迁就某些材料。

② 突出本质。要在众多的由材料得出的观点中选用最能突出事物本质的观点来说明问题,并据此选择恰当的、具有代表性的材料来作为论据。

③ 要在观点和材料的表述上下工夫,做到既要有观点,又要多提供客观的依据。比如,运用一组材料来说明一个观点;或者运用一种方法来说明一个观点;或者运用统计数据来说明一个观点。

2. 工作报告

工作报告,就是将最近发生、发展与变动的各种工作情况写出来反映给有关部门和上级领导的一种文体,属于组织内部反映情况的一种公文。工作报告的显著特点之一是时间要求比一般公文要求要高。这是因为工作报告强调的是工作动态,工作报告如果不能及时将工作情况反映出来,上级就不能及时捕捉与工作状况有关的信息,这样的工作报告也就失去了意义。工作报告一般是就一个事件或事情的某一个侧面、某一个部分进行及时反映,主要强调单一事项的进程。常见的工作报告的结构包括:

(1) 标题

标题一般采用两种形式:① 事由加文种,如《关于2009年下半年工作情况的报告》。② 报告单位、事由加文种,如《××市人民政府关于2009年度工作情况的报告》。

(2) 正文

可采用"三段式"结构法。以反映情况为主的工作报告主要写情况、存在的问题、今后的打算和意见;以总结经验为主的工作报告主要写情况、经验,有的还可略写不足之处和改进措施;因工作失误向上级写的工作报告主要写错误的事实、产生错误的主客观原因、造成错误的责任、处理意见及改进措施等。

(3) 结尾

通常以"请审核"、"请审示"、"特此报告"等语作结。

书写工作报告应注意以下几点:

① 工作报告以发布信息为主。

② 工作报告一般是一事一报,目的是将事件的进展情况说清楚,因此,文字越简单越好。

③ 工作报告一般采用开门见山的写法,不对细节作过多描述,不加撰写者的认识和评论。

④ 工作报告强调动态性,书写中一般多用动词。

四、掌握非语言沟通的技巧

据有关研究发现,口头沟通的效果来自语言文字的只有7%,来自声调的有38%,而来自身体语言的有55%。也就是说,人们吸收信息的来源,说话者的谈话内容占7%,声音的语调、速度、分贝占38%,身体的动作表达占55%。

非语言沟通是指通过某些非语言或文字的媒介来传递信息的沟通形式。在沟通过程中,人们常常通过身体动作、体态、语气语调、空间距离等方式交流信息、传达各种情绪或意图。例如,在交谈过程中,一方不断变换姿势,那可能就是在暗示对方"我很忙,你该离开了。"

非语言的沟通内涵十分丰富,例如身体语言沟通、副语言沟通等等。

(一) 身体语言沟通的技巧

身体语言在沟通中的作用是丰富多彩的,它能使有声语言表达得更生动、更形象,也更能真实地体现心理活动状态。

首先,许多用有声语言所不能传递的信息,身体语言却可以有效地传递。在传递和交流的过程中,既省去过多的"颇多言辞"的解释和介绍,又能达到"只可意会,不可言传"的效果。其次,身体语言还能强化有声语言的传递效果。在利用有声语言进行沟通的过程中,配合一定的手势、动作、眼神等可以使说话者的意图更加明确,提高沟通的效果。最后,身体语言往往是人们的非自觉行为,它们所承载的信息往往都是人们不知不觉中显现出来的。因而,通过对身体语言的观察,可以印证有声语言所传递信息的真实与否。

身体语言包括具有传递信息功能的眼神、面部表情、手势、身体姿势、身体空间距离、服饰等。作为一个管理者,要学会将身体语言作为沟通的工具。

1. 眼神

"眼睛是心灵的窗户",眼神在沟通中的作用是巨大而强烈的,往往能给人留下深刻的印象。眼神是最明确的感情表达方式。一个人的眼神可以表现他的喜、怒、哀、乐,反映他的心灵中蕴含的一切内容。

研究表明,人们眼神相互接触的时间,占整个沟通过程时间的 30%～60%。在这个范围内,对方可以明显地感觉到对他的尊重和重视,同时也不会感到拘谨和不自然。如果眼神接触的时间超过 60%,则表示彼此对对方本身的兴趣可能大于交谈的话题。如果眼神交往的时间低于 30%,则表明一方对另一方的谈话根本不感兴趣。

下面是几种常用的注视方式所代表的含义。

(1) 凝视。凝视对方的额心和双眼之间一块正三角形区域会产生一种严肃的气氛,是经济谈判中常用的凝视行为。凝视对方双眼和嘴巴之间形成的倒三角形区域便会产生社交气氛。这种方式在酒会、餐会、茶会等场合中使用较多。

(2) 扫视和侧视。扫视常用来表示好奇的态度,侧视表示轻蔑的态度。在交际中过多使用扫视,会让对方觉得你心不在焉,对讨论的问题没兴趣;过多地使用侧视则会给对方造成敌意。

(3) 眯视。通常被认为是一种不太友好的眼神,它除了给人有睥睨与傲视的感觉外,也是一种漠然的语态。

(4) 闭眼。长时间的闭眼会给对方以孤傲自居的感觉。如果闭眼的同时,还伴有双臂交叉、仰头等动作,就会给对方以故意拉长脸,目中无人的感觉。

2. 面部表情

脸部是视觉的重心,它在沟通的肢体语言中具有举足轻重的地位,是最容易表达也是最快引发回应的部分。

脸上的表情包括口形、嘴巴的律动、口角上下、眼睛的转动、眼神正邪、正眼或斜眼看人、眉毛的角度、眉毛的扬抑、鼻子的动静等,通过各种组合和排列,就能传递出一个人的情绪。同样,通过观察一个人的面部表情也可以判断出他当时的情绪状态。

经研究发现,在全世界范围内至少有 6 种常见的面部表情是人类与生俱有的,分别是:快乐、悲伤、惊奇、恐惧、生气和厌恶。

(1) 快乐:两眉舒展,眼睛、鼻子、口角上扬,脸颊上升、鼓胀。

(2) 悲伤:面孔拉长,面部肌肉松弛,嘴角下垂。

(3) 惊奇:眉毛上翘,双眼睁大,露出更多的眼白,下颌下垂,嘴张开。

(4) 恐惧:眉梢上扬,眼睛和嘴巴张大,眼球突出,瞳孔放大。

(5) 生气:脸部发红,眉头紧锁,眼睛瞪大,双唇紧闭。

(6) 厌恶:下眼睑上扬,皱起鼻子,脸颊上移,嘴巴微微翘起。

第四章　沟通能力

3. 手势

手势是身体动作中最重要、最明显的部分。手势动作完全可以代替一句话、一个字，或表示一个完整的意思。聋哑人使用手语，体育运动中、消防队员和潜水员作业的时候以及舞蹈动作中，手语都被广泛应用。这些手语，总是能够很好地表达我们要说的意思，总是更能直接地起到沟通的作用。恰当的手势不仅有助于表达感情，而且有很大的包容量，往往能起到"无声胜有声"的效果。

下面是几种常用的手势所代表的含义：

（1）掌心向上，表示顺从或请求。
（2）掌心向下，表示权威或优势。
（3）高举单手或竖起手指，示意你想说话或在会议中发表意见。
（4）用食指按着嘴巴，示意"肃静、不要吵"。
（5）手指着手表或壁钟，示意停止工作或时间到了。
（6）把手做成杯状放在耳后，手掌微向前，示意"请大声一点，我听不清楚"。

4. 身体姿势

一个人的身体姿势能够表达出是否有信心、是否精力充沛。一个优秀的有信心的身体语言标准是：讲话时姿态要端正，稳重而又自然，让人看着顺眼、舒服；避免紧张、慌乱，要给人以认真而又轻松的感觉。站着讲话时，身体要站正站直，但又不要僵硬，要略向前倾，头抬起，目光平视；坐着讲话时，两腿自然平放，必要时才翘二郎腿，切不可抖腿摆脚，以免给人不稳重的感觉。在大会上讲话时，不能只顾自己，举止高傲、目中无人；更不能怕见听众，讲话声音低、语调平直，显得拘谨、胆小。另外，在公共场所，无所顾忌地打哈欠、伸懒腰等不文明行为会大大影响管理者的形象，阻碍正常的交流和沟通。

5. 空间距离

在人们相互沟通交流时，沟通主体间的距离对进行良好的沟通具有重要影响。"距离"既是心理距离，也是空间距离。心理距离与空间距离有着相应的关系。心理距离越近，空间距离也就越近。反之，心理距离越远，交际时的空间距离也就越远。人类学家豪尔将空间距离分为四种：

（1）亲密距离

亲密距离在 45 cm 以内，属于私下情境，多用于情侣或夫妻间，也可以用于父母与子女之间或知心朋友间。两位成年男子间一般不采用此距离，但两位女性知己间往往喜欢以这种距离交往。亲密距离属于很敏感的领域，交往时要特别注意，不要轻易地采用亲密距离。

（2）私人距离

私人距离在 45 cm 到 120 cm 之间，表现为伸手可以握到对方的手，但不易接触到对方的身体，这一距离对讨论个人问题是很合适的，一般的朋友交谈多采用这一距离。

(3) 社交距离

社交距离大约在 120 cm 到 360 cm 之间，属于礼节上较正式的交往关系。办公室里的工作人员多采用这种距离交谈。在小型招待会上，与没有过多交往的人打招呼可采用此距离。

(4) 公共距离

公共距离指大于 360 cm 的空间距离，是人们管不到，也是可以不理会的地方。适用于演讲者与听众，或者具有明显级别界限的场合。

在沟通活动中，根据沟通活动的对象和目的，选择和保持合适的距离是极为重要的。

6. 服饰

穿着打扮与社会交往活动能否顺利进行、能否取得成功有很大关系，服饰在沟通中往往扮演着信息发送源的角色。管理者要清醒地认识到服饰在管理沟通中的重要性，要认真搭配服饰。故在社交活动中应注意：

(1) 管理者的服饰要符合自己的年龄、职业和身份。
(2) 管理者的服饰要符合个人的脸形、肤色和身材。
(3) 管理者的服饰要符合时代、时令、场合。
(4) 管理者的服饰要注意颜色的搭配协调。

【案例 4-17】

着装坏了大事

孙成是一家大型国有企业的总经理。一次，他获悉有一位来自一家著名的德国企业的董事长在本市访问，并有寻求合作伙伴的意向，于是想尽办法，请有关部门为双方牵线搭桥。让孙成高兴的是，对方也有兴趣同他的企业合作，而且希望尽快见面。到了双方会面那天，孙成对自己的形象刻意地进行了一番修饰。他根据自己对时尚的理解，上穿夹克衫、下穿牛仔裤、头戴棒球帽、足蹬旅游鞋，希望自己能给对方留下精明强干、时尚、新潮的印象。

然而事与愿违，孙成自我感觉良好的这一身时髦的"行头"，却偏偏坏了大事。他的德国同行竟就此认为：此人着装随意，个人形象不合常规，给人的感觉过于前卫，尚欠沉稳，与之合作之事再作他议。

(摘自潘彦维主编《公共关系》，北京师范大学出版社，2007 年版)

思考题：如果明天你要去面试，你能给自己搭配一套合适的服饰吗？

(二) 副语言沟通的技巧

副语言沟通是通过非语言的声音来实现的。音质、音幅、声调及言语中的停顿、速度快慢、附加的干咳、哭或笑等，都能强化信息的语义分量，具有强调、迷惑、引诱的功能。副语言可以表达言语本身不能表达的意思，在许多场合下需要利用副语言表达同一语词的不同意义。例如"谢谢"一词,可以感动地、喃喃地说出,表示真诚的谢意;也可以冷冷地、缓慢地吐出每一个字,表示轻蔑或不耐烦。据研究,表示气愤的声音特征是声大、音高、节奏不规则、发音清晰而短促;表示爱慕的声音是柔和、低音、共鸣音色、慢速、均衡而微向上升的声调、有规则的节奏和含混的发音。通过注意一个人的说话音调,还可以辨别他是否在说谎。通常,当一个人说谎时,他的语言平均音调比说真话时要高一些。因此,管理者在与他人交谈时,一方面要注意自身的语音、语调,避免给他人传递错误信息;另一方面,管理者也要注意他人的副语言信息,以便获得更多的信息。

【案例 4-18】

表　演

意大利著名喜剧演员罗西非常受人欢迎。一次他到国外去旅行,按惯例出席了一个欢迎宴会。来宾们很有欣赏眼光,一定要喜剧演员罗西即席念一段著名的悲剧台词。

罗西告诉大家,非常对不起,这段台词他已经忘记了。他的真话被来宾们以为是艺术家的谦虚,于是掌声不断、不依不饶,坚持一定要他来这一段。

实在推脱不了,罗西只能站起身来,清清嗓子,用意大利语开始他的精彩表演。他音调凄惨、表情悲切,令他的不少粉丝当场伤心落泪。

但是整段即席表演结束以后,只有一位意大利的同行,不愿破坏场内的演出效果,忍俊不禁地跑到场外哈哈大笑起来。

这是怎么回事呢?原来幽默有趣的罗西当时念的是这天欢迎宴会餐桌上的菜单。

(摘自 http://qmhmhq.blog.sohu.com/124197821.html)

思考题:你能用不同的方式说"你好"这句话,并体现出不同的含义吗?

复习思考题

1. 什么是沟通?沟通的要素有哪些?
2. 沟通的形式有哪些?
3. 沟通的障碍有哪些?
4. 如何做到有效地倾听?
5. 如何进行有效地表达?
6. 书面沟通的原则有哪些?
7. 请分析说明你所经历过的最成功的沟通和最不成功的沟通。
8. 请回忆一下最近在与老师或同学的一次交谈中,你的非语言沟通行为是怎样的。列出哪些是对谈话有利的,哪些是不利的,然后在小组中进行交流。

📖 管理定律

1. 沟通位差效应：平等交流是企业有效沟通的保证。

【内容】

沟通的位差效应是美国加利福尼亚州立大学对企业内部沟通进行研究后得出的重要成果。他们发现，来自领导层的信息只有20%～25%被下级知道并正确理解，而从下到上反馈的信息则不超过10%，平行交流的效率则可达到90%以上。进一步的研究发现，平行交流的效率之所以如此之高，是因为平行交流是一种以平等为基础的交流。为试验平等交流在企业内部实施的可行性，他们试着在整个企业内部建立一种平等沟通的机制。结果发现，与建立这种机制前相比，在企业内建立平等的沟通渠道，可以大大增加领导者与下属之间的协调沟通能力，使他们在价值观、道德观、经营哲学等方面很快地达成一致；可以使上下级之间、各个部门之间的信息形成较为对称的流动，业务流、信息流、制度流也更为通畅，信息在执行过程中发生变形的情况也会大大减少。这样，他们得出了一个结论：平等交流是企业有效沟通的保证。

【启示】

有平等才有交流，有平等才有忠诚，有平等才有效率，有平等才有竞争力。

一个沟通顺畅的企业必然是一个工作气氛融洽、工作效率极高的企业，在这样的企业里工作，哪怕再苦再累，也是心甘情愿的，因为心情是愉快的！沟通创造和谐，沟通赢得人心，它能够凝聚出一股士气和斗志。这种士气和斗志，就是支撑企业大厦的中坚和脊梁。有了这样的中坚和脊梁，必定人心所向，又何愁企业不发展呢？

2. 布朗定律：知道别人最在意什么，别人的意愿就会在你的把握之中。

【内容】

布朗定律是美国职业培训专家史蒂文·布朗提出的。它是指一旦找到了打开某人心锁的钥匙，往往可以反复用这把钥匙去打开他的某些心锁。也就是说找到心锁就是沟通的良好开端，知道别人最在意什么，别人的意愿就会在你的把握之中。

【启示】

有时候，当我们乐意与某些人沟通时，却发生了困难，以至于失败。对方仿佛处于一个作茧自缚的桎梏里，与任何人都格格不入，他的思想显得乖僻，情绪非常不好，拒绝与外界交流，暂时处于"绝缘"状态，任何信息的输入都被阻挡，他呆若木鸡、视而不见、充耳不闻，任何人都无法访问他的心灵世界，不知他在想些什么。

对于这种情况的沟通，就不应当轻言放弃、草率了事。只要看到你与他之间的许多共同点，就具备了沟通的条件。这种沟通的暂时性障碍是常见的，要坚持和努力，并且把握一定的技巧。只要你走进他的心灵，找到了开启他心锁的那把钥匙，那么，很多疙瘩也都会迅速迎刃而解的。

3. 避雷针效应：善疏则通，能导必安。

【内容】

在高大建筑物顶端安装一个金属棒，用金属线与埋在地下的一块金属板连接起来，利用金属棒的尖端放电，使云层所带的电和地上的电逐渐中和，从而保护建筑物等避免雷击。

【启示】

解决矛盾的最好方法不是回避和压制，而是找到矛盾的根源并对症下药、化解矛盾。化解争吵最简单的方式不是更大声、更泼辣，而是动之以情、晓之以理。

延伸阅读

【材料一】

如何与上司沟通

与上司有效沟通，建立并保持良好的上下级关系，对一个人在组织中的成功与发展具有重要意义。下属在与上司沟通时要讲究方法，运用一定的技巧，只有这样，才能达到自己的目的。

1. 尊重上司

作为下属，一定要充分尊重领导，在各方面维护领导的权威，支持上司的工作，为其分忧解难。

2. 倾听并准确把握上司的意图及目标

上司与下属通常在思考问题时所站的角度不同，因此一定要与上司确认你的理解是正确的，切忌猜想。

3. 带着方案见上司

当上司给你分配任务或项目时，你一定要在其要求的期限内，带上你的解决方案，最好有两种以上，并加上你的分析结论，征求上司的认可。切忌将问题抛给上司，或列出方案让上司选择。

4. 定期向上司汇报任务的完成情况

如果项目很大，应该设置不同结点，并在某结点完成时及时向上司反馈你的工作的进展状况，确保上司随时了解你的工作。

5. 干不了的事，不要打肿脸充胖子

如果某件事你真的有困难应该直接告诉上司，千万不要只答应，结果又无法按期达成，从而失去上司对你的信任。

6. 回答上司的提问时做到客观、全面，就事论事

当上司问你对某个人的看法时，千万别一股脑地说你的想法，应该迂回地评论某件事情，不要评论某个人的好坏，因为人非圣贤，孰能无过。

7. 学会与不同性格的上司沟通

由于个人的素质和经历不同,不同的上司会有不同的风格,因此,作为下属,要根据上司的不同风格,采用不同的沟通技巧。

(1) 控制型领导。其性格特征为:态度强硬,竞争意识强,要求下属立即服从,讲究实际,果断,求生欲望强,对琐事不感兴趣。对这样的上司,在沟通时就应该做到:开门见山地与之沟通,不拐弯抹角,无关紧要的话少说;尊重其权威,认真对待其指令,多称赞他们的成就,而不是他们的个性或人品。

(2) 互动型领导。其性格特征为:善于交际,凡事喜欢参与,喜欢与他人互动交流,喜欢享受他人的赞美。对这样的上司,在沟通时就应该做到:公开赞美,而且一定要真心地赞美,要言之有物;开诚布公地与其谈论问题,不要私下议论或发泄不满情绪。

(3) 实事求是型领导。其性格特征为:讲究逻辑而不感情用事,为人处世有自己的一套标准,喜欢弄清楚事情的来龙去脉,能理性思考,但缺乏想象力,是方法论的最佳实践者。对这样的上司,在沟通时就应该做到:与其交谈时要言之有物,而且要务实,对其提出的问题要直接回答。在进行工作汇报时,对关键性的细节应详细说明。

(摘自 http://blog.chinahr.com/blog/％D1％EE％B0％AE％CE％C4/post/75348)

【材料二】

如何与下属沟通

管理者管理工作的成功与否,在很大程度上取决于同下属的沟通能力,因此,管理者必须不断改进同下属沟通的技巧。

(一) 传达命令

1. 尊重下属,态度友善

上级在向下属下达命令时,应保持理解和礼貌的态度。上级的态度和语言能够直接影响下属对领导的看法,进而影响命令的执行。

2. 正确清楚地传达命令

上司给下属安排工作一定要明确、具体,不能含糊不清,更不能让下属猜上司的心思。下属如有疑问,应及时给下属提问的机会。

3. 让下属知道工作的重要性

通过告诉下属工作的重要性,激发员工的成就感,提高员工工作的积极性。

(二) 赞美下属

1. 真诚赞美

赞美下属,就要抱着欣赏的态度,真诚地去赞美。形式可以不拘一格。

2. 赞美要具体

上司赞美下属要言之有物,要找到下属的亮点和与众不同的方面,下属好在什么地方要具体地指出来,这样下属才会觉得上司的赞美是真诚的。

3. 注意赞美的场合

公开赞美下属会极大地增强下属的荣誉感,满足下属的自尊心和心理需求。需要注意的是:上司公开赞美的下属必须是过硬的、能让其他人信服的。

4. 适当地运用间接赞美

在当事人不在场的时间赞美以及通过第三人来进行赞美,有时会起到事半功倍的作用。

(三)批评下属

1. 弄清事实,分清责任

弄清事实是正确批评的前提,分清责任是让对方接受批评的基础。了解了情况,分清了责任之后的批评才能做到言之有理、以理服人。

2. 尊重下属的自尊

批评的目的是为了让下属纠正过错,因此要对事不对人,不能伤及下属的尊严。

3. 使用"三明治"批评法

有些情况下,可以采用先赞美、再批评、最后赞美的"三明治"方法,一分为二地指出下属工作中的长处和不足之处,效果会更好。

(摘自邹晓春编著《沟通能力培训全案》,人民邮电出版社,2008年版)

自我测试

倾听能力测试

1. 本测验的目的是评价一个人的倾听能力,对下面 30 个题进行真实的选择,"一贯"选 A,"多数情况下"选 B,"偶尔"选 C,"几乎从来没有"选 D。

(1) 力求听对方讲话的实质而不是它的字面意义。
(2) 以全身的姿势表达你在入神地听对方说话。
(3) 别人讲话时不急于插话,不打断对方的话。
(4) 不会一边听对方说话一边考虑自己的事。
(5) 做到听批评意见时不激动,耐心地听人家把话说完。
(6) 即使对别人的话不感兴趣,也耐心地听别人把话说完。
(7) 不因为对说话者有偏见而拒绝听他说话。
(8) 即使对方地位低,也要对他持称赞态度,认真地听他说话。
(9) 因某事而情绪激动或心情不好时,避免把自己的情绪发泄在他人身上。
(10) 听不懂对方所说的意见时,利用有反馈地听的方法来核实他的思想。

(11) 你经常能够正确地理解对方的思想。
(12) 利用有反馈地听的方法鼓励对方表达出他自己的思想。
(13) 利用归纳法重述对方的思想,以免曲解或漏掉对方所传达的信息。
(14) 避免只听你想听的地方,注意对方的全部思想。
(15) 以恰当的姿势鼓励对方把心里话都说出来。
(16) 与对方保持适度的目光接触。
(17) 既听对方的口头信息,也注意对方所表达的情感。
(18) 与人交谈时,选用最合适的位置,使对方感到舒适。
(19) 能观察出对方的言语和心理是否一致。
(20) 注意对方的非语言符号所表达的思想。
(21) 向讲话者表达出你理解了他的感情。
(22) 不匆忙下结论,不轻易判断或批评对方的话。
(23) 听话时把周围的干扰因素排除到最低限度。
(24) 不向讲话者提太多的问题,以免对方产生防御反应。
(25) 对方表达能力差时不急躁,积极引导对方把思想准确地表达出来。
(26) 在必要时边听边做笔记。
(27) 对方讲话速度慢时,抓住空隙整理出对方的主要思想。
(28) 不指手画脚地替讲话者出主意,而是帮助对方确信自己有解决问题的办法。
(29) 不伪装,认真听人家讲话。
(30) 经常锻炼自己的倾听能力。

2. 评分标准:
A. 4分;B. 3分;C. 2分;D. 1分。

3. 结果分析:
(1) 总分在 105~120 分之间,说明你的倾听能力为"优"。
(2) 89~104 分为"良"。
(3) 73~84 分为"一般"。
(4) 72 分以下为"劣"。

(摘自 http://www.psych.gov.cn/article/article_view.asp?id=8069)

💣 案例分析

AC 航班失事之谜

一个初春的晚上,21:40,AC 航班正飞行在离目的地 K 市不远处的高空。机上的油量还可维持近两个小时的航程。在正常情况下,像 AC 这样的航班,由此飞行到降落 K 机场,仅需不到半小时的时间。可以说,飞机的这一缓冲保护措施是安全的。

第四章 沟通能力

但没有想到,AC 航班在降落前遭遇了一系列耽搁和问题。

首先,20:00 整,K 机场航空交通管理员通知 AC 航班飞行员,由于机场出现了严重的交通问题,他们必须在机场上空盘旋待命。20:45,AC 航班的副驾驶员向机场报告他们飞机的"燃料快用完了"。交通管理员收到了这一信息,然而,在21:24之前,飞机并没有被批准降落机场。而在此之前,AC 航班机组成员没有再向 K 机场传递任何情况十分危急的信息,只是飞机座舱中的机组成员在相互紧张地通告说他们的燃料供给出现了危机。

21:24,AC 航班第一次试降失败。由于飞行高度太低及能见度太差的原因,飞机安全着陆没有保证。当机场指示 AC 航班进行第二次试降时,机组成员再次提到他们的燃料将要用尽,但飞行员还是告诉机场交通管理员说新分配的飞行跑道"可行"。几分钟后,准确时间是 21:32,飞机有两个引擎失灵了,1 分钟后,另外两个也停止了工作。耗尽燃料的飞机终于在 21:34 坠毁于 K 市,机上 73 名人员全部遇难。

当事故调查人员考察了飞机座舱中的磁带并与当事的机场交通管理员交谈之后,他们发现导致这场悲剧的原因实际上很简单:机场方面不知道 AC 航班的燃料会这么快耗尽。下面是有关人员对这一事件所做的调查。

第一,飞行员一直说他们"油料不足",交通管理员则告诉调查者,这是飞行员们惯用的一句话。当因故出现降落延误时,管理员认为,每架飞机都不同程度地存在燃料问题。但是,如果飞行员发出"燃料危急"的呼声,管理员有义务优先为其导航,并尽可能迅速地允许其着陆。一位管理员这样指出:"如果飞行员表明情况十分危急,那么,所有的规则程序都可以不顾,我们会尽可能以最快的速度引导其降落的。"事实是,AC 航班的飞行员从未说过"情况危急",由此导致 K 机场交通管理员一直未能理解到飞行员所面临的真正问题。

第二,AC 航班飞行员的语调也并未向交通管理员传递有关燃料紧急的严重信息。机场交通管理员普遍接受过专门训练,可以在多数情况下捕捉到飞行员声音中极细微的语调变化。尽管 AC 航班机组成员内部也表现出对燃料问题的极大忧虑,但他们向 K 机场传达信息时的语调却是冷静而职业化的。

另外也应当指出,AC 航班的飞行员不愿意声明情况紧急是有一些客观的原因的。如按条例规定,驾驶员在飞行中作了紧急情况报告之后,他们事后需要补写出长篇的、正式的书面汇报交给有关方面。还有,紧急情况报告后如果飞行员被发现在估算飞机在飞行中需要多少油量方面存在严重的疏漏,那么,飞行管理局就有理由吊销其驾驶执照。这些消极的强化因素,在相当程度上阻碍着飞行员发出紧急呼救。在这种情况下,飞行员的专业技能和荣誉感便会变成一种"赌注"。

根据案例所提供的情况,请回答下列问题:

1. AC 航班的不幸坠毁根本上是因为何种原因?(　　)

A. 飞机燃料储备不足以及飞行员在计算剩余油量方面疏忽大意

B. 机场交通管理员在工作中的玩忽职守、推卸责任

C. 飞机燃料危急的信息没有被清晰地传递又未被充分地接受,因而造成飞机失事的真正原因是信息沟通过程中的障碍

D. AC 航班飞行员在信息沟通过程中的用语不当问题

2. AC 航班飞行员在向机场要求准允降落时使用了"油量不足"、"燃料用完"之类的话语,这些在机场交通管理员心中被认为不过是飞行员们的老生常谈和惯用伎俩。这种情况说明,处于紧急状态之中的 AC 航班飞行员本应该格外注意以下哪一点?(　　)

　　A. 使用恰当的编码　　　　　　B. 选择合适的沟通渠道
　　C. 选择合适的信息发送者　　　D. 选择合适的信息接收者

3. 从机场交通管理员的角度来说,既然他们认为 AC 航班飞行员对"燃料用完"的报告难以令人相信其飞机正处于紧急状态中,这个时候,为稳妥和安全起见,他们最好需要做什么?(　　)

　　A. 对报告情况的飞行员进行及时的信息反馈
　　B. 使自己在接收信息时也同时成为信息发送者
　　C. 开展双向的信息沟通
　　D. 以上所有方面

4. 事故调查者在收听录音磁带时发现,AC 航班飞行员的报告在语调上没有传递出情况紧急的信息,这可以说是如下哪一方面的典型实例?(　　)

　　A. 不擅长使用口头语言进行沟通
　　B. 不擅长使用书面语言进行沟通
　　C. 不擅长使用非语言方式进行沟通
　　D. 这根本上就与沟通语言的使用问题无关

（摘自 http://www.scemi.com/glx/glxjpkc/sxzd15.asp）

✎ 实　训

【内容一】

"听"与"说"游戏

1. 教师从学生中选出 6 名志愿者参加这个游戏,其他人当评委,最后决定谁可以逃生。这 6 个人的角色分别是:

（1）孕妇:怀胎 8 月。
（2）发明家:正在研究新能源(可再生、无污染)汽车。
（3）医学家:多年研究艾滋病的治疗方案,已取得突破性进展。
（4）宇航员:即将远征火星,寻找适合人类居住的新星球。
（5）生态学家:负责热带雨林抢救工作组。
（6）流浪汉:历经人生艰辛,生存能力较强。

2. 教师介绍故事背景,以帮助大家了解他们的任务是什么。

游戏背景:私人飞机坠落在荒岛上,只有6人存活。这时逃生工具只有一个只能容纳一人的橡皮气球吊篮,没有水和食物。

3. 教师介绍游戏方法:针对由谁乘坐气球先行离岛的问题,各自陈述理由。先复述前一个人的理由再陈述自己的理由。最后,由评委根据复述别人逃生理由的完整与陈述自己理由的充分,自行决定可先行离岛的人,并对每个人的表现作出"好的表达"和"坏的表达"的评价。

4. 角色扮演者对自己的表现进行评价和反思。

(1) 这个游戏的启示是什么?

(2) 你是怎样根据你所扮演的角色劝服评委让你先走的?

(3) 如果说服不了别人,你的感觉如何?分析过原因吗?

【内容二】

小品编写与扮演

1. 以自愿为原则,6～8人组成一组。

2. 小组成员根据所学的沟通理论,编写剧本。要求能够反映出沟通中常见的障碍及其解决方法。时间约5～10分钟。

3. 班级组织一次交流,各组分别演绎自己所编剧本,并对别组的表演内容进行分析和评价。

4. 各组将所写剧本及对该剧本的分析上交作为作业。

【内容三】

组建模拟公司,竞聘总经理

1. 以自愿为原则,6～8人为一组,组建模拟公司。

2. 进行总经理竞聘。每个人都要起草竞聘总经理的讲演稿或发言提纲,并在公司发表竞聘演讲。最后由公司全体成员投票选举产生总经理。

3. 共同商定公司名称,明确经营范围,进行人员分工。

4. 班级组织一次交流,每个公司推荐两名成员发表竞聘演讲。

第五章
激励能力

📖 **重点知识要求**

1. 了解激励的含义、意义与过程。
2. 熟悉激励的原则。
3. 熟悉激励的技巧。
4. 掌握激励的理论。
5. 掌握激励的方式。
6. 掌握激励的技巧。

📖 **重点能力要求**

1. 培养运用激励理论的能力。
2. 培养激励员工的能力。

💣 **案例导入**

　　企业的一名销售人员兢兢业业，取得不俗业绩，公司决定奖励他13万元。年终，总经理把他单独叫到办公室，对他说："由于本年度你工作业绩突出，公司决定奖励你10万元！"业务员非常高兴，谢过总经理后拉门要走，总经理突然说道："回来，我问你件事。今年你有几天在公司，陪你妻子多少天？"该业务员回答说："今年我在家不超过10天。"总经理惊叹之余，拿出了1万元递到业务员手中，对他说："这是奖给你妻子的，感谢她对你工作无怨无悔的支持。"然后，总经理又问："你儿子多大了，你今年陪他几天？"这名业务员回答说："儿子不到6岁，今年我没好好陪过他。"总经理激动地又从抽屉里拿出1万元钱放在桌子上，说："这是奖给你儿子的，告诉他，他有一个伟大的爸爸。"该业务员热泪盈眶，千恩万谢之后刚准备走，总经理又问道："今年你和父母见过几次面，尽到当儿子的孝心了吗？"该业务员难过地说："一次面也没见过，只是打了几个电话。"总经理感慨地说："我要和你一块儿去拜见伯父、伯母，感谢他们为公司培养了如此优秀的人才，并代表公司送给他们1万元。"这名业务员此时再也控制不住自己的感情,哽咽着对总经理说:"多谢公司对我的奖励,我今后一定会更加努力。"

(摘自 http://www.jiangshi.org/article/44903.html)

思考题:总经理采用了何种管理方法?为什么会取得效果?

企业管理的重要问题之一就是要调动员工的工作积极性,激励能力是管理者的一个重要能力。激励,简单地讲就是调动员工的积极性。作为组织的管理者,为实现组织的既定目标,就必须通过有效的激励,激发全体成员的斗志,充分调动人的工作积极性,最大限度地利用人力资源,为管理工作服务。

第一节 激励概述

一、激励的概念

激励是心理学的一个重要术语,是指激发人的行为动机的心理过程。激励的概念用于管理,是指激发员工的工作动机,也就是说用各种有效的方法去调动员工的积极性和创造性,使员工努力去完成组织的任务,实现组织的目标。

激励通常由以下四个主要因素构成:

1. 需要。需要是人们在个体生活和社会生活中感到某种缺乏或不平衡状态而力求获得满足的一种心理状态。需要是人一切行为的起点和基础,需要促使人的活动向着一定的目标方向努力,追求一定的对象,以行动获得自身的满足。

2. 动机。动机是引起、维持和推动个体行为朝着一定方向、达到一定目标的内部动力。个体的需要是动机形成的内因,动机是需要的表现形式。人的行为受到动机的驱使,有什么样的动机就有什么样的行为。激励的关键就在于使被激励者产生自己所希望的动机,以产生有助于组织目标实现的行为。

3. 外部刺激。这是激励的条件。外部刺激主要是指管理者为实现组织目标而对被管理者所采取的种种管理手段及相应形成的管理环境。

4. 行为。这是激励的目的,是指在激励状态下,人们为动机驱使所采取的实现目标的一系列动作。激励的目的就是使被管理者产生预期的行为,从而实现组织目标。

二、激励的意义

激励是一项重要的管理职能,对于组织目标的实现、提高组织的绩效水平、增强组织的凝聚力、提高员工的积极性等都有十分重要的作用。

（一）激励有助于实现组织的目标

管理是通过他人达到目标的行为，所以管理的效益就取决于"他人"的行为。有效的激励能提高员工的自觉性、主动性、创造性，从而使员工积极主动而不是消极被动地向目标努力，因此有助于组织目标的实现。

（二）激励有助于凝聚人心

通过适当的激励，可以吸纳组织所需要的人才，它既可以使员工自愿参加组织，也可以使员工愿意留在组织中，激励可以使员工忠于组织目标从而增加组织的凝聚力与向心力。

（三）激励有助于调动员工的积极性和创造性

员工工作的目的，是为了满足自己的各种需要。通过激励可以激发人的需求欲望，想要获得满足的强烈动机，就会激励员工积极的行为。这种动机作用到事业上就是工作积极性。激励是努力工作的"发动机"。

（四）激励有助于引导和规范员工的行为

提倡什么，反对什么，可以通过奖、惩这两种手段体现出来，这样可以引导员工向提倡、奖励的方向努力，从而达到规范员工行为的目的。

（五）激励有助于提高员工的绩效水平

美国哈佛大学的威廉·詹姆斯教授在对员工激励的研究中发现，按时计酬的分配制度仅能让员工发挥20%～30%的能力，如果受到充分激励的话，员工的能力可以发挥出80%～90%，两种情况之间60%的差距就是有效激励的结果。管理学家的研究表明，员工的工作绩效是员工能力和受激励程度的函数。如果把激励制度对员工创造性、革新精神和主动提高自身素质的意愿的影响考虑进去的话，激励对工作绩效的影响就更大了。

三、激励的过程

激励的过程，就是调动人的积极性的过程，即激发人的动机，努力实现目标的心理过程。人由于某种不满足而产生需要，需要引起动机，动机促使人产生一定的行为，从而达成一定的目标，当目标实现后，又会引起新的不满足和需要。人的需要、动机、行为和目标相互作用、相互联系、相互制约，这个过程是一个不断循环的过程，使人不断实现新的目标（见图5-1）。

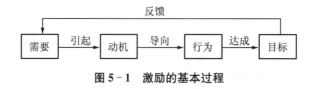

图5-1 激励的基本过程

第二节 激励理论

自20世纪二三十年代以来,国外许多管理学家、心理学家和社会学家从不同的角度对怎样激励人的问题进行了研究,并提出了相应的激励理论。这些研究成果为我们实施有效激励提供了坚实的理论基础。通常,我们把激励理论分为三大类,即内容型激励理论、过程型激励理论和行为改造型激励理论。

一、内容型激励理论

内容型激励理论也可以称为需要激励理论。需要是激励人们进取的基础和源泉,内容型激励理论就是研究究竟是何种需要激励人们从事自己的工作。比较有代表性的内容型激励理论包括需要层次理论、ERG 理论、成就需要理论、双因素理论等。

(一)需要层次理论

亚伯拉罕·马斯洛是一位人本主义心理学家,他在1943年出版的《人的动机理论》中提出了需要层次理论,随后在1954年出版的《动机与人格》中又作了进一步阐述。经过不断地补充和修正,该理论成为西方最有名的激励理论。

1. 需要层次理论的主要内容

马斯洛把人的需要归纳为五个层次,由低到高依次为生理需要、安全需要、社交需要、尊重需要和自我实现需要(见图5-2)。

① 生理需要——是指一个人对维持生存所需的衣、食、住等基本生活条件以及性、生育等延续后代的需求。这是任何动物都有的需要。在一切需要中,生理需要是最基本、最优先的,人类的这种需要如果得不到满足,生命都可能受到威胁,也就谈不上别的需要了。因此,生理需要是最强烈而且是必须得到满足的需要。

② 安全需要——是指对人身安全、就业保障、工作和生活的环境安全、经济保障等的需求。它包含两方面的内容:一类是现在的安全需要,即希望自己目前生活的各个方面都可以得到满足,要求自己在目前社会生活的各方面均有所保障,如人身安全、职业安全、劳动安全、生活稳定等;另一类是未来的安全需要,希望未来的生活得到保障,如职业稳定、老有所养等。

③ 社交需要——是指人希望获得友谊、爱情及归属的需要,希望得到别人的关心和爱护,希望成为社会的一员,在他所处的群体中占有一个位置。社交需要得不到满足,人就会感到孤独,郁郁寡欢。

④ 尊重需要——是指自尊和受人尊重的需要。自尊是在自己取得成功时获得的一种自豪感,受人尊重是指当自己获得成功,取得成绩时,希望受到别人的认可和赞赏。

尊重需要的满足,能使人对自己充满信心,对社会满腔热情,体会到人生的社会价值。

⑤ 自我实现需要——是指促使自己的潜在能力得以实现的愿望,即希望成为自己所期望的人。这是最高层次的需要。当人的其他需要得到基本满足以后,就会产生自我实现的需要,它会产生巨大的动力,使人尽可能地去实现自己的愿望。

图 5-2 马斯洛的需要层次

马斯洛需要层次理论的基本观点可归纳为:

① 人的需要是分层次等级的,一般按照由低层次到高层次的按顺序发展。生理需要是人最基本、最优先的需要,自我实现是最高层次的需要。大多数情况下,人们首先追求满足较低层次的需要,只有在低层次的需要基本满足以后,才会进一步追求较高层次的需要,而且低层次需要满足的程度越高,对高层次需要的追求就越强烈。

② 人在不同时期和不同发展阶段的需要结构不同,但总有一种需要发挥主导作用。因此,管理者必须注意当前对员工起主要作用的需要,以便有效地加以激励。图 5-3 显示,在 A、B、C 三个不同时期,人的优势需要分别是生理、社交和尊重的需要。

③ 各种需要相对满足的程度不同。实际上,绝大多数人的需要只有部分得到满足,同时也有部分得不到满足,而且随着需要层次的升高,满足的难度相对增大,满足的程度逐渐减小。

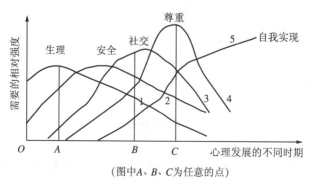

(图中 A、B、C 为任意的点)

图 5-3 不同时期的优势需要不同

2. 相关评价及启示

(1) 相关评价

马斯洛的需要层次理论对激励理论的发展做出了突出的贡献,在理论界得到了普遍认可。该理论在一定程度上反映了人类行为和心理活动的共同规律,指出了人的需要是由低级向高级不断发展的,这一趋势基本上符合需要发展规律,对管理工作具有重要的指导作用。

该理论也存在着一些不足之处,如对人类需要层次的划分缺乏实证的基础,五种需要的高低排序只是揭示了人类行为的大致规律,忽视了其中的复杂性。

(2) 管理启示

在实际管理中,马斯洛的需要层次理论具有一定的指导意义。管理者要了解员工的需要层次,采取不同的管理措施来满足员工的需要,从而调动员工的积极性,实现组织的目标。表5-1显示了需要的层次与其相应的激励因素和组织管理制度措施之间的关系。

表5-1 员工需要层次与管理制度措施

需要层次	激励因素	管理制度措施
生理需要	薪水、福利、住房、食物	基本工资、福利设备、住宅设施、食堂等
安全需要	安全、保障、稳定	安全工作条件、退休金制度、稳定的工作等
社交需要	友谊、团体的接纳、与组织的一致	团体活动制度、对话制度、娱乐制度、教育训练制度等
尊重需要	承认、地位、自尊、自重	职称、奖励、同事与上级认可、选拔进修制度等
自我实现需要	成长、成就、提升	有挑战性的工作、创造性、组织中的提升、决策参与等

💣 **【案例5-1】**

加薪为何不满足

有一天,副总经理对人事经理说:"老王,自从上个月加薪及增加员工福利后,我想这里的员工都很高兴吧!你看我要跟他们说些什么话才不辜负公司这番苦心呢?"

王经理决定亲自调查员工的感受,以下是他的发现。

张工说:"自从公司在这里装了冷气后,我的脖子就酸疼不停,跟主任讲了好多次,看能不能改一下出风口,但他不当一回事。"

老李说:"你看我必须弯腰才能捡到这些零件,一个月前我跟领班建议装个简单的料架,既可以节省无谓的动作,又可以避免我一直弯腰,但是一直没有下文。"

晓亮说:"厂里那么多员工,平时工作也没有什么交流机会,都不知道做什么,建议举办些活动,但是建议都被各种理由挡回来了。"

阿丽说："这份工作我已经做了五年了，闭着眼睛都能做，一点意思都没有，我自己都不知道还要做多久。"

小刘说："上次参加同学会，同学的名片一拿出来就是经理，主管等，我在公司都七年了，好容易才升成组长，名片实在是不敢拿出来。更不服气的是，他们的薪水也不见得比我的多。"

（摘自http://barronlee.blog.163.com/blog/static/13824463220131026944 6864/）

思考题：管理者应该如何针对员工的需求进行激励？面对员工的多种需求，管理者如何建立激励机制？

（二）ERG 理论

ERG 理论是美国耶鲁大学教授克雷顿·奥德弗在马斯洛需要层次理论基础上提出的。奥德弗认为，在管理实践中将员工的需要分为三类较为合理，即生存需要（Existence Needs）、相互关系需要（Relatedness Needs）和成长需要（Growth Needs），因此这一理论也被称为 ERG 理论。

1. ERG 理论的主要内容

① 生存需要——是指人生理和安全方面的需要，也是最基本的需要，如衣、食、住、行等各个方面。组织中的报酬、工作环境和工作条件等都和这种需要有关。这一类需要相当于马斯洛需要层次中的生理需要和部分安全需要。

② 相互关系需要——是指在工作环境中对人与人之间的相互关系和交往的需要。在人的生存需要得到满足之后，自然就会要求通过与他人分享和交流感情来满足相互关系的需要，这种需要类似于马斯洛需要层次中的部分安全需要、全部社交需要和部分尊重需要。

③ 成长需要——是指人要求得到提高和发展的内在欲望。成长需要的满足要求充分发挥个人的潜能，有所作为和成就，并不断地创新和前进。这类需要的满足要求个人所从事的工作能充分发挥他的才能，以及通过工作能培养新的才能。成长需要相当于马斯洛需要层次中的部分尊重需要和全部自我实现需要。

ERG 理论的基本观点可归纳如下：

① 某个层次的需要得到满足的越少，则这种需要就越为人们所渴望。比如，满足生存需要的工资越低，人们就越渴望得到更高的工资。

② 较低层次的需要越是能够得到较多的满足，对较高层次的需要就越渴望。比如，满足生存需要的工资越是得到满足，人们对人与人之间关系的需要和工作成就的需要就越强烈。

③ 较高层次的需要越是满足得少，对较低层次需要的渴求也就越多。比如，成长需要得到的满足越少，则对人与人的关系需要渴求就越大。

2. 相关评价及启示

（1）相关评价

ERG 理论的观点，实际上有很多与马斯洛的需要层次理论相同，并未超出马斯洛理论的范畴。通常人们认为,马斯洛理论带有普遍性,而 ERG 理论侧重于带有特殊性的个体差异,因此,有不少人认为 ERG 理论比马斯洛需要层次理论更符合实际。

ERG 理论最大的贡献在于它不仅体现了需要层次"满足—上升"的趋势,还体现出了"挫折—倒退"的趋势,从而更加符合实际情况,在管理中很有启发意义。

(2) 管理启示

① 找准员工的需要

员工在生存、相互关系和成长需要上是不相同的,不同文化层次、不同年龄和不同职位层次的员工需要的重点不一样,作为管理者要找准员工的需要。

② 要重视员工高层次的需要

一般来说,员工低层次的需要容易得到满足,对他们而言,生存的需要已无大碍。对于管理者而言,满足员工高层次需要将会产生持久的激励动力,应该尽可能地满足员工相互关系和成长的需要。要让员工多与外界接触交往,创造活泼和谐的群体气氛,允许某些非正式组织的存在,为员工创造进修、培训的机会,给有贡献的员工晋职、加薪等。

③ 要注意员工需要的转化

员工的需要不仅会由低到高上升,还会逐层由高向低下降,甚至还会出现跳跃。管理者要防止需要倒退,并依据需要转化原理分析员工行为发生变化的原因,找到解决员工受挫折的办法,使员工避免挫折和后退性行为。

(三) 成就需要理论

20 世纪 50 年代,美国著名心理学教授戴维·麦克利兰通过试验发现,人类的许多需要都不是生理性的,而是社会性的,而且人的社会性需求不是先天的,而是后天的,其来自于环境、经历和培养教育等。因此,他提出在生理需要基本满足的条件下,人还具有三大社会性需要:成就需要、交往需要和权力需要。

1. 成就需要理论的主要内容

① 成就需要——是指人们渴望卓有成效地完成任务或达到目标。麦克利兰认为,具有强烈成就需要的人往往会谨慎地设定挑战性的目标,喜欢通过自己的努力解决问题,希望尽快得到工作绩效的反馈。

② 交往需要——是指寻求被他人喜爱和接纳的一种愿望。在工作中,高交往需求的人希望在平静、和谐的组织而不是竞争激烈的组织中工作,他们希望彼此沟通与理解,对环境中的人际关系更为敏感。

③ 权力需要——是指影响和控制别人的一种愿望或驱动力。具有较高权力欲望的人,希望影响他人,希望控制向下、向上的信息渠道,以便施加影响、掌握权力,他们从施加影响和控制他人中得到极大的满足感,热衷于追求领导者的地位。对于高权力需要者来说,他们更关心的是自己在组织中的威信和影响力,而不是工作绩效。

成就需要理论的基本观点可归纳如下：

① 不同的人对成就需要、交往需要和权力需要的排列次序和所占比重是不同的。对于一个组织来说，偏好某一方面需要的人都是有价值的，应该合理搭配。

② 具有高成就需要的人对组织、国家都具有重要作用。组织中拥有高成就需要者越多，组织就发展得越快；国家中拥有高成就需要的人越多，国家就越兴旺发达。

③ 人的成就需要是可以通过后天培养而得到加强的，成就需要可以创造出富有创业精神的人物，他们会促进社会经济的发展，因此全社会都应当认识到这一问题的重要性，鼓励人们努力建功立业，取得成就。

2. 相关评价及启示

(1) 相关评价

麦克利兰指出了各种社会需要往往会对人们的行为共同起作用，而且会有一种需要对行为起主要作用，这是对马斯洛需要层次理论的重要发展和补充，对指导组织的激励工作更具有现实意义。

但是，麦克利兰强调人的成就动机是后天形成的，是可以改变并加以培养的，还缺乏严密的理论证明。同时，他的理论在运用上存在一定的局限性，三种社会性需要是在生理需要基本满足的条件下产生的，因此，这一理论在衣食基本无忧的发达国家比较适用，对许多仍处于贫困线附近的发展中国家而言并不特别实用。

(2) 管理启示

① 尽可能为高成就需要的人提供具有挑战性的工作环境，且对其工作成果及时反馈。

② 注意培养员工的成就需要。由于成就需要可以后天培养，因此组织应当为员工创造良好的工作环境，培养员工的成就需要。

③ 高成就需要的人未必会成为优秀的管理者。由于高成就需要者的注意力主要放在工作本身，而不是如何去影响他人的工作，因此，优秀的管理者应当是高权力需要和低交往需要的人。

💣【案例 5-2】

索尼公司的内部招聘制度

有一天晚上，索尼董事长盛田昭夫按照惯例走进职工餐厅与职工一起就餐、聊天。多年来他一直保持着这个习惯，以培养员工的合作意识以及与他们的良好关系。这天，盛田昭夫忽然发现一位年轻职工郁郁寡欢，满腹心事，闷头吃饭，谁也不理。于是，盛田昭夫就主动坐在这名员工对面，与他攀谈。几杯酒下肚之后，这个员工终于开口了："我毕业于东京大学，曾有一份待遇十分优厚的工作。进入索尼之前，对索尼公司崇拜得发狂。当时，我认为我进入索尼，是我一生的最佳选择。但是,现在才发现,我不是在为索尼工作,而是为科长干活。坦率地说,我这位科长是个无能之辈,更可悲的是,我所有的行动与建议都得科长批准。我自己的一些小发明与改进,科长不仅不支持、不解释,还挖苦我癞蛤蟆想吃天鹅肉、有野心。对我来说,这名科长就是索尼。我十分泄气,心灰意冷。这就是索尼?这就是我的索尼?我居然放弃了那份优厚的工作来到这种地方!"这番话令盛田昭夫十分震惊,他想,类似的问题在公司内部员工中恐怕不少,管理者应该关心他们的苦恼,了解他们的处境,不能堵塞他们的上进之路,于是产生了改革人事管理制度的想法。之后,索尼公司开始每周出版一次内部小报,刊登公司各部门的"求人广告",员工可以自由而秘密地前去应聘,他们的上司无权阻止。另外,索尼原则上每隔两年就让员工调换一次工作,特别是对于那些精力旺盛、干劲十足的人才,不是让他们被动地等待工作,而是主动地给他们施展才能的机会。在索尼公司实行内部招聘制度以后,有能力的人才大多能找到自己较中意的岗位,而且人力资源部门可以发现那些"流出"人才的上司所存在的问题。

(摘自 http://wenku.baidu.com/view/efc9976648d7c1c708a145a8.html)

思考题:索尼公司的内部招聘制度运用了何种激励理论?对你有什么启发?

(四)双因素理论

双因素理论也称激励—保健因素理论,是美国的行为科学家弗雷德里克·赫茨伯格提出来的。50年代末期,赫茨伯格在企业中进行了广泛的调查,调查对象主要是工程师、会计师等"白领"。赫茨伯格设计了很多问题,如"什么时候你对工作特别满意"、"什么时候你对工作特别不满意"、"满意与否的原因是什么"等。调查发现职工感到不满意的因素大多与工作环境或工作关系有关,使职工感到满意的因素主要与工作内容或工作成果有关。赫茨伯格提出"双因素理论",认为应从人的内部、用工作本身来调动人的积极性,工作对人的吸引力才是主要的激励因素。

1. 双因素理论的主要内容

① 保健因素——是指与工作环境有关的因素,包括工资水平、工作环境、福利、安全和适当的政策等。这类因素不具备或强度太低,容易导致员工不满意,但即使充分具备、强度很高也很难使员工感到满意,因此赫茨伯格将这类因素称为"保健因素",又称作"维持因素"。因为这些因素类似卫生保健对身体健康所起的作用:卫生保健不能直接提高健康状况,但有预防效果。同样,保健因素不能直接起激励员工的作用,但能预防员工的不满情绪。

② 激励因素——是指与工作本身或工作内容有关的因素,包括成就、赞赏、工作所带来的挑战性、责任和进步等。这类因素具备后,可使员工感到满意,但员工感到不满时却很少是因为缺少这些因素,因此赫茨伯格将这类因素称为"激励因素",因为只有这些因素才能激发起人们在工作中的积极性和创造性,产生使员工满意的积极效果。激励因素和保健因素见表5-2。

表5-2 保健因素和激励因素的内容

保 健 因 素	激 励 因 素
公司政策与管理 上级监督 工作环境 工资 与同事的关系 个人生活 个人职务地位 安全	成就 赞赏、认可 工作本身 责任 进步 成长

双因素理论的基本观点可归纳如下：

① 保健因素不能直接起到激励人们的作用，但能防止人们产生不满的情绪。保健因素改善后，人们的不满情绪会消除，但并不会导致积极后果。只有激励因素才能产生使职工满意的积极效果。

② 和传统观点不同，满意的对立面不是不满意，而是没有满意；不满意的对立面也不是满意，而是没有不满意（见图5-4）。也就是说，有了激励因素，就会产生满意；而没有激励因素，则没有满意，但也没有不满意。有了保健因素，不会产生满意；但没有保健因素，则会产生不满意。

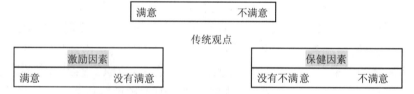

图5-4 双因素理论的观点

2. 相关评价及启示

（1）相关评价

赫茨伯格的双因素理论同马斯洛的需要层次论有相似之处。他提出的保健因素相当于马斯洛提出的生理需要、安全需要、社交需要等较低级的需要；激励因素则相当于尊重需要、自我实现需要等较高级的需要。当然，他们的具体分析和解释是不同的。

双因素理论在西方行为科学界颇有影响，有关双因素理论的研究著作也相当多，并且有一些实验也证实了这一理论的实用价值。

但是，双因素理论也存在一些不足之处，如被调查对象的代表性不够。事实上，不同职业和不同阶层的人对激励因素和保健因素的反应是各不相同的。实践还证明，高度的工作满足不一定就产生高度的激励。许多行为科学家认为，无论是有关工作环境的因素还是工作内容的因素，都可能产生激励作用，这取决于环境和职工心理方面的许多条件。

（2）管理启示

双因素理论为管理者的激励工作提供了新的视角和观点,因此在实际工作中得到了广泛的应用。

① 管理者要重视保健因素的作用。

赫茨伯格告诉我们,物质需要的满足是必要的,没有它会导致不满。因此,管理者要注意创造良好的工作环境和条件,以防止人们对工作产生不满意的情绪,保持职工的积极性,这对提高劳动效率和管理效率有重要作用。

② 在保健因素的基础上,管理者还要重视激励因素的作用。

保健因素固然重要,但更重要的是要注意工作的安排,量才录用,各得其所,注意对人进行精神鼓励,给予表扬和认可,注意给人以成长、发展、晋升的机会。这些措施将给人带来更大和更持久的激励作用。

【案例 5-3】

集体辞职的背后

C公司会议室里徐总经理、人力资源部蔡经理和新进公司的技术人员正在进行对话。

徐总经理:"听说你们要集体辞职,能把你们的想法告诉我吗?"没人回答。徐总经理接着说:"这段时间来,公司业务发展很快,平时我一直忙于处理事务性工作,没有抽出时间来关心你们,很抱歉。今年能从我所向往的名牌大学招收到你们,我非常高兴,也非常重视你们,不希望你们离开。"还是没人说话。

徐总经理:"今天我真心诚意来听取你们的想法和意见,有什么话大家尽管说,我尊重大家的各种想法。"会议室稍有动静。小李轻声说道:"我们也是慕名来到这里。但是,公司的管理令我们感到失望。从进公司的第一天起,我们只是接受任务,一天到晚埋头干活,干得不明不白,都不了解我们工作是为了什么。"

小胡接下去说:"招聘的时候,承诺的月工资是 2 600 元。我们报到后才知试用期工资仅 1 500 元/月。等到月底拿到工资才发现工资是按天计算的,8 天才两百多元,这无疑给我们泼了一盆凉水。工资的高低并不是最重要的,但这种计算报酬的方法是对我们的轻视。"

小王也开口了:"你们按天给我们付酬,我们也只好按小时来计算工作。以往我们为了完成项目,经常自愿加班到夜晚12点。我们愿意这么做,也从工作中找到不少的乐趣。但现在我们不那么卖力了,到时间该下班就下班。"

听到这里,徐总经理说:"谢谢你们讲了真心话。公司成立两年来,我和几个副总经理白手起家,奋斗打拼,才有目前的成绩。由于订单都做不完,我们一直没有时间认真考虑管理上的问题。前些日子,我碰巧听了一个有关人力资源的讲座,深受启发。回来后,我马上成立了人力资源部,还聘请了一位资深人士来帮助我制定各项规章制度。希望能够解决你们提出的这些问题,做到公司所有成员和公司一起发展!"

(摘自 http://open.xsrtvu.com/media_file/2009_04_24/20090424144447.doc)

思考题:该案例应该用何种理论分析?如果你是徐总经理,你会怎么做?

二、过程型激励理论

过程型激励理论,着重研究从动机的产生到采取行动的心理过程,其中包括弗鲁姆的期望理论和亚当斯的公平理论。

(一)期望理论

美国心理学家弗鲁姆于1964年在他的著作《工作与激励》一书中首先提出了比较完备的期望理论,成为这一领域的主要理论之一。这一理论通过建立人们的努力行为与预期奖酬之间的因果关系来研究激励的过程。

1. 期望理论的主要内容

弗鲁姆认为,一种激励因素(或目标),其激励作用的大小,受到个人从组织中所取得的报酬(或诱因)的价值判断以及对取得该报酬可能性的预期双重因素的影响,可用以下公式表示:

$$激励力 = 效价 \times 期望值 (M = V \times E)$$

① 激励力——是指受激励动机的强度,即激励作用的大小。它表示人们为达到目的而努力的程度。

② 效价——是指目标对于满足个人需要的价值,即某一个人对某一结果偏爱的程度。个人对达到某种目标或成果漠不关心,效价为0;个人宁愿不要出现这种结果,效价为负值;个人希望达到某种结果时,效价为正值。只有效价为正值时才有激励力量。

③ 期望值——是指个人对实现某一目标的可能性的判断,即实现目标的概率。在日常生活中,一个人往往根据过去的经验来判断一定行为能够导致某种结果或满足某种需要的概率。期望值一般在0~1之间。对某个目标,如果个体估计完全可能实现,这时概率为最大,也就是1;反之,如果他估计完全不可能实现时,那么概率为最小,就是0。

从公式中我们可以看出,目标对个人的价值越大,估计实现目标的概率越高,激励力量也就越大;反之,实现目标的可能性很大而效价很小,或效价很大但期望值很小,或效价和期望值都很小,那么,激发力量就会很小。

弗鲁姆认为,根据期望理论,要调动人们工作的积极性,在进行激励时,必须处理好以下三个关系:

① 努力—绩效关系。人们总是希望通过一定的努力达到预期的目标,如果个人主观认为达到目标的概率很高,就会有信心,并激发出很强的工作力量;反之,如果

他认为目标太高,通过努力也不会有很好的绩效时就失去了内在的动力,导致工作消极。

② 绩效—奖励关系。即指个体经过努力取得良好工作绩效所带来的对绩效的奖赏性回报的期望。人们总是希望取得成绩后能够得到奖励,当然这个奖励也是综合的,既包括物质上的,也包括精神上的。如果他认为取得绩效后能得到合理的奖励,就可能产生工作热情,否则就可能没有积极性。

③ 奖励—个人需要关系。任何结果对个体的激励影响的程度,取决于个体对结果的评价,即奖励与满足个人需要的关系。人们总是希望自己所获得的奖励能满足自己某方面的需要。然而由于人们在年龄、性别、资历、社会地位和经济条件等方面都存在着差异,他们对各种需要要求得到满足的程度就不同。因此,对于不同的人,采用同一种奖励办法能满足的需要程度不同,能激发出的工作动力也就不同。

这三方面管理的关系如图 5-5 所示。

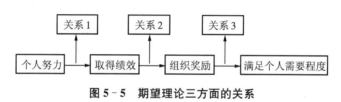

图 5-5 期望理论三方面的关系

2. 相关评价及启示

(1) 相关评价

期望理论的最大贡献在于指出人受激励的程度不仅受到目标价值的影响,同时也受到目标实现可能性的影响,它提醒管理者在设置目标时应兼顾目标价值大小和实现的可能性两个问题。同时,期望理论是激励理论中为数极少的量化分析理论。这一理论并不满足于对问题的定性说明,还非常重视定量分析。它通过对各种权变因素的分析,正确说明了人们在多种可能性中所作出的选择。也就是说,人们选择的行为通常是激励力量最大的。这不仅是激励理论的重要发展,同时在实践中也更具操作性。

但是,期望理论是一个理想模式,它关注的是个人努力、个人绩效与奖励关系,没有考虑到人与人之间的相互作用关系,并且效价、期望值的精确测量有待发展。

(2) 管理启示

期望理论提醒管理者在管理过程中:

① 选择激励手段,一定要选择员工感兴趣、评价高,即认为效价大的项目或手段。只有这样,才能产生较大的激励作用。

② 确定的目标要适宜,标准不宜过高。凡是想起广泛激励作用的工作项目,都应是大多数人经过努力能实现的。这样,通过增大目标实现的可能性来增强激励作用。

●※【案例 5-4】

用洋葱代替胡萝卜的尴尬

一家制药业的巨无霸刚刚获得了一项评审极其严格的质量产品奖。广大的员工废寝忘食，牺牲了个人的正常的生活，通过半年多的努力，最终赢得了这个奖项。当宣读获得这个奖项的人员及公司的名称的时候，大家都兴奋不已。公司领导很快就召集全体员工开庆祝会。

这之前他们先召开了会议，会议并没有宣布嘉奖事宜。然后，他们把员工召集到自助餐厅开庆祝会，由总裁表达对每位员工的感谢，宣布这个奖项对公司的意义。他总结性的说到："为了庆祝这次巨大的成功，大家都会得到一份很有意义的礼物。"

此时，从后面传来一句："现在就发吧！"大家都笑了，那时大家的心情就像过节一样。

CEO点了点头，示意公关部经理揭开了罩在神秘礼物上的帷幕。啊！竟是由无数塑料杯子搭建起的金字塔造型。会场上先是死一般的寂静，接着爆发出震耳欲聋的喊声。员工们几乎被这个场面所震晕，就像他们看到的是一个巨大的发了霉的圣诞水果蛋糕一样。

后来，大家排着队，陆续领走自己的杯子。在员工摇着头，苦笑着领走奖品时，可怜的CEO好像只剩下最后一点呼吸了。其他员工的表情也让他心凉。随后的几个星期里，杯子就成了公司里新的（令人嘲讽和挖苦的）质量的象征品了。

（摘自 http://zy.china-b.com/mbaal/509686.html）

思考题：
1. 这次庆功会开"砸了"的原因何在？涉及到物质奖励与精神奖励的关系吗？
2. 如何评价用杯子搭成金字塔这种既有纪念意义又省钱的创意？

（二）公平理论

公平理论是由美国心理学家斯戴西·亚当斯于1956年提出的，又称为社会比较理论，其目的是研究在社会比较中个人所作出的贡献与他所得到的报酬之间如何平衡的问题，研究报酬的公平性对人们工作积极性的影响。

1. 公平理论的主要内容

公平理论认为，当一个人作出了成绩并取得报酬以后，他不仅关心自己所得报酬的绝对量，而且关心自己所得报酬的相对量。也就是说，每个人都会自觉不自觉地把自己所获的报酬与投入的比率同他人的收支比率或本人过去的收支比率相比较。其中，报酬是指如工资、奖金、提升、赏识、受人尊敬等，包括物质方面和精神方面的所得；投入是指如工作的数量和质量、技术水平、努力程度、能力、精力、时间等。参照对象通常是自己的同事、同行、邻居、亲朋好友（一般是与自己状况相当的人）等，也可能是自己的过去。

通常称员工将自己的所得、付出比与他人的所得、付出比的比较为横向比较。由表 5-3 可知,如果员工感觉自己在工作中的所得、付出比,与其他人是等同的,则为公平状态,他的积极性和努力程度一般不变。如果员工感觉自己在工作中的所得、付出比,较其他人高,员工一般不会要求减少报酬,而有可能会自觉地增加自己的付出,但过一段时间他就会因重新过高估计自己的付出而对高报酬心安理得,于是付出又会回落到以前的水平;还有另外一种情形,当事人可能担心这种不公平会影响工作伙伴对自己的评价,从而影响自己在正式组织或非正式组织中的人际关系,因此会在以后的工作中谨慎小心,同样不利于调动其积极性。如果自己所得、付出比,比其他人要低,员工则会要求加薪,或减少付出以达到心理上的平衡。

表 5-3 公平理论横向比较

感知到的比率比较	员工的评价
$\dfrac{A\text{ 所得}}{A\text{ 付出}} < \dfrac{B\text{ 所得}}{B\text{ 付出}}$	不公平(报酬过低)
$\dfrac{A\text{ 所得}}{A\text{ 付出}} = \dfrac{B\text{ 所得}}{B\text{ 付出}}$	公平
$\dfrac{A\text{ 所得}}{A\text{ 付出}} > \dfrac{B\text{ 所得}}{B\text{ 付出}}$	不公平(报酬过高)

同样地,员工也会将自己目前所得、付出比与自己的过去进行比较,这种比较称为纵向比较。由表 5-4 可知,如果目前与过去的所得、付出比相等,则员工会感到公平,他可能会因此而保持工作的积极性和努力程度。如果目前所得、付出比过去高,一般来讲当事人不会觉得所获报酬过高,因为他可能会认为自己的能力和经验有了进一步的提高,其工作积极性不会因此而提高多少。如果员工认为自己的所得、付出比以往低,他会感到不公平,其工作积极性会下降,投入减少,除非给他增加报酬。

表 5-4 公平理论纵向比较

感知到的比率比较	员工的评价
$\dfrac{\text{自己目前的所得}}{\text{自己目前的付出}} < \dfrac{\text{自己过去的所得}}{\text{自己过去的付出}}$	不公平(报酬过低)
$\dfrac{\text{自己目前的所得}}{\text{自己目前的付出}} = \dfrac{\text{自己过去的所得}}{\text{自己过去的付出}}$	公平
$\dfrac{\text{自己目前的所得}}{\text{自己目前的付出}} > \dfrac{\text{自己过去的所得}}{\text{自己过去的付出}}$	不公平(报酬过高)

总之,当事人会采取多种方法来减小和消除与参照对象比较的差异,使之相等。

2. 相关评价及启示

(1) 相关评价

大量研究支持了公平理论的观点:员工的积极性不仅受其绝对收入的影响,而且受其相对收入的影响。一旦员工感觉到不公平,他们将会采取行动纠正这种景况,其结果可能会降低或提高生产率,改善或降低产出质量,缺勤率或自动离职率提高或降低。因此,西方许多企业依据公平理论,为了避免职工产生不公平感,往往采取各种手段,在企业中造成一种公平合理的气氛,使职工产生一种主观上的公平感;或采用秘密的单独发奖金的办法,使职工相互不了解彼此的收支比率,以免职工互相比较而产生不公平感。

尽管公平理论的基本观点是普遍存在的,但在实际运用中却很难把握。因为个人的主观判断对此有很大的影响,人们总是倾向于过高估计自己的投入,而过低估计自己所得的报酬,对别人的投入和所得报酬的估计则与此相反。这对管理者施加了较大的压力。

(2) 管理启示

公平理论对我们有着重要的启示:

① 影响激励效果的不仅有报酬的绝对值,还有报酬的相对值。

② 激励时应力求公平,使等式在客观上成立,尽管有主观判断的误差,也不致造成严重的不公平感。

③ 在激励过程中应注意对被激励者公平心理的引导,使其树立正确的公平观:一是要认识到绝对的公平是不存在的;二是不要盲目攀比;三是不要按酬付劳,按酬付劳是公平问题造成恶性循环的主要杀手。

【案例 5-5】

罗伟的困惑

罗伟已经在某计算机公司工作5个年头了。在这期间,他从普通编程员升到了资深的程序编制分析员。他对自己所服务的这家公司相当满意,很为工作中的创造性要求所激励。

一个周末的下午,罗伟和他的朋友及同事一起打保龄球,他了解到他所在的部门新雇了一个刚从大学毕业的程序编制分析员。尽管罗伟是个脾气好的人,但当他听说这个新来者的起薪仅比他现在的工资少30元时,不禁发火了。罗伟感到迷惑不解,他认为这里一定有问题。

周一的早上,罗伟找到了人事部主任,问他听说的事是不是真的。人事部主任带有歉意地说,确有这么回事。但他试图解释公司的处境:"罗伟,编程分析员的市场相当紧俏。为了能吸引合格的人员,我们不得不提供较高的起薪。我们非常需要增加一名编程分析员,因此我们只能这么做。"

罗伟问能否相应调高他的工资,人事部主任回答说:"你的工资需按照正常的绩效评估后再调。你干得非常不错!我相信经理到时会给你提薪的。"罗伟在向主任道了声"打扰了"后便离开了他的办公室,边走边不停地摇头,对自己在公司的前途感到忧虑。

(摘自沈莹主编《管理心理学》,化学工业出版社,2008年版)

思考题:
1. 哪种激励理论可以更好地解释罗伟的困惑?该理论的主要内容是什么?
2. 你认为公司应该采取什么样的管理措施?为什么?

三、行为改造型激励理论

行为改造理论,是着重研究如何改造和转化他人的行为,变消极行为为积极行为的一种理论,包括斯金纳的强化理论、挫折理论、归因理论等,这里主要介绍强化理论。

强化理论由美国心理学家斯金纳于20世纪50年代提出。斯金纳通过试验研究得出结论,认为人或动物为了达到某个目标,会采取一定的行为作用于环境。当这种行为的后果对他有利时,这种行为就会在以后重复出现;不利时,这种行为就会消失或减弱。这种状况称为强化。人们可以利用这一现象来修正他人的行为,这就是强化理论,也称为行为修正理论。

(一)强化理论的主要内容

强化一般有四种形式:

① 正强化——是指通过给予被强化者适当报酬的方式借以肯定某种行为,使其重复此种行为。报酬的内容可以多种多样,如增加薪金、提升职位、对其工作成果的承认和赞赏等。正强化既能起到加强被强化者积极行为的作用,也能使其他人出现积极行为的可能性加大。

② 负强化——是指预先告知人们某种不符合要求的行为可能引起的不良后果,以使人们采取符合要求的行为或回避不符合要求的行为,从而避免或消除不良后果。例如管理者事先告知员工,如果不遵守安全生产管理规定,就会受到批评甚至扣奖金,员工为了避免这种情况出现就会认真遵守规定。通过这种强化方式能从反面促使人们重复符合要求的行为,达到与正强化同样的目的。

③ 自然消退——是指对某种行为取消正强化,不采取任何奖励措施,以表示对该种行为的某种程度的否定。人的行为都是有目的性的,一种行为如果长期得不到正强化,个人的目的实现不了,就会逐渐自然消退。

④ 惩罚——是指以某种强制性和威胁性的后果来表示对某种行为的否定,借以消除此种行为重复发生的可能性。惩罚的方式也是多种多样的,如批评、降职、降薪、解雇等。

强化理论还认为,正强化会影响人们重复这种行为的倾向,起着重要的激励作用。正强化可以分为连续强化和间断强化两种不同的形式。连续强化是指对每次发生的行为都进行强化。间断强化是非连续性的强化,不是对每次发生的行为都进行强化。连续强化与间断强化相比,连续强化具有快速的效果,但缺点是一旦停止强化后其行为将很快消失;间断强化的效果虽不如连续强化快速,但保持得较久。

(二) 相关评价及启示

1. 相关评价

强化理论有助于对人们行为的理解和引导。因为,一种行为必然会有后果,而这些后果在一定程度上会决定这种行为在将来是否重复发生。那么,与其对这种行为和后果的关系采取一种碰运气的态度,还不如加以分析和控制,使大家都知道什么后果最好。这并不是对职工进行操纵,而是使职工有一个最好的机会在各种明确规定的备选方案中进行选择。因而,强化理论已被广泛地应用在激励和人的行为的改造上。

但是,强化理论只讨论外部因素或环境刺激对行为的影响,忽略了人的内在因素和主观能动性对环境的反作用,具有机械论的色彩。从管理的角度来看,它忽视了员工自身的个体要素,只强调某种行为的后果。研究证明,强化对工作行为有着重大影响,但强化并不是员工工作积极性高低的唯一决定因素,对工作目标、成就需要、公平感的感知等因素都影响员工的工作行为。

2. 管理启示

在管理工作中运用强化理论时,应遵循以下原则:

① 要明确强化的目的或目标,明确预期的行为方向,使被强化者的行为符合组织的要求。

② 要选准强化物。每个人的需要不同,因而对同一种强化物的反应也各不相同。这就要求具体分析强化对象的情况,针对他们的不同需要采用不同的强化措施。可以说,选准强化物是使组织目标同个人目标统一起来,以实现强化预期要求的中心环节。

③ 要及时反馈。为了实现强化的目的,必须通过反馈的作用,使被强化者及时了解自己的行为后果,并及时兑现相应的报酬或惩罚,使有利于组织的行为得到及时肯定,促使其重复,而不利于组织的行为能得到及时的制止。

④ 要尽量运用正强化的方式,避免运用惩罚的方式。斯金纳发现,"惩罚不能简单地改变一个人按原来想法去做的念头,至多只能教会他们如何避免惩罚。"事实上,过多的运用惩罚往往会造成被惩罚者心理上的创伤,引起对抗情绪,乃至采取欺骗、隐瞒等手段来逃避惩罚。

但是,有时又必须运用惩罚的方式。为了尽可能避免惩罚所引起的消极作用,应把惩罚同正强化结合起来。在执行惩罚时,应使被惩罚者了解受到惩罚的原因和改正的办法,而当其一旦有所改正时即应给予正强化,使其符合要求的行为得到巩固。

第三节 激励能力的培养

激励是一门学问,科学地运用激励理论可以提高员工的工作积极性,发挥其潜能,使组织目标和个人目标在实践中达到统一,进而提高组织的经营效率。管理者应具备较高的激励能力。激励能力的培养可以从三方面着手,即:掌握有效激励的原则、了解激励的方式和运用激励的技巧。

一、掌握有效激励的原则

(一) 目标结合原则

在组织中,组织目标和个人目标应该是相互依存的,员工投入自身的资源,使组织的目标得以实现,员工再从中实现个人的目标。因此,目标设置必须以体现组织目标为要求,否则激励将偏离组织目标的实现方向。同时,目标设置还必须要能满足员工个人的需要,否则将无法提高员工的目标效价,达不到满意的激励强度。只有将组织目标与个人目标相互协调,才能收到良好的激励效果。

(二) 明确性原则

激励的明确性包括三层含义。其一,明确激励的目的,让员工清楚需要做什么和必须怎样做;其二,公开有关的制度和措施,特别是对于分配奖金等大量员工关心的问题;其三,表达直观,在实施物质奖励和精神奖励时都需要直观地表达它们的指标。

(三) 按需激励原则

满足需要是激励员工的起点和基础,而不同的员工由于自身或者环境的影响有不同的需要,同一个员工在不同的阶段也有不同的需要。只有满足了员工的优势需要,激励的效果才好。因此,管理者必须找准员工的需要,采取相应的管理措施,满足员工的不同需要,从而调动员工的积极性,有效实现组织的目标。在管理中,管理者还要探索出准确测量员工需要的方法,并在组织中建立起一套满足员工不同需要的方法体系。

(四) 物质激励和精神激励相结合原则

员工存在物质需要和精神需要,因此,相应的,激励方式也应该是物质激励与精神激励相结合。没有物质激励,精神激励就没有基础,员工的积极性就难以长期保持;没有精神激励,就不能激发员工的精神力量,就不能使物质激励得到升华和发展,就不可能真正调动员工的积极性。在管理中,物质激励和精神激励各有侧重,应因时、因事、因人制宜。在两种激励结合时,必有主有辅,对此要灵活掌握,不可机械地、固定地予以规定。同时,也要注意人们对物质奖励和精神奖励的新要求,不断改变和发展激励的内容和形式。

【案例 5-6】

某企业产品质量管理制度

某企业为了提高产品质量,规定一级品合格率达到85%以上者可获得质量金奖;连续半年获得质量金奖的职工可评为"信得过"生产者;连续两年获得"信得过"称号的,在晋级加薪时优先。这样一个把质量要求和职工的利益联系起来的决定,极大地激发了员工搞好产品质量的积极性,使全厂一级品合格率有了较大提高。

(摘自沈莹主编《管理心理学》,化学工业出版社,2008年版)

思考题:这个案例对你有什么启发?

(五)正激励与负激励相结合原则

所谓正激励,是指对员工的符合组织目标的期望行为进行奖励。所谓负激励,是指对员工违背组织目标的非期望行为进行惩罚。对于一个组织而言,正激励和负激励都是行之有效的。通过树立正面的榜样和反面的典型,扶正祛邪,形成一种良好的风气,产生无形的压力,使整个组织行为更积极向上。但是,负激励具有一定的消极作用,容易产生挫折心理和挫折行为。因此,管理者应将正激励和负激励结合起来,以正激励为主,以负激励为辅。

(六)公平合理原则

在激励中,如果出现奖不当奖、罚不当罚的现象,就不能收到真正意义上的激励效果,反而还会产生消极作用,造成不良后果。因此,在进行激励时,一定要认真、客观、科学地对员工进行业绩考核,做到赏罚分明,不论亲疏,一视同仁,使得受奖者心安理得,受罚者心服口服。

(七)时效性原则

企业领导在激励过程中要善于捕捉时机。古人曰:"机不可失,时不再来。"敏锐地察觉、巧妙地运用"时机"进行激励,往往能收到事半功倍之效;否则,反应迟缓,优柔寡断,将会错失良机,起不到激发人们积极性的作用。企业领导要善于利用激励的时机,运用适当的激励方式和手段,调动员工的积极情绪,并努力将其积极的情绪转化为行动,实现其预定的控制目标。因此说,当员工面临新的组织环境、对过错有悔过之意、处于某种生理或心理困境、对某种需求有着强烈愿望、在物质或精神方面得到某种程度的满足、"举棋不定"时等,都是非常有效的激励时机。

【案例 5-7】

香蕉别针

美国一家公司刚开始创业时,一次在新品开发上遇到了难题。一天晚上,公司总裁正在冥思苦想时,一位技术总监闯进他的办公室,阐述了他的方案。总裁听后,觉得其构想确实非同一般,便想立即给予嘉奖。他在抽屉中翻找了好一阵,最后拿着一件东西躬身递给这位技术总监说:"这个给你!"这东西非金非银,仅仅是一只香蕉。这是当时他所能找到的唯一奖品了,而技术总监很感动,因为这表示自己的成果得到了上级领导的承认。

从此以后,该公司便授予攻克重大技术难题的技术人员一只金制"香蕉别针"。

(摘自http://www.chinahrd.net/zhi_sk/jt_page.asp?articleID=149985)

思考题:这个案例对你有什么启发?

(八)适度原则

企业领导在激励操作过程中,必须掌握适度原则,追求最佳适度,也就是我们常说的"掌握火候"、"恰到好处"、"注意分寸"等。例如,尊重职工的自尊,从正反两方面鼓励他们,让他们看到自己的重要性,并在他们表现良好时给予鼓励,这些都是很重要的。不过虽然不吝于夸奖下级,但是却不能让他们陶醉在荣誉里,也不能让他们觉得只要这一次表现得很好,就可以不必在乎以后的工作成绩。有时候你可以指出下级的一些小缺点,泼点冷水,要求他们达到更高的水平,借此鼓励他们更上一层楼。比如说某位同志犯错误,他已有所认识,企业领导如能对其正确地批评鼓励,他就会乐意检查改正,发挥自己的积极作用。假如企业领导对他批评激励不当,分寸注意不够,"火候"没把握住,要么无限上纲,使其无法接受,要么轻描淡写,使之不能引以为训,都不能达到批评激励的目的。

二、了解激励的方式

有效的激励必须通过适当的激励方式才能实现。管理者应该在激励理论的指导下选择有效的激励方式,提高员工接受和执行目标的自觉程度,激发被管理者实现组织目标的热情,最终达到提高员工行为效率的目的。常用的激励方式可以归纳为如下几种:

(一)目标激励

所谓目标激励,是指通过建立一定的目标来激发人的动机,指导人的行为。一个振奋人心、切实可行的奋斗目标,可以起到鼓舞和激励的作用。当人们受到富有挑战性目标的刺激时,就会迸发出极大的工作热情,尤其是事业心强的人。所以,一个管理者要学会适时、恰当地提出目标,有效地行使目标激励行为,从而极大地激发被管理者的工作热情和积极性、创造性,统一大家的思想行为,向着同一个目标努力进取。

运用目标激励时应注意:目标设置要与员工的个人利益密切相关;目标要合理、可行,难度要适当;目标内容要具体明确,有定量要求;目标要分层次,短期目标和长期目标要结合,总目标和子目标要结合。

(二) 物质激励

物质利益是每一个人生存和发展的前提和基础。物质利益激励一般分为物质奖励激励和物质惩罚激励两种。物质奖励激励通常是从正面对员工进行引导。组织首先根据组织工作的需要,规定员工的行为,如果符合一定的行为规范,员工可以获得一定的奖励。员工对奖励追求的欲望,促使他的行为必须符合组织的行为规范,同时给组织带来有益的活动成果。物质惩罚激励是指组织利用惩罚手段,诱导员工采取符合组织需要的行为的一种激励。在惩罚激励中,组织要制定一系列的员工行为规范,并规定逾越了行为规范的行为的不同的惩罚标准,如扣发工资、奖金、罚款、赔偿等。人们避免惩罚的需求和愿望促使其行为符合特定的规范。

运用物质激励时应注意:物质激励应与制度结合起来,即在事前就制定好相应的奖惩制度并在组织内公示;物质激励必须保持相对公正。

(三) 信任激励

能唤起人们最宝贵、最有价值的忠诚度和创新动力的是信任。信任激励是激励主体用自己的信任、鼓励、尊重、支持等情感对激励对象进行激励的一种方式。它被认为是最持久、最"廉价"和最深刻的激励方式之一。

管理者一个期待的目光,一句信任的话语,一次真诚的帮助,能够使被管理者产生尊重感、亲密感、荣誉感和责任感,能使人自觉地将自己的个人目标和组织目标紧紧联系在一起,从而产生为组织努力工作的积极性。

运用信任激励时应注意:管理者的信任必须发自内心,必须是真诚的。否则,员工一旦发现管理者的信任是虚假的,那么,员工的积极性就会受到打击,从而产生重大的不利后果。

(四) 情感激励

情感激励是通过建立起一种人与人之间和谐良好的感情关系来调动员工的积极性。情感是影响人的行为的直接因素之一,任何人都有各种情感诉求。管理者要及时了解并主动关心员工的需求以建立起正常、良好、健康的人际关系、工作关系,从而营造出一种相互信任、相互关心、相互支持、团结融洽的工作氛围,使被管理者处处感到自己得到了重视和尊重,以增强员工对本企业的归属感。

运用情感激励时应注意:管理者对被管理者应一视同仁、平等对待;管理者应主动与被管理者沟通,增进感情;同时,管理者仍应和被管理者之间保持一定的等级差别,以保证管理者的权威性。

💣【案例 5-8】

日立公司内的"婚姻介绍所"

在把公司看作大家庭的日本,老板很重视员工的婚姻大事。例如,日立公司内就设立了一个专门为员工架设"鹊桥"的"婚姻介绍所"。一个新员工进入公司,可以把自己的学历、爱好、家庭背景、身高、体重等资料输入"鹊桥"电脑网络。当某名员工递上求偶申请书,他(或她)便有权调阅电脑档案,申请者往往利用休息日坐在沙发上慢慢地、仔细地翻阅这些档案,直到找到满意的对象为止。一旦他被选中,联系人会将挑选方的一切资料寄给被选方,被选方如果同意见面,公司就安排双方约会。约会后双方都必须向联系人报告对对方的看法。日立公司人力资源部门的管理人员说:由于日本人工作紧张,职员很少有时间寻找合适的生活伴侣,我们很乐意为他们帮这个忙。另一方面,这样做还能起到稳定员工、增强企业凝聚力的作用。

(摘自http://wenku.baidu.com/view/efc9976648d7c1c708a145a8.html)

思考题:你觉得这种方法在中国企业适用吗?

(五)兴趣激励

兴趣对人的工作态度、钻研程度、创新精神的影响是巨大的,往往与求知、求美、自我实现密切联系。在管理中只要能重视员工的兴趣,就可能实现预期的激励效果。国内外都有一些企业允许员工在企业内部双向选择,合理流动,直到员工找到自己最感兴趣的工作。兴趣可以导致专注,甚至于入迷,而这正是员工获得突出成就的重要动力。

业余文化活动是员工兴趣得以施展的另一个舞台。许多企业组织并形成了摄影、戏曲、舞蹈、书画等兴趣小组,使员工的业余爱好得到满足,增进了员工之间的感情交流,使员工感受到企业的温暖和生活的丰富多彩,大大增强了员工的归属感,满足了社交的需要,有效地提高了企业的凝聚力。

运用兴趣激励时应注意:要尽量使个人的兴趣爱好与企业的整体目标保持一致。

(六)榜样激励

榜样激励的核心是在组织中树立正面典型和标兵,以他们良好的行为鼓舞员工创造业绩。从心理学的观点看,任何人(特别是青少年)都有强烈的模仿心理,榜样的力量是无穷的。20世纪50年代以来,我国在各条战线上树立过像雷锋、李向群等一大批英模人物,产生过巨大的影响,对精神文明与物质文明的建设都作出了巨大的贡献。

运用榜样激励时应注意:"榜样"的树立应当坚持实事求是,不要"虚构"和"夸张",以免引起员工的逆反心理。

(七)竞争激励

竞争是市场经济的重要特点之一,组织中经常开展必要的评比、竞赛、竞争,能使员工的情绪保持紧张,提高士气,克服惰性。同时,通过评比竞赛,能使劳动者的业绩得到公正合理的评价,促使他们为企业做出更大的贡献。

运用竞争激励时应注意:管理者要学会建立科学的竞争机制,在组织内部形成一种竞争的氛围,让员工之间主动开展竞争;竞争结果的评定必须客观公正。

● **【案例 5-9】**

美国西南航空公司的管理制度

美国西南航空的内部杂志经常用"我们的排名如何"这个部分让西南航空的员工知道他们的表现如何。在这里,员工可以看到运务处针对准时、行李处置、旅客投诉案三项工作的每月例行报告和统计数字,并将当月和前一个月的评估结果做比较,排出西南航空公司整体表现在业界中的排名,还列出业界的平均数值,以利于员工掌握趋势,同时比较公司和平均水准的差距。西南航空的员工对这些数据具有十足的信心,因为他们知道,公司的成就和他们的工作表现息息相关。当某一家同行的排名连续高于西南航空几个月时,公司内部会在短短几天内散布这个消息。到最后,员工会加倍努力,期待赶上人家。西南航空第一线员工的消息之灵通是许多同行无法相比的。

(摘自 http://wenku.baidu.com/view/efc9976648d7c1c708a145a8.html)

思考题:案例中的管理制度有负面作用吗?

(八) 荣誉激励

荣誉是员工贡献社会并得到社会承认的标志。荣誉激励可以调动员工的积极性,形成一种内在的精神力量。它可以分为个人荣誉激励和集体荣誉激励两种。个人荣誉激励是对个人授予一定的荣誉称号,并在一定范围内加以表彰和奖励。集体荣誉激励是指通过表扬、奖励集体来激发人们的集体意识,使集体成员产生强烈的集体荣誉感、归属感和责任感,从而形成维护集体荣誉和向心力量。

运用荣誉激励,要注意:要引导人们建立正确的荣辱观,要学会用正当手段获得荣誉;对榜样的宣传要实事求是;要把物质奖励与精神奖励结合起来。

● **【案例 5-10】**

敲 钟

台湾有一家公司,在公司的大厅里装置了一面大铜锣,只要业绩突破新台币100万元的员工,就可以去敲它一响,突破200万元则敲它两响,以次类推。该公司的办公室就紧临着大厅,只要这个铜锣被敲响,它的声音马上会传入办公室内,等于是告知全办公室的人,有员工的业绩突破百万大关了。当这位敲锣的同仁步入办公室的时候,所有的人都会起立鼓掌,给予他英雄般的喝彩。

据该公司管理部门有关人员表示,这种被大家鼓掌欢呼的场面,是很有面子的一件事,谁都希望自己是下一个敲锣者,接受大家的欢呼喝彩。不过,想要敲响它,首先要把业绩给做到,这正是该公司装置这面大铜锣的目的。

(摘自 http://www.docin.com/p-19120920.html)

思考题：如果你是这家公司的员工，你会喜欢这样的激励方式吗？

（九）企业文化激励

企业文化是指一个企业全体成员所共有的信念和期望模式。一方面，企业文化有助于建立员工共同的价值观和企业精神，树立团队意识；另一方面，企业文化能够满足员工的精神需要，调动员工的精神力量，使他们产生归属感、自尊感和成就感，从而充分发挥他们的巨大潜力。美国、日本有许多企业全面推行企业文化，取得了非常成功的经验，不但增加了员工对企业的凝聚力和自豪感，而且提高了企业素质和整体实力。优良的企业文化也是组织必不可少的激励手段。

运用企业文化激励时应注意：虽然培植企业文化需要的时间较长，但是健康的企业文化一旦培植成功，将会对企业产生长久而深远的影响。因此，要坚定地推行企业文化建设。

三、运用激励的技巧

（一）激励的基本技巧

从管理学的角度分析，人的行为都是受到一定的激励而产生的。激励中有一些基本的技巧，学会科学地运用这些技巧，可以更好地管理下属。那么有哪些基本的激励技巧呢？

1. 即使是再小的成就也一定要赞许

简单的一句"谢谢"就可以让下属更加卖力。即使是再小的努力、再微不足道的成就，如果上司注意到下属的认真，就一定得给予适当的赞美。人类这种不重经济报酬、重视精神上荣耀的想法还是相当普遍的。就算是一句简单的"谢谢你了"，如果下属感受到来自上司的赞许和诚意，也许当天下班时他的心情会较平常快乐些，脚步会轻快些呢！

2. 在责备下属之前一定得给他辩白的机会

部属也有"不得已"的苦衷。任何一个人都会有情绪低落、提不起劲、无法完成上司交待的任务的时候。而且，同样一件工作，有时候也会因时机、负责人的不同而砸锅。作为上司，如果不仔细找出真正的原因，那么是没有办法采取最有效的措施来解决部属的问题的。

3. 千万别话中带刺

当下属遭遇挫折情绪低落时，有些上司可能想用嘲讽、开玩笑的方式刺激他振作，但这可能会起到反作用。例如：

自我观念极强的人（即自信心过剩型）——开玩笑、戏谑的方式反倒容易引起对方反感。对这种人最好还是直截了当地告诉他做了错事，直接告诉他你对他的不满。

凡事依赖的人（即自信心丧失型）——嘲谑的口吻会让他跌入沮丧的谷底，不停地指责只会让他缩回自己的壳里。对这种人,嘲谑的口吻、直截了当地指责都不甚妥当,最好是用建议或劝导的方式。

上司在与下属交往过程中,一定要注意说话的方式和方法,千万别话中带刺,伤害下属的自尊心。

4. "一律平等"不是真平等

作为上司,在面对不同的员工、处理不同的事情时态度应该公正。但是态度公正并不等于待遇相同,有时看似公平的待遇其实却是最不公平的。例如有些企业在部门全体员工接受表扬时都是把所得奖金平均分配,每个人分得的钱都是一样的。但是仔细一推敲,难道每个人出的力都一样吗?显然,这种做法看似平等,但实际上是不公平的。真正的公平是必须依每个人的差异订立标准。虽然制定标准难度较大,但还是不能省掉这重要的一环。在不平等的现实情况中透过给予每个个体公正的评价之后再决定其应得的报酬,这种立足点的平等才能达到真正的平等。

5. 身为上司绝对不可以暗地说人坏话

身为上司,不能暗地里说人坏话,否则会被人轻视、批评,有百害无一益。上司绝对不能在公事以外(例如酒席中)的场合说下属的坏话,要说的话也只能和当事人一对一地说,不能让别人听到;否则的话,下属们就会一个一个地背弃你。最值得下属信赖的上司,首先必须做到不说别人的坏话。尤其要注意,千万不要说自己的上司或部下的坏话。

6. 上司和下属之间要保持适当的距离

上司与下属保持距离,不要太亲近,留给下属一个庄严的形象,下属就会对其产生敬畏感、服从感。与下属保持一定距离,可以避免在下属之间引起嫉妒、紧张的情绪,可以减少下属对自己的恭维、奉承、行贿等行为。与下属保持一定距离,可以避免上司的认识失之公正,从而可以客观公正地识人、用人。

(二)不同类型员工的激励技巧

在现实中,企业内的员工类型可以分为指挥型、关系型、智力型和工兵型。针对不同类型的员工,领导者应该分析其类型特点,采取不同的激励技巧,这样才能取得良好的激励效果。

1. 指挥型员工的激励技巧

指挥型的员工喜欢命令别人去做事情,面对这一层次的员工,领导者在选取激励方式和方法的时候应该注意以下几点:

(1) 支持他们的目标,赞扬他们的效率。

(2) 领导者要在能力上胜过他们,使他们服气。

(3) 帮助他们搞好人际关系。

(4) 让他们在工作中自己弥补自己的不足,而不要指责他们。

(5) 避免让效率低和优柔寡断的人与他们合作。

(6) 容忍他们不请自来的帮忙。
(7) 巧妙地安排他们的工作,使他们觉得是自己安排自己的工作。
(8) 别试图告诉他们怎么做。
(9) 当他们抱怨别人不能干的时候,问他们的想法。

2. 关系型员工的激励技巧

关系型的员工关注的对象不是目标,而是人的因素,他们的工作目标就是打通人际关系线。对于这种类型的员工,领导者应该考虑采取类似下列的激励技巧：

(1) 对他们的私人生活表示兴趣,让他们感到尊重。
(2) 与他们谈话时要注意沟通技巧,使他们感到受尊重。
(3) 由于他们比较缺乏责任心,因此应承诺为他们负一定的责任。
(4) 给他们安全感。
(5) 给他们机会充分地和他人分享感受。
(6) 别让他感觉受到了拒绝,他们会因此而不安。
(7) 把关系视为团体的利益来建设,将会受到他们的欢迎。
(8) 安排工作时,强调工作的重要性,指明不完成工作对他人的影响,他们会因此为关系而努力地拼搏。

3. 智力型员工的激励技巧

智力型的员工擅长思考,分析能力一般很强,常常有自己的想法。这类员工喜欢事实,喜欢用数字说话。领导者在激励这部分员工的时候,应该注意到：

(1) 肯定他们的思考能力,对他们的分析表示兴趣。
(2) 提醒他们完成工作目标,别过高追求完美。
(3) 避免直接批评他们,而是给他们一个思路,让他们觉得是自己发现了错误。
(4) 不要用突袭的方法打扰他们,他们不喜欢惊奇。
(5) 多表达诚意比运用沟通技巧更重要,他们能够立即分析出别人诚意的水平。
(6) 必须懂得和他们一样多的事实和数据。
(7) 别指望说服他们,除非他们的想法与你一样。
(8) 赞美他们的一些发现,因为他们努力思考得到的结论并不希望别人泼冷水。

4. 工兵型员工的激励技巧

工兵型的员工主要特征是喜欢埋头苦干。这类员工做事谨慎细致,处理程序性的工作表现得尤为出色。对于这样的员工,领导者要采用的激励技巧是：

(1) 支持他们的工作,因为他们谨慎小心,一定不会出大错。
(2) 给他们适当的报酬,奖励他们的勤勉,保持管理的规范性。
(3) 多给他们出主意、想办法。

(三) 激励禁区

1. 激励不可采用运动方式

许多人喜欢用运动的方式来激励,就像一阵风,吹过就算了。无论什么礼貌运动、清洁运动以及作家运动、意见建议运动、品质改善运动，都是形式。一番热闹光景，转瞬成空。凡是运动，多半是上司倡导。上司密切注意，大家不得不热烈响应；上司注意力转移，运动就将停息。运动不可能持久，也不可能屡试不爽，只有在平常状态中去激励，使大家养成习惯，才能成为风气保持下去。

2. 激励不可任意树立先例

激励固然不可墨守成规，却应该权宜应变，以求制宜。然而，激励最怕任意树立先例，所谓善门难开，恐怕以后大家跟进，招致无以为继，那就悔不当初了。

上司为了表示自己有魄力，未经深思熟虑就慨然应允。话说出口，又碍于情面，认为不便失信于人，因此明知有些不对也会将错就错，因而铸成更大的错误。

有魄力并非信口胡说，有魄力是指既然决定了就要坚持到底。所以决定之前，必须慎思明辨，才不会弄得自己下不了台。上司喜欢任意开例，下属就会制造一些情况，让上司不知不觉中落入圈套。兴奋中满口答应，事后悔恨不已。任何人都不可以任意树立先例，这是培养制度化观念，确立守法精神的第一步。求新求变，应该遵守合法程序。

3. 激励不可趁机大张旗鼓

好不容易拿一些钱出来激励，就要弄得热热闹闹，让大家全都知道，花钱才有代价，这种大张旗鼓的心理，常常造成激励的反效果。

被当作大张旗鼓的对象，固然有扮演猴子让人耍的感觉。看耍猴子的观众，有高兴凑热闹的，就有不高兴如此造作的。一部分人被激励了，另一部分人则适得其反。对整个组织而言，得失参半。

4. 激励不可偏离团体目标

目标是激励的共同标准，这样才有公正可言。所有激励都不偏离目标，至少证明上司并无私心，不是由于个人的喜爱而给予激励，而是根据组织的需要，尽量做到人尽其才。偏离目标的行为不但不予激励，反而应该促其改变，亦即努力导向团体目标，以期群策群力。

凡是偏离团体目标的行为不可给予激励，以免这种偏向力或离心力愈来愈大。上司激励部属，必须促使部属自我调适，把自己的心力朝向团体目标，做好应做的工作。

上司若是激励偏离目标，大家就会认为上司喜欢为所欲为，因而用心揣摩上司的心意，全力讨好，以期获取若干好处。一旦形成风气，便是小人得志的局面，对整体目标的达成必定有所伤害。

5. 激励不可忽略有效沟通

沟通时最好顾虑第三者的心情，不要无意触怒其他的人。例如对张三表示太多关心，可能会引起李四、王五的不平。所以个别或集体沟通要仔细选定方式，并且考虑适当的中介人，以免节外生枝，引出一些不必要的后遗症，降低了激励的效果。

激励必须透过适当沟通才能互通心声，产生良好的感应。例如公司有意奖赏张三,若是不征求张三的意见便决定送他一台手提电脑。不料一周前张三刚好买了一台,虽然说好可以向指定厂商交换其他家电用品,但也造成张三许多不便。公司如果事先透过适当人员征询张三的意见,或许他正需要一个电动刮胡刀,那么公司顺着他的希望给予奖品,张三必然更加振奋。

复习思考题

1. 谈谈你对需要层次的看法。
2. 你认为企业在实践中应该如何运用双因素理论?
3. 比较需要层次理论、双因素理论、ERG理论和成就需要理论之间的内在联系与不同。
4. 请你谈谈企业针对高层管理者、技术人员、流水线上工人应该如何激励?
5. 你最欣赏哪个企业的激励政策(方法),为什么?
6. 学习受哪些因素的影响?如何用激励理论对学习行为进行管理?
7. 结合工作实际,谈谈如何实行强化管理。
8. 在激励过程中,我们应该尽量避免哪些做法?

管理定律

1. 鲶鱼效应:激活员工队伍

【内容】

挪威人的渔船返回港湾,可是渔民们捕来的沙丁鱼已经死了,只有汉斯捕来的沙丁鱼还是活蹦乱跳的,原来,汉斯将几条沙丁鱼的天敌鲶鱼放在运输容器里。因为鲶鱼是食肉鱼,放进鱼槽后使沙丁鱼们紧张起来。为了躲避天敌的吞食,沙丁鱼自然加速游动,从而保持了旺盛的生命力,因而它们才存活下来。如此一来,沙丁鱼就一条条活蹦乱跳地回到渔港。

【启示】

这就是"鲶鱼效应"。其实用人亦然。一个公司,如果人员长期固定,就会缺乏活力与新鲜感,容易产生惰性。因此有必要找些外来的"鲶鱼"加入公司,制造一些紧张气氛。当员工们看见自己的位置多了些"职业杀手"时便会有种紧迫感,知道该加快步伐了,否则就会被炒掉。这样一来,企业自然而然就生机勃勃了。

当压力存在时,为了更好地生存发展下去,惧者必然会比其他人更用功,而越用功跑得就越快。适当的竞争犹如催化剂,可以最大限度地激发人们体内的潜力。

2. 马蝇效应:激起员工的竞争意识

【内容】

1860年,林肯当选为美国总统。有一天,有位名叫巴恩的银行家到林肯的总统官邸拜访,正巧看见参议员萨蒙·蔡思从林肯的办公室走出来。于是,巴恩对林肯说:"如果您要组阁的话,千万不要将此人选入您的内阁。"林肯奇怪地问:"为什么?"

巴恩说:"因为他是个自大成性的家伙,他甚至认为他比您伟大得多。"《纽约时报》主编亨利·雷蒙顿拜访林肯的时候,特地告诉他蔡思正在狂热地上蹿下跳,谋求总统职位。

林肯以他一贯以来特有的幽默对雷蒙顿说:"亨利,你不是在农村长大的吗?那你一定知道什么是马蝇了。有一次,我和我兄弟在肯塔基老家的农场里耕地。我吆马,他扶犁。偏偏那匹马很懒,老是磨洋工。但是,有一段时间它却在地里跑得飞快,我们差点都跟不上他。到了地头,我才发现,有一只很大的马蝇叮在他的身上,于是我把马蝇打落在地。我的兄弟问我为什么要打掉它,我告诉他,不忍心让马被咬。我的兄弟说:'哎呀,就是因为有那家伙,这匹马才跑得那么快。'"说完,林肯意味深长地对雷蒙顿说:"现在正好有一只名叫'总统欲'的马蝇叮着蔡思先生,那么,只要它能使蔡思那个部门不停地跑,我还不想打落它。"

【启示】

没有马蝇叮咬,马慢慢腾腾,走走停停;有马蝇叮咬,马不敢怠慢,跑得飞快。这就是马蝇效应。马蝇效应给我们的启示是:一个人只有被叮着咬着,他才不敢松懈,才会努力拼搏、不断进步。

3. 海潮效应:以待遇吸引人,以事业激励人

【内容】

海水因天体的引力而涌起,引力大则出现大潮,引力小则出现小潮,引力过弱则无潮。此乃海潮效应。人才与社会时代的关系也是这样。社会需要人才,时代呼唤人才,人才便应运而生。

【启示】

依据这一效应,作为国家,要加大对人才的宣传力度,形成尊重知识、尊重人才的良好风气。对于一个单位来说,重要的是要通过调节对人才的待遇,以达到人才的合理配置,从而加大本单位对人才的吸引力。现在很多知名企业都提出这样的人力资源管理理念:以待遇吸引人,以感情凝聚人,以事业激励人。

📖 延伸阅读

💣【材料一】

如何对先进者激励

著名教育家马卡连柯曾经说过:"先进之花为人所爱,但是要想使美的花朵结出丰硕的果实来,光停留在亲吻、叹赏上是无济于事的。"先进者由于对社会的贡献大,受到社会和人们的尊重和赞赏,在物质和精神上理应得到较高程度的激励。但是,先进者只是竞争中的暂时优胜者,并非一时在前,终身为冠。逆水行舟,不进则退,这是大自然的普遍规律。所以,对先进者不仅要奖励,更要帮助先进者找出差距,不断前进,而这一点却常常被人们所忘记或歧解了。

为了使先进者能不断前进,必须注意下面几个问题:

(1)正确对待先进者的长和短。人各有所长,先进者只不过是长处比别人更为突出罢了。对先进者的长处,要积极肯定,并帮助其找出长处形成的原因,使其长处在理论和系统的基础上发扬光大。同时,要指出先进者的不足,并拟出不断改进的具体措施。不要认为一当上先进,就是十全十美的圣人,甚至连一言一行都是标准的。对先进者的缺点错误一定要批评,甚至比一般人要求更高。为了保住先进典型,有了错误也不讲,或遮遮掩掩,或嫁祸于人,都是不对的。

(2)要给先进者的不断前进创造一个较好的环境。先进者是暂时的领先,要保证这个好势头,在条件许可的情况下,给先进者学习、进修的机会是十分重要的。

(3)要正确对待"三多"(职务多、会议多、社会活动多)。由于先进者的贡献大,得到的物质和精神的奖励也比一般人多,其中就包括多参加一些会议、社会活动和担任一定的职务。这些既是社会对其贡献的奖励,同时也是社会利用先进教育、鼓励人们共同向上的一种方式,是十分必要的。但是,辩证法又告诉我们,必须要注意事物质的数量的界限,即要掌握事物的度。超过了度的界限,会议成山,职务缠身,使先进者脱离了工作、脱离了员工,那就不仅不能成为先进和榜样,反而会带来某些不好的后果。还要讲清一点的是,凡先进者不一定都要委以重职。

(摘自http://wenku.baidu.com/view/45c053cfa1c7aa00b52acbba.html)

【材料二】

如何对后进者激励

后进是与先进相比较而存在的,所谓"后进",只不过是他们身上的消极东西多了一些而已,并非从里到外、彻头彻尾的坏人,更不是没有一点闪光的东西。只要我们细心观察、热情挖掘,就会从后进者身上发现这样或那样的优点和长处:上进心——总希望改变落后的位置,存在要求上进、争取领先的心愿;好胜心——蕴藏着一种不服气的好胜情绪,甚至爱出风头,来满足自己并不比人差的求胜心理;自尊心——不允许别人歧视、侮辱自己,要求得到人格的尊重;自主性——思想解放、敢想敢干,没有顾忌和框框,有时甚至胆大妄为。当然,后进者的缺点、错误、问题、弱点很多。但作为激励者要发现和挖掘他们身上的闪光点,使之发扬光大,要淡化他们的缺点,化消极因素为积极因素。

(1)关心体贴,动之以情。后进者最害怕的是被人瞧不起,最需要领导和同事们的信任和亲热。激励要以正强化为主,以负强化为辅,不要老抓住问题不放,一味的批评、讥讽,也不要老揭过去的"伤疤",让人抬不起头来。对后进者不能嫌弃,要以父母心、兄弟情,献上一片爱心,满腔热忱地亲近他们,真心实意地帮助他们,无微不至地关心他们,一视同仁地对待他们。这样,就能把他们的积极性调动起来。

（2）正确疏导，晓之以理。后进者一般都有一定的个性，采取"硬拧"的办法容易产生逆反心理，因此要注重疏导。什么事都要讲明道理，讲清利害，以理服人，不以势压人，用正确的道理启迪他们的心灵。

（3）注重经常导之以规。后进者一般自控能力较弱，需要人经常点拨帮助。因此，对他们要注重经常激励，及时纠正出现的偏差。同时，要注意超前引导，在不良行为未出现之前就给予提醒、鼓励，以避免问题的发生。要用规章制度来规范他们的言行，一点一滴磨炼，一招一式矫正，逐步养成习惯。

（4）循序渐进，持之以恒。后进者的转化是一个痛苦艰难的过程，不能操之过急。对他们的每一点进步都要充分肯定，对前进中出现的反复要有耐心，一如既往地做好工作。要运用激励手段，经常加油，时时鼓劲，使他们不断成长进步。

（摘自http://wenku.baidu.com/view/45c053cfa1c7aa00b52acbba.html）

【材料三】

如何对中间层激励

中间层是一个大概念，其中也不是只有一个层次。处于中间层前列的人员，与先进者距离较近，表现较好；相对较差的那一部分与后进者距离较近，与后进者相差无几，只是程度轻一些。一般来说，中间层具有以下几个特点：讲求实惠，对物质利益比较关注；思想麻木，不求进取，甘居中游；明哲保身，不求有功，但求无过，遇事无争，不管他人；钻研技术，精通业务，一般都有一技之长。要做好中间层的激励工作，必须针对这些特点，采取与之相适应的办法：一是重奖重罚，增强奖励的吸引力和处罚的威慑力，真正使他们受到触动，改变麻木不仁的状态；二是发挥他们的长处，特别是技术上的一技之长，大胆地让他们挑重担、当骨干，担负重要任务，让他们有表现自己特长的机会；三是扩大先进面，特别是处在前列的人，要严格要求，热情鼓励，使其迅速摆脱中游，加入先进行列；四是要高度重视对中间层的激励工作，设一些阶段奖和单项奖，使他们中间有较多的人有较多的机会获奖；对中间层人员的缺点要及时帮助教育，不能忽视对这部分人的教育管理。激励工作不可忽视中间层，一定要舍得在中间层上下工夫。

（摘自http://wenku.baidu.com/view/45c053cfa1c7aa00b52acbba.html）

自我测试

哪种需要对你最为重要？

1. 说明：把你对下面问题的反应做个排列，将你认为最为重要或最为真实的反应列为**5**，其次列为**4**，由此类推，对你来说最不重要或最不真实的反应列为**1**。

例：我最爱从事的工作是：

第五章　激励能力

A. __4__ 独自一人工作；
B. __3__ 有时与其他人共同工作,有时独自一人工作；
C. __1__ 作演讲；
D. __2__ 与他人共同讨论；
E. __5__ 从事室外工作。

(1) 总的来说,一项工作对我最为重要的是：
A. _____ 工资是否足够满足我的需要；
B. _____ 是否提供建立伙伴关系或良好人际关系的机会；
C. _____ 是否有良好的福利待遇,且工作安全；
D. _____ 是否给我足够的自由和展示自己的机会；
E. _____ 是否根据我的业绩而有晋升的机会。

(2) 如果我打算辞去一项工作,很可能是因为：
A. _____ 这项工作很危险,比如没有足够的工作设备或安全设施极差；
B. _____ 由于企业不景气或筹措资金困难,因而能否继续被聘用是个未知数；
C. _____ 这是个被人瞧不起的职业；
D. _____ 这工作只能独自一人来做,无法与他人进行讨论和沟通；
E. _____ 对我来说这项工作缺乏个人意义。

(3) 对我来说,工作中最为重要的奖赏是：
A. _____ 来自于工作本身,即这是一项重要而具有挑战性的工作；
B. _____ 满足人们从事工作的基本原因,如丰厚的工资、宽敞的居室以及其他经济需求；
C. _____ 提供了多种福利待遇,如医疗保险、旅游休养假期、退休保险等等；
D. _____ 体现了我的能力,比如我所做的工作得到了承认,我知道自己是本公司或本专业中最优秀的工作者之一；
E. _____ 来自于工作中的人际因素,也就是说,有结交朋友的机会和成为群体中重要一员的机会。

(4) 我的工作士气受到下面因素的极大干扰：
A. _____ 前途不可预知；
B. _____ 工作成绩相同,但其他人得到了承认,我却没有；
C. _____ 我的同事对我不友好或怀有敌意；
D. _____ 我感到压抑,无法发展自己；
E. _____ 工作环境很差,没有空调,停车不方便,空间和照明不充足,卫生设施太差。

(5) 决定是否接受一项提升时,我最为关心的是：

A. _____ 这是否是一项让人感到自豪的工作,并受人羡慕尊敬;
B. _____ 接受这项工作对我来说是否是场赌博,我是否失去的可能比我得到的要多;
C. _____ 经济上的待遇是否令人满意;
D. _____ 我是否喜欢那些我将与之共事的新同事,并且能够与他们和睦相处;
E. _____ 我是否可以开拓新领域并作出更有创造性的工作。

(6) 能发挥我最大潜力的工作是这样的:
A. _____ 员工之间有种亲情关系,大家相处得很愉快;
B. _____ 工作条件(包括设备、原材料以及基础设施)安全可靠;
C. _____ 管理层善解人意,我的工作也很有保障,不太可能被解聘;
D. _____ 我可以从个人价值被承认中感受到工作的回报;
E. _____ 对我所做的成绩能得到承认。

(7) 如果我目前职位出现下面情况,我将考虑另换工作:
A. _____ 不能提供安全保障和福利待遇;
B. _____ 不能提供学习和发展的机会;
C. _____ 我所做出的成绩得不到承认;
D. _____ 无法提供亲密的人际交往;
E. _____ 不能提供充分的经济报酬。

(8) 令我感到压力最大的工作环境是:
A. _____ 与同事之间有严重的分歧;
B. _____ 工作环境很不安全;
C. _____ 上司喜怒无常、捉摸不定;
D. _____ 不能充分展示自己;
E. _____ 没有人认可我的工作质量。

(9) 我将接受一项新工作,如果:
A. _____ 这项工作是对我潜力的考验;
B. _____ 这项工作能提供更丰厚的工资和良好的环境;
C. _____ 工作有安全保障,且能长期提供多种福利待遇;
D. _____ 新工作被其他人尊重;
E. _____ 可能与同事建立良好的人际关系。

(10) 我将加班工作,如果:
A. _____ 工作具有挑战性;
B. _____ 我需要额外收入;
C. _____ 我的同事们也加班加点;
D. _____ 只有这样做才能保住我的工作;

第五章 激励能力

E. _____ 公司能承认我的贡献。

2. 评分标准：

把你对每个问题的 A、B、C、D 和 E 的选择的相应分数填入下列评分表的对应项目中。注意，评分表中的字母并不总是按字母顺序排列的。然后合计每一列的分数得到每种动机水平的总分。

问题1	A	C	B	E	D
问题2	A	B	D	C	E
问题3	B	C	E	D	A
问题4	E	A	C	B	D
问题5	C	B	D	A	E
问题6	B	C	A	E	D
问题7	E	A	D	C	B
问题8	B	C	A	E	D
问题9	B	C	E	D	A
问题10	B	D	C	E	A
总分	I	II	III	IV	V
	动 机 水 平				

3. 结果分析：

5种动机水平如下：

(1) 水平 I ——生理需要。

(2) 水平Ⅱ——安全需要。
(3) 水平Ⅲ——社会需要。
(4) 水平Ⅳ——尊重需要。
(5) 水平Ⅴ——自我实现需要。

那些得分最高的需要是你在你的工作中识别出的最重要的需要,得分最低的需要表明已经得到较好的满足或此时你不再强调它的重要性。

(摘自http://www.gdcp.cn/jpkc/glxjc/xt.asp?id=334&title=哪种需要对你最为重要?)

◆ 案例分析

明春计算机公司的激励制度

明春计算机公司是一家中外合资公司,地处南方某一个开放城市。该公司成立于1988年。董事长由中方的方丽小姐担任,她曾在原联邦德国学习计算机多年,并获得博士学位。1985年回国后,曾任光明计算机厂总工程师,1988年该厂与外方合作时调任明春计算机公司董事长。该公司的总经理由大卫·陈担任,他原是美国斯坦福大学的博士生,曾在美国"硅谷"的坦丁姆计算机公司担任过生产部经理。

明春公司地处开放城市,受到各方面有力的竞争。由于激烈的竞争环境,也由于方丽和大卫·陈这两位中国长大的洋博士的管理天才,他们两人紧密合作,创造了一套有效而独特的管理自己职工的方法。

他们为职工创造了良好的工作环境。在公司专门设有健身房、游泳池,还有供职工娱乐活动的图书馆和文化活动房,还专门辟有供职工休息的小花园和宁静的散步小道等。他们规定在工作日免费给职工提供午餐,还定期地在每周五晚上举办各种酒会和男女职工舞会等社会活动。

他们也很注意用经济因素来激励职工,他们每年都根据职工在本公司的工龄和工作表现情况赠送公司的股票作为奖励,每个职工都持有本公司的股票,这样就大大激励了大家为公司努力工作的热情。

大卫·陈要求每个职工都要制定出具体的了解公司、学会和操作公司内各种工作技能的五年自我发展计划。这样,每个人都可以逐渐了解公司,并能根据个人的发展和公司的需要调动工作。

方丽和大卫·陈都是极随和的人,他们喜欢以非正式的身份进行管理,他们除了每月举行一次各部门经理的例会外,还经常深入各个部门与各部门经理共同商讨问题。但关于各部门之事,他们总是让部门经理自己拿主意、做决策。这样,各部门乃至各室和班组长都能积极为本部门的工作负责,都能发挥自己的积极性。

当然,他们知道,要维持住这样一批为公司倾心工作的职工确实不是一件容易的事。人才竞争极为激烈,已有一些公司以更高的薪金试图挖他们的人才。公司在飞速地发展。随着公司的扩大,它的生产速度自然会放慢,也会出现一个更为正式而庞大的管理机构。在这种情况下,如何才能招聘到新的人才,如何才能更有效地激励职工呢?

(摘自 http://www.gdcp.cn/jpkc/glxjc/xt.asp?id=278&title=明春计算机公司的激励制度&pid=37)

问题:
1. 明春计算机公司采取了哪些有效的激励方法?
2. 请剖析该公司的报酬制度,说明该制度能起作用的原因。

实 训

【内容一】

彩圈飞舞

游戏程序:

1. 把全班同学分成三个小组,组长角色事先布置,分别扮演"积极鼓励"、"疯狂打击"和"无声无息"三个角色(角色说明书另附)。

2. 每个组每个学员发30个铁丝环,在规定的距离(2米)扔套玻璃杯。记录套中率,即扔若干圈的命中率。每个学员套中后,可选择是否扔完铁丝圈。

游戏规则:
1. 学员不可越线扔圈。
2. 学员必须一个一个地扔圈。
3. 每次命中后,学员如选择继续扔圈,多次命中,选择命中率最高一次为该学员成绩。
4. 最后成绩取小组的平均命中率。
5. 游戏时间大约为30分钟。

参考角色说明书:

角色1——正面激励的领导。你是一个提倡正面激励的领导,在游戏过程中,你始终鼓励你的小组成员。

角色2——无反馈的领导。你是一个不给予成员任何反馈的领导,不管你的小组成员取得了什么样的成绩,你都是面无表情,不说话。

角色3——负面激励的领导。你是一个给成员不断打击的领导,成员在游戏过程中,你不断地打击成员的积极性。

注意事项:
1. 辅导老师必须指导三个组长忠实地执行角色要求。
2. 每个组长必须正确记录每个学员的扔圈成绩。

3. 游戏完成后,首先,公布三个组的成绩;其次,请三个小组的成员代表各自谈游戏感受;再次,请三个组长说明自己事先受命扮演的不同角色以及自己的感受;最后,老师道出游戏的目的:三种不同的反馈激励模式产生不同的团队工作效果。

游戏成绩统计表:

组　别	总圈数	单个人命中率	小组平均命中率

【内容二】

为所在班级制定一份激励计划

1. 调查和深入研究本班学生的学习积极性以及包括奖学金在内的激励状况。
2. 以模拟公司为单位,就如何在本班进一步调动学习积极性、实现有效激励组织探讨。
3. 每人为班级起草一份激励计划。
4. 在班级探讨中,深入分析目前的激励状况,研讨如何有效激励,充实完善同学们的激励计划。

【内容三】

实 地 调 查

每个模拟公司成员先考虑以下这段话:家长为了鼓励孩子努力学习,向孩子承诺:如果在下学期每门功课都考 90 分以上就给予一定的奖励。你觉得孩子是否会因此而努力学习?为什么?请找几个不同学习成绩的中、小学学生聊聊,看看他们对这句话的反应,然后用有关激励理论来分析,并在团队内阐述你的观点。

第六章
团队建设能力

📖 **重点知识要求**

1. 了解团队的含义和构成要素。
2. 了解团队和一般工作群体的区别。
3. 了解高绩效团队的特征。
4. 熟悉影响团队建设的障碍。
5. 掌握高绩效团队建设的方法。

📖 **重点能力要求**

1. 培养团队建设的初步能力。
2. 培养解决团队冲突的能力。

💣 **案例导入**

法国农业工程师林格曼曾经设计了一个引人深思的拉绳实验:把被试者分成一人组、二人组、三人组和八人组,要求各组用尽全力拉绳,同时用灵敏的测力器分别测量其拉力。在一般人看来,几个人同时拉一根绳的合力应该等于每个人各拉一根绳的拉力之和。但结果却让人大吃一惊。

1. 二人组的拉力只是单独拉绳时二人拉力总和的95%。
2. 三人组的拉力只是单独拉绳时三人拉力总和的85%。
3. 八人组的拉力则降到单独拉绳时八人拉力总和的49%。

(摘自 http://www.china-b.com/jyzy/qywh/20090504/1721828_1.html)

思考题:这个拉绳实验对你有什么启示呢?

团队是一个特殊的群体。团队凝聚力强、合作程度高、成员贡献意识强,团队工作效率就比一般群体高,在这样的团队中工作,人们的心情也比较愉快。团队对组织、对成员个人都有许多好处,因此管理者一般都喜欢团队的工作方式,津津乐道如何建设团队。但还有很多管理者对团队的认识很模糊,不知道该如何建设团队和领导团队。团队是一个特殊的群体,但团队的本质究竟是什么呢?

第一节 团队概述

一、团队的概念

团队是指由少数具有互补技能的人员组成,为了实现共同的目的、业绩目标而自觉合作、积极努力且勇于承担责任的一个凝聚力很强的社会群体。

团队通常主要由以下五个因素构成:

1. 目标

团队应该有一个既定的目标为团队成员导航,知道要向何处去。没有目标,这个团队就没有存在的价值。团队除了要服从组织的大目标外,还应有自己的小目标,但是团队目标不能偏离组织的目标。

💣【案例 6-1】

团队目标的重要性

自然界中有一种昆虫很喜欢吃的三叶草(也叫鸡公叶),这种昆虫在吃食物的时候都是成群结队的,第一个趴在第二个的身上,第二个趴在第三个的身上,由一只昆虫带队去寻找食物,这些昆虫连接起来就像一节一节的火车车厢。管理学家做了一个实验,把这些像火车车厢一样的昆虫连在一起,组成一个圆圈,然后在圆圈中放了它们喜欢吃的三叶草,结果它们爬得精疲力尽也吃不到这些草。

(摘自 http://baike.baidu.com/view/296931.htm)

思考题:你觉得在现实生活中没有目标的团队存在吗?

2. 人

人是构成团队的最核心力量。三人(包含3人)以上就可以构成团队。

目标是通过人员具体实现的,所以人员的选择是团队中非常重要的一个部分。在一个团队中可能需要有人出主意,有人定计划,有人实施,有人协调不同的人一起去工作,还有人去监督团队工作的进展,评价团队最终的贡献。不同的人通过分工来共同完成团队的目标,在人员选择方面要考虑人员的能力如何,技能是否互补,人员的经验如何。团队的人数并非越多越好,10~12人以下较合适。数量较多的人群,理论上可以成为一个团队,但实际上很可能再分出一些下级团队,而不是作为一个团队来发挥作用。人数如果较多则很难达成共识,相互间也难以配合而采取有效的行动。

3. 团队的定位

团队的定位包含两层意思:

(1) 团队自身的定位,即团队在组织中处于什么位置,由谁选择和决定团队的成员,团队最终对谁负责,团队采取什么方式激励下属?

(2) 个体的定位,即作为成员在团队中扮演什么角色?是制定计划还是具体实施或评估?

4. 权限

团队中领导人的权力大小跟团队的发展阶段相关,在管理工作中团队越成熟领导者所拥有的权力相应越小,在团队发展的初期阶段领导权相对比较集中。

团队权限关系的两个方面:

(1) 整个团队在组织中拥有什么样的决定权。比如说财务决定权、人事决定权、信息决定权。

(2) 组织的基本特征。比如说组织的规模多大,团队的数量是否足够多,组织对于团队的授权有多大,它的业务是什么类型。

5. 计划

计划也包含两层含义:

(1) 目标的最终实现,需要一系列具体的行动方案,可以把计划理解成目标的具体工作的程序。

(2) 提前按计划进行可以保证团队的顺利进行。只有在计划的操作下团队才会一步一步地贴近目标,从而最终实现目标。

二、群体和团队的区别

人们常常把团队和群体混为一谈,但它们之间有根本性的区别。

团队是一种特定的正式群体,是属于群体的一种特定类型,具有群体的一些特征。团队与群体的区别可以通过图 6-1 来表示。

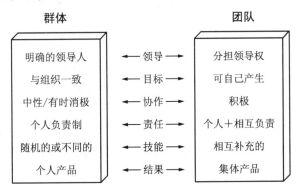

图 6-1 群体和团队的区别

1. 领导方面。作为群体应该有明确的领导人；团队可能就不一样，尤其是在团队发展到成熟阶段，成员共享决策权。

2. 目标方面。群体的目标必须与组织保持一致，但团队中除了这点之外，还可以产生自己的目标。

3. 协作方面。协作性是群体和团队最根本的差异，群体的协作性可能是中等程度的，有时成员还有些消极，有些对立；但团队中是一种齐心协力的气氛。

4. 责任方面。群体的领导者要负很大责任，而团队中除了领导者要负责之外，每一个团队的成员也要负责，甚至要一起相互作用，共同负责。

5. 技能方面。群体成员的技能可能是不同的，也可能是相同的，而团队成员的技能是相互补充的，把不同知识、技能和经验的人综合在一起，形成角色互补，从而达到整个团队的有效组合。

6. 结果方面。群体的绩效是每一个个体的绩效相加之和，团队的结果或绩效是由大家共同合作完成的产品。

思考题：

1. 下面四个类型，哪些是群体，哪些是团队？

龙舟队 旅行团 足球队 候机旅客

2. NBA在每赛季结束后都要组成一个明星队，由来自各个队伍中不同的球员组成一支篮球队，跟冠军队比赛，这个明星队是团队还是群体？

三、团队建设的意义

20世纪80年代开始，团队开始被引入一些公司的管理过程。现在，"团队"一词已经非常盛行，在许多著名的、出色的企业中，团队都是其重要的组织结构和管理方式。团队在当今企业界如此盛行，其原因在于，它在组织的经营管理活动中具有以下意义。

（一）可以充分利用组织资源

首先，任何组织现存的各种资源都往往存在着不平衡，部分冗余不可避免。实行团队制，可以在组织原有的工作不受影响的情况下开拓许多新的工作领域，完成更多的工作任务。

其次，当某种工作任务需要多种技能、渠道和经验时，显然，由若干成员组成各有特色并集思广益的团队来做，通常会比个人干得更好，因为团队有助于组织更好地利用雇员的才能。

此外，在复杂多变的环境中，团队工作的模式比传统的部门结构更灵活、反应更迅速，它能快速地组合、重组、解散，这可以大大提高组织资源的利用率。

（二）能够增强组织效能

团队有利于改善组织的沟通状况，使团队成员加强交流，这有利于弥补组织的一些缺陷。而且,团队及其成员有对整体组织的共同承诺,鼓励个体把个人目标升华为团队和组织的目标,共同为组织的目标而努力,强化整体组织的结构和战斗力。而且,团队能够增强组织的灵活性,有利于组织在操作层次上的应变。

(三) 能够增强组织的凝聚力

每个团队都有特定的团队任务和事业目标,团队鼓励每个参与者把个人目标融入和升华为团队的目标并作出承诺,这就使企业文化建设中的核心问题——共同价值观体系的建立,变成可操作性极强的管理问题。同时,团队的工作形式要求其参加者只有默契的配合才能很好地完成工作,促使他们在工作中有更多的沟通和理解,共同应付工作的压力。

(四) 充分体现出人本管理思想

团队鼓励其成员一专多能,并对团队成员进行工作扩大化训练,要求团队成员积极参与组织决策。由于团队工作形式培养了团队成员的技术能力、决策和人际处理能力,使团队成员从机器的附属中解放出来,所以,团队充分体现了以人为本的管理思想。

(五) 能多方面地促进组织效益提高

团队这种形式有产生正向协同作用的功能,它可以大大提高局部组织的生产效率和整体的经济效益。当工作任务和日常决策权交给团队后,团队可以自动运转起来,管理层就能够摆脱日常事务管理而去思考和处理更重要的问题。同时,决策权下放给团队,团队就能够根据环境的变化灵活处理问题,有利于组织的目标和决策较好地实现,从而达到促进组织绩效提高和组织发展的目的。

四、团队的类型

团队的类型多种多样,规模有大有小,每种类型的团队都有明显的特征。我们通常根据团队存在的目的和拥有自主权的大小可将团队分成四种类型。

(一) 问题解决型团队

在团队出现的早期,大多数团队属于问题解决型团队,就是由同一个部门的若干名员工临时聚集在一起而组成的团队,这些团队每周用几个小时碰头,讨论如何提高产品质量、增加生产效率、改善工作环境、改进工作程序和工作方法,互相交换看法或提供建议。在问题解决型团队里,团队的主要责任是通过调查研究,集思广益,厘清组织的问题、挑战和机会,拟定策略计划或执行计划。

💣【案例 6-2】

丹尼尔·雷是如何塑造一个有效问题解决型团队的

丹尼尔·雷是一个工作团队发展方面的专业咨询师。他回忆起一次令人难忘的工作经历:一个由五个黑人男子和五个黑人妇女所组成的所谓的"团队",他们负责保险信用卡的加工,与一家财政服务公司的合作。"他们在一起时矛盾四起",尽管期望能管理自身,但这个团队的成员还是发现在一起工作几乎不可能。双方相互憎恨、攻击和不负责任。合作与交流——成功团队的标志,他们都不具备。

丹尼尔·雷作为问题解决团队的促进者,进行了为期3个月的干预,让成员显露其不同之处。在历时3小时的课程中,丹尼尔·雷说:"有很多叫嚷声。"但一旦他们表达了相互间的顾虑、成见和想法后,他们就能着手从事手边的商业事务。1个月后,经过几次特殊的团队集会,生产力显著上升,一些成员在工作后有社交往来。随着人际氛围的改善,丹尼尔·雷的干预不再需要了。

(摘自 http://baike.baidu.com/view/296931.htm)

思考题:这个团队建设之初的矛盾是如何解决的?

(二)自我管理型团队

自我管理型团队也称为依靠自我或者是自我指导的团队。这些团队与许多其他类型的团队迥然不同,他们拥有广泛的自主权和自由以及可以像经理般的行事能力,可以亲自执行解决问题的方案,并且对工作承担全部责任。这种类型的团队通常由10～16人组成,他们的工作是聚集在一起解决一般性的工作问题,承担以前是由自己的上司所承担的一些责任。自我管理型团队也称为高绩效团队、跨职能团队或者超级团队。目前,像我们所熟知的通用汽车公司、百事可乐、惠普公司和施乐公司等,实行的都是自我管理型的团队。

💣【案例6-3】

联合食品公司的自我管理型团队

联合食品公司的自然食品连锁店,有多达1 400名雇员和90家商店。这是一个非常成功的组织。它关键的组织方式和管理哲学是运用授权的自我管理团队。

联合食品公司文化以分散的团队工作为前提。它超越等级构成了行动的单位。每个商店是一个利润中心,有10个自我管理团队——生产、杂货、成品——有选定的领导和明确的行动目标。每个商店中的领导是个领导团队,每个地区的商店领导也是团队,公司的6个地区主管同样是团队式的。

该公司文化以对生产力的共同承诺感为特征。雇员的参与加强了个人对绩效和利润的关注,坚实的财政基础使员工有更多的创新自由。公司运作遵循三大原则:一是所有的工作都是团队工作;二是对任何值得做的事情进行评估是有价值的;三是成为你自己最有力的竞争者。

在联合食品公司,行为表现的压力来自于同伴而不是上级,并且它以一种内在的竞争形式出现。团队同自设的销售目标、成长和生产力目标竞争;他们也同本店的其他团队、不同商店或地区相似的团队竞争。这种竞争是为什么行为信息是如此重要的一个主要原因,它已成为每个团队以其他团队来评价自身的标尺。

(摘自 http://wiki.mbalib.com/wiki/General_Mills%E5%85%AC%E5%8F%B8)

思考题:你对自我管理型团队的内涵怎样理解?

(三)多功能型团队

多功能型团队是团队形式的进一步发展,它由来自同一等级、不同工作领域的成员组成,他们汇聚到一起的目的是完成一项任务。可以说,盛行于今的项目管理与多功能团队有着内在的联系。

💣※【案例6-5】

麦当劳的多功能型团队

麦当劳有一个危机管理队伍,责任就是应对重大的危机,由来自于麦当劳营运部、训练部、采购部、政府关系部等部门的一些资深人员组成,他们平时在共同接受关于危机管理的训练,甚至模拟当危机到来时怎样快速应对,比如广告牌被风吹倒,砸伤了行人,这时该怎么处理?一些人员考虑是否把被砸伤的人送到医院,如何回答新闻媒体的采访,当家属询问或提出质疑时如何对待?另外一些人要考虑的是如何对这个受伤者负责,保险谁来出,怎样确定保险?所有这些都要求团队成员能够在复杂问题面前做出快速行动,并且进行一些专业化的处理。

(摘自 http://baike.baidu.com/view/2193404.htm)

思考题:麦当劳的多功能型团队对你有什么启发?

(四)学习型团队

美国麻省理工学院彼得·圣吉教授于1990年提出了学习型组织理念,在圣吉理念的引导下,许多企业都提出了建立学习型团队的目标。

学习型团队代表的是一个团体,更多的是强调团队的学习力,在代表团队学习的同时,也包括了个人学习力,培养团队的学习气氛,进而形成一种符合人性的、有机的、扁平化的团队——学习型团队。

💣※【案例6-5】

打造学习型团队势在必行

金德管业集团的发展速度令同行惊叹,6年的时间一跃成为中国管道行业的龙头,2006年有3个生产基地建成投产,广东清远生产基地也即将完工。8大生产基地的硬件战略布局结束后,将全力打造集团软件上的市场竞争力,而企业现有员工的学习提高是这项工程的重点。如今企业员工急剧增多,个体之间水平有所差异,要统一企业员工思想，紧跟企业的步伐与思路，就必须加强员工的学习提高，通过学习来提升和凝聚团队的力量。而且，面对信息化市场经济的激烈竞争，公司必须从下至上，打造一支高素质的学习型团队，这样才能用最新的知识来武装成员的头脑，实现企业的创新与超越，并立于市场的不败之地。

（摘自 http://www.ginde.com/news/news_view.asp? kindid=1000&infoid=0000019761）

思考题：你认为在企业中打造学习型团队有什么意义？

五、团队中的角色

英国剑桥大学的产业培训研究部在贝尔滨教授的领导下做了9年的团队研究，其中大部分研究是在亨利管理人员学院进行的，其中心任务就是在不同的假设和设计前提下研究团队的构成。

他们在实验中组建了120支管理团队，它们中的大多数由6名成员组成。团队效率的衡量标准则是它们在管理游戏中所取得的财务业绩。还有另外70家"公司"也在他们的考察范围之内。它们或是由亨利的管理人员组建，或是由学员们自己组建。

通过这些实验，他们得到的一个最核心的概念就是团队角色。它定义了具有特定性格特征和能力的成员所能为团队做出的贡献。有用的团队角色数量有限，团队的成功要依赖于它们的组合模式以及它们履行职责的情况。

（一）实干者

这些人对于社会上出现的新生事物不感兴趣，甚至对新生事物存在着一种本能的抗拒心理。他们对喜欢接受新生事物的人很是看不惯，常常是水火不相容。他们对自己生活的环境很满足，并不主动去寻求什么改变，给人一种逆来顺受的感觉。

当上司交给他们工作任务时，他们会按上司的意图兢兢业业、踏踏实实地把事情做好。他们常常会给别人特别是领导留下一种务实可靠的印象。

（二）协调者

当他们遇到突如其来的事情发生时表现得沉重、冷静，正如人们经常所说的遇事不慌。对事物具有判断是非曲直的能力；对自己把握事态发展的能力有充分的自信；处理问题时能控制自己的情绪和态度，具有较强的自制力。

（三）推进者

他们常常表现得思维比较敏捷，对事物具有举一反三的能力。看问题思路比较开阔，对一件事情能从多方面考虑解决问题的方法。

这种人往往性格比较开朗，容易与人接触，能很快适应新的环境；能利用各种资源，善于克服困难和改进工作流程。

（四）创新者

他们具有鲜明的个人特性,思想比较深刻,对许多问题的看法与众不同,对一些问题有自己独到的见解,考虑问题不拘一格,思维比较活跃。

（五）信息者

他们的性格往往比较外向,对人、对事总是充满热情,表现出很强的好奇心,与外界联系比较广泛,各方面的消息都很灵通。

（六）监督者

他们的头脑比较清醒,处理问题比较理智,对人、对事表现得言行谨慎、公平、客观。他们喜欢比较团队成员的行为,喜欢观察团队的各种活动过程。

（七）凝聚者

他们比较擅长日常生活中的人际交往,能与人保持和善友好的关系,为人处世都比较温和,对人、对事都表现得比较敏感。

（八）完善者

他们具有持之以恒的毅力,做事注重细节,力求完美;完善者性格内向,工作动力源于内心的渴望,几乎不需要外界的刺激;他们不大可能去做那些没有把握的事情;喜欢事必躬亲,不愿授权;他们无法忍受那些做事随随便便的人。

思考题:《西游记》中的唐僧、孙悟空、猪八戒、沙和尚四个人在取经过程中分别扮演了什么角色？

第二节　影响团队建设的障碍

很长时间以来,无论是我们的组织机构,还是管理者和员工,都习惯于以组织机构、组织角色为主导地位的传统的管理方式。这种方式在他们的头脑中根深蒂固,而且他们从来就是以此来塑造自己、衡量别人的。所以,当组建团队这种与传统的管理方式完全不同的管理形式时,必然会遭到来自各个方面的阻力。影响团队建设的障碍主要有3个方面。

一、来自组织的障碍

（一）等级和官僚结构

很长时间以来组织实行的都是等级分明的管理方式,总经理就是总经理,部门经理就是部门经理,员工就是员工。员工要绝对服从部门经理的领导,部门经理要绝对服从总经理的领导。而团队这种形式恰恰是削弱了这种壁垒分明的等级制度。

在很多时候，团队角色不如僵硬的组织等级差别重要，这种组织等级差别对有效的团队工作来说是严重的障碍。因此，那些采用团队工作方式的组织常尽力去减少等级标志，这无疑会遭到来自传统管理方式的阻力。

（二）自上而下的管理方式

组织中长期以来一直保持着自上而下的金字塔式的管理方式，常常是一个部门经理管理所有的部门成员。而团队所采取的则是矩阵式的管理方式，部门中的每一位成员都参与部门的管理。这种不同于传统的管理方式在实践中常常会受到阻碍。

（三）死板、无风险的企业文化

一个企业、一个部门多年一直用这样的方式维持着，大家都感到很正常、很习惯，现在改用团队的方式进行管理，大家普遍会想："搞什么团队，谁知道团队到底是个什么样？"人们不相信团队能够带来什么效果，甚至有人认为个人比团队更容易管理，弄不好搞团队还会带来更多的麻烦，还不如维持现状呢。

（四）信息的传递往往是自上而下的

在自上而下的管理方式下，人们已经习惯于听领导自上而下地传递着各种信息，而团队的管理方式是矩阵式的，并且在团队中有信息者这样的团队角色，所以信息的来源不再是唯一的。这是传统的管理方式不容易接受的。

二、来自管理层的障碍

（一）管理者害怕失去权力和地位

组织机构自上而下的管理方式决定了在组织中管理者具有很多的权力和相应的社会地位，而团队的工作方式削弱了管理者的权力。管理者出于自身利益的考虑，害怕失去自己的权力，动摇自己在成员心目中的地位，就会极力反对团队这种形式。

💣【案例 6-6】

争功的销售经理

有一位业务员，非常能干，推销能力很强，曾经在公司连续 4 年被评为"金牌销售员"。后来，他当了区域销售经理，走上了管理岗位。很快，他与部属之间的冲突也随之而起。为了蝉联"金牌销售员"的荣誉称号，他不仅无法积极地向部属提供帮助，反而抢他们的单。于是，他的员工们只好纷纷离开了他，另寻出路。喜欢与部下争功的管理者，等待他的将是众叛亲离的悲惨结局。

（摘自 http://wenku.baidu.com/view/cc8633ea81c758f5f61f6756.html）

思考题：你觉得这位销售经理错在哪里？如果是你的话，如何摆正自己的位置？

（二）管理者害怕团队不再需要他们

在传统管理方式下，组织机构中的领导对于成员是唯一的管理角色，只有他能对别人发号施令，成员却没有权力管他的事情。而团队中有不同的团队角色，他们都分别担当着相应的管理角色，所以领导们会感觉团队不再那么需要他们了，他们就会出来反对团队这种形式的存在。

（三）管理者没有及时授予他人权力

团队与组织机构的不同之处中有一点是很重要的，那就是管理者要给团队成员及时地授权。在传统的管理方式下，管理者习惯于自己独揽大权，什么事都要向他请示汇报，成员只有让你干什么你就干什么。在这种情况下，成员的角色是单一的，大家都是一种角色。而团队需要有不同的团队角色，所以在管理者不及时授权的情况下是组建不成团队的，它将成为组建团队的阻力。

💣 【案例 6-7】

刘先生为什么这么累？

刘先生 2003 年 4 月加盟 A 公司担任软件实施顾问。他工作认真负责，服务态度极佳，辅导客户上线成功率达 100%，从未被客户投诉过。2006 年 1 月他调入业务部从事业务工作，从 1 月份至 9 月份，刘先生独立做单 20 件，成交额达 400 万元人民币，是 A 公司最优秀的业务员之一。2006 年 10 月，公司正值用人之际，刘先生因业绩突出被任命为一分公司的区域经理兼电脑培训学校校长，负责管理 5 名老师、8 名业务员。

因为当时情况较为紧急，刘先生未经过任何培训就走马上任了。上任后，刘先生立即着手打造一支高效的团队。但是 24 岁的他以前并没有管理经验，在成为经理不到 3 个月就表现出与所在的团队格格不入。员工的反馈显示，刘先生试图掌控每个人的销售情况及学校管理的每一个环节，甚至于学校后勤的柴米油盐、卫生打扫等小事都由其本人负责监督管理，这使得他所领导的老师及业务人员显得极为清闲，工作热情极为低下，也找不到成就感，导致新到任的 2 位老师和 2 名业务人员突然离职，其余成员士气也十分低落。刘的下属抱怨说，他每次开会都像个农村的长舌妇一样对大家喋喋不休，同样的问题重复多次，对下属未做好的工作，除了批评抱怨还是批评抱怨，从来不会表扬下属的优点、成绩与进步，在工作之余也从来不主动与下属进行沟通交流。

刘先生本人也感觉在分公司工作非常疲惫，找不到做一个团队主管的乐趣，失去了其以往作为一个业务员的单纯与快乐，为此他感到非常痛苦。

（摘自 http：//blog.sina.com.cn/s/blog_5304b1b00100a7hp.html）

思考题：你觉得刘先生什么地方做错了？他应该如何改进？

(四)管理者没有提供足够的培训和支持

团队是与传统的组织机构完全不同的新的一种形式,成员对团队这种新的形式不了解,比如,他们不懂得在成员中怎样表达自己的观点和看法,不懂得自己应该在团队中扮演什么角色、怎样扮演这个角色等等。这就需要管理者为成员提供足够的培训和指导。同时,组建团队也需要有一些资源,这就需要管理者的鼎力相助。如果缺少管理者的足够的培训和支持,也将会成为组建团队的障碍。

(五)管理者没有让员工担负起应负的责任

在团队中管理者在向团队成员授权的同时还应向团队成员授责。每一位团队成员在团队中担当不同的角色,他们都应该担当起相应的责任。如果管理者没有让员工担负起应负的责任,那么他们就不会真正担当起团队的角色,团队仍然无法组成。

三、来自员工的障碍

(一)害怕失去个人回报和个人成就的认可

有些员工特别是优秀的员工,他们独立干工作干得很出色,并且能得到很好的回报,与此同时也显示出了他个人的能力。而在团队中更多的是体现整个团队的力量和价值,个人的作用显现得不明显。所以,他们对组建团队是持反对意见的。

(二)害怕失去个性

有些成员会想,"我们都是这样长大的",要想改变可真不容易。我们从读书、考学校到工作都一直在追求自己的成绩、个人的表现,习惯于单打独斗,现在要想转变理念和目标,以团队为中心,的确很困难。

(三)害怕团队会带来更多的工作

在组织机构中员工只要完成自己的工作职责,按照组织规定的绩效考核标准去做,就会得到应有的回报,而不用花太多的时间和精力去考虑其他问题。在团队中除了这样工作外还要担当某种团队角色,参与团队的管理,增加了许多工作量,所以对组建团队有抵触情绪。

(四)害怕承担责任

在团队中工作肯定要比在组织机构中工作承担更多的责任。在组织机构中只要对自己的工作负责任就可以了,而在团队中工作还要担负起所担当角色的责任。比如,你是一个信息者,那么团队中如果因为缺乏信息而影响了团队的工作效率,你就要负责任了。有些成员因为不愿承担责任而反对组建团队。

(五)害怕冲突

在组织机构中,由于采用的是自上而下的管理方式,成员都是受管理者的统一领导,成员之间直接表达自己观点的机会有限,大多数时间都是你干你的,我干我的,与其他成员之间发生冲突的机会也就比较少。在团队中,成员要担当一定的角色,与其他成员发生冲突的机会就会增多。比如,你在团队中是一个完美者,你就要经常给其他成员的工作挑毛病,其他成员不服气,这时就会发生冲突。所以,有些成员因为害怕冲突而拒不接受团队这种形式。

第三节　团队建设能力的培养

一、高绩效团队的特征

（一）明确的团队目标

团队中的每个成员都能够描述出团队的共同工作目标,并且自觉地献身于这个目标。成员对团队的目标十分明确,并且这个目标具有挑战性。

（二）共享

团队成员能够共享团队中其他人具有的智慧;能够共享团队的各种资源;能够共享团队成员带来的各种信息;团队成员共享团队的工作责任。

（三）不同的团队角色

一个团队中能具备不同的团队角色,有实干者、协调者、推进者、创新者、信息者、监督者、凝聚者、完善者。

（四）良好的沟通

团队成员之间能够公开并且诚实地表达自己的想法。团队成员之间互相主动沟通,并且尽量了解和接受别人,团队成员积极主动地聆听别人的意见。团队成员中不同的意见和观点能够受到重视。

（五）共同的价值观和行为规范

团队成员拥有共同的价值观,共同的价值观像电脑的操作系统一样,为不同的团队成员提供共同的、可兼容的统一的平台,否则,就像电脑无法操作一样,团队成员之间根本无法合作与沟通。

（六）归属感

归属感也就是凝聚力。成员喜欢他们的团队,愿意属于这个团队,具有一种自豪感。他们非常愿意留在自己的团队中,并且在必须离开这个团队时依依不舍。在具有归属感的团队中,成员之间可以分享成就,分担失败带来的忧虑和不能按时完成工作的焦急。团队成员之间愿意帮助别人克服困难,或是自觉自愿的多做工作。

（七）有效授权

团队领导使成员有渠道获得必要的技能和资源,团队政策和做法能够支持团队的工作目标。在团队中能够做到人人有职有权。

二、团队建设阶段

团队建设的3个任务构成团队建设的系统工程。3个任务的完成呈现出一定的时间系列,形成团队建设完整过程的4个阶段:创建团队(组合阶段),逐步形成合作的基本规定或标准(过渡阶段),了解自己的角色与必须完成的任务(成长阶段),继续保持和发展团队优秀品质和优势(成熟阶段)。

在团队建设过程中,贯穿始终的是团队的沟通、团队管理和团队领导。从组合团队的第一天开始,团队建设离不开良好的沟通、管理和领导。沟通、管理和领导的质量直接关系到团队建设的成效。

团队建设一般要经过以下4个阶段,见图6-2。

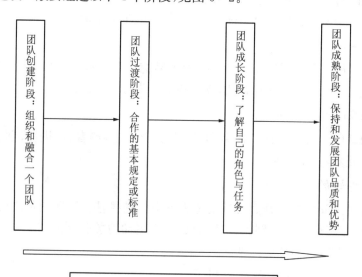

图6-2 团队建设4个阶段的任务

（一）创建阶段

这个阶段其实是一种探索的阶段,其成员既很振奋,又有些迷茫。工作团队建立伊始,管理阶层所任命的正式监督者仍会对团队的各种活动进行指挥与控制。按照现代团队的理念与模式进行教育与训练,逐渐地,这位监督者的职责会先被分派给某些团队成员,然后再分散至所有的成员身上。团队的成员必须解决属于自己团队中的问题,而监督者与团队领导者只负责提供技术方面的教授与训练,团队成员无法再依赖他们来解决问题。

（二）过渡阶段

团队逐步形成一些有关合作的基本规定或标准,团队工作人员的归属感越来越强,并以合作来取代竞争,沟通的门打开,而彼此之间的信任也逐渐加深。团队走出了相互敌对的状态,成员也开始注重彼此关系的维持,组织的生产能力有了提高。随着团队成员担负的与团队每日运作管理有关的职责越来越多,团队领导者的角色也逐渐由监督者变为协调者。团队的成员开始接管一些较为重要的管理工作,发展团队意识,解决团队内部的冲突,在无监督者指示的情况下作决定,并且从事一些改革政策、流程与执行例行工作方法相关的活动。

（三）成长阶段

随着团队建设的深入,团队信心大增,成员们了解了自己的角色与他们必须完成的任务。团队开始发展,并且利用建构好的流程与方式来进行沟通、化解冲突、分配资源,处理与其他团队的关系。在这个阶段中,团队领导者(或称协调者)脱离了团队,不再直接控制团队的活动。而团队成员则担负起制定例行决策的责任,根据不断积累起来的经验,他们能够正确地处理这些管理问题。

（四）成熟阶段

进入这一阶段,团队已经步入成熟。第一线的监督者角色也消失殆尽,团队成员完全负责团队的整个工作。除生产经营等基本工作职能外,他们还担负起那些较大范围的行政、财务、人事等工作,并且尽量在不让外力介入的情况下,解决他们在技术与其他方面所遇到的问题。团队有很大的自主性,有较为完整的决策权,可以按着自己的意愿行事,高效地实现团队的目标。

在团队建设的整个过程中,贯穿始终、必不可少的组织要素是沟通、管理和领导。

三、建设高绩效团队的领导管理策略

（一）保持团队的士气

1. 使团队成员愿意从事正在进行的事情

应以鼓舞人心的目标聚合团队的力量。领导者要与成员交谈沟通,应向他们解释为什么要进行这个项目。人们只愿意做他们觉得值得做的事情,团队如果缺乏有意义的目标,就不会有高昂的士气。

2. 工作进程要稳定

正在进行的事情需要一个相对稳定的过程。如果过于频繁的调整目标,就会使人们怀疑团队目标的价值和团队领导者的决策能力。一旦决定了的事情,不能轻易改变。

3. 尊重团队成员的个人生活空间

每个人除了工作外都有自己的生活空间,个人只是部分地属于组织。应尽可能尊重个人的生活习惯;除了规定的上班时间外,尽可能不打乱工作时间以外的个人时间安排;让每个人感觉到团队是充分尊重个人的。

4. 分享成功的快乐

团队取得较大成功时,举行庆祝活动。庆祝成功的欢乐场面将感染每个人,增强团队成员的信心。

5. 面临特别困难时及时鼓舞士气

团队不免会遇到一些特别大的困难。这时,应召开团队会议,共同分析问题和困难,交流可能的解决方法。团队的乐观者应起到鼓励人的作用。

💣【案例 6-8】

松下为何不说"不"

日本松下电器总裁松下幸之助的领导风格以骂人出名,但是也以最会栽培人才而出名。

有一次,松下幸之助对其公司的一位部门经理说:"我每天要做很多决定,并要批准他人的很多决定。实际上只有40%的决策是我真正认同的,余下的60%是我有所保留的,或者是我觉得过得去的。"

经理觉得很惊讶,假使松下不同意的事,大可一口否决就行了。

"你不可以对任何事都说不,对于那些你认为算是过得去的计划,你大可在实行过程中指导他们,使他们重新回到你所预期的轨迹。我想一个领导人有时应该接受他不喜欢的事,因为任何人都不喜欢被否定。"

(摘自 http://www.docin.com/p-55780488.html)

思考题:谈谈你对松下幸之助观点的看法。

(二) 提高团队情商

情商,是指在对自我和他人的情绪、情感认知、评估和分析的基础上,对情绪进行成熟的调节,使自己的行为方式和心理状态适应环境的一种调适能力。

团队的情商基础是成员个人的情商。但团队的情商不是每个成员情商的简单相加。团队成员在一起相处,相互影响,他们的个人情商融会在一起,交互作用,形成一个情商的综合效应——"情商场"。这个"情商场"对每个成员都有极大影响。例如,一个自我激励水平低落的人到了一个士气高涨、人人自我激励水平很高的团队里,自然会受到这个团队"情商场"的极大影响,从而提高自己的自我激励水平。反之,如果一个自我激励水平很高的人到了一个士气很低落的团队,也很快会丧失自己的工作动力。

提高团队情商应从个人情商和团队管理两个方面入手。

1. 提高个人情商

个人情商是构成团队"情商场"的要素。个人原来的气质和性格虽然决定了其情商的基本状态,但气质和性格也是可以适当改变的。提高个人情商可以从以下几个方面着手:

(1) 有意识地磨炼自己控制情绪的能力,不轻易发脾气,遇事冷静。

(2) 树立乐观的生活和工作态度,增强自信。遇到困难不轻易放弃目标。

(3) 解除压抑心理。工作、生活压力给现代工作者造成很大的心理压力,一些人感到心理压抑。发现心理压抑时,要有意识地自我鼓励,或者找信任的同事、长辈倾诉,听取他们的意见。

(4) 严于律己,宽以待人。凡事理性思考、理性处理。对别人非原则性的缺点不苛求指责。勇于承担工作责任,不诿过于人。

(5) 不自我封闭,增加与同事的人际沟通。

(6) 自我定位。对自己的长处和短处要有清醒的认识,对团队和组织对自己的要求和需要是什么也要有清醒的认识,知道自己在团队里该做什么,不该做什么。

(7) 以奉献为乐,以提携伙伴为乐。

(8) 对伙伴的需要保持敏感,耐心倾听伙伴的抱怨和诉苦。

【案例6-9】

智商使人得以录用,而情商使人得以晋升

被誉为"新泽西聪明工程师思想库"的贝尔实验室的一位经理受命列出他手下工作绩效最佳的人。从他所列出的名单看,那些认为工作绩效最好的人不是具有最高智商的人,而是那些情绪传递得到回应的人。这表明,与在社会交往方面不灵、性格孤僻的天才相比,那些良好的合作者和善于与同事相处的员工更可能得到为达到自己的目标所需的合作。美国创造性领导研究中心的大卫·坎普尔及同事在研究"出轨的主管人"(指昙花一现的主管人员)时发现,这些人之所以失败,不是因为技术上的无能,而是因为人际关系方面的缺陷。

(摘自 http://www.aierjf.com/newsshow.php?id=2797)

思考题:你认为工作中智商和情商哪个更重要?

2. 增加团队成员的情感交流机会

适当组织节假日的共同休闲和娱乐活动,增加团队成员交流情感的机会。在休闲和娱乐的时候,人们的心情愉快放松,解除了工作压力,彼此交流情感更加容易。平时情感交流越多,人际的冲突管理就越容易。

(三) 处理团队的统一意志与成员个性的关系

团队的统一意志集中体现在团队统一目标和统一纪律两方面。目标是团队的方向,有了统一目标,大家的劲才能往一处使;团队纪律就像火车的轨道一样,成员犹如一节节车厢,火车离不开轨道,而团队的活动离不开纪律。

团队目标和纪律是统一的,而成员之间的特长是不同的、相互补充的。每个人的特长发挥出来,集中起来,就成为一股超过个人功能简单相加的总和的系统功能。但系统功能毕竟依赖组成部分的功能的充分发挥。因此,团队的统一意志与成员个

人的特长不是对立的。团队不仅不应压抑个人的特长,反而应当鼓励个人发挥特长。

💣【案例 6-10】

如何使成员个人发展与团队发展相结合

联想运动队和惠普运动队进行攀岩比赛。惠普队一开始就鼓舞士气,强调要齐心合力。联想队则在商议着怎样根据各人的特长分配成员的角色。联想队经过商议后,安排一个动作机灵的小个子首先攀岩,把女队员和身体壮实的安排在中间,殿后的是具有独立攀岩能力的队员。最后联想队胜了惠普队。可见团队成员的特长和角色是互补的,必须发挥成员的个人特长。

(摘自 http://blog.china.alibaba.com/blog/dpdsjd.html)

思考题:在社会流动性和市场国际化程度高的社会中,团队成员很可能来自不同的社会和文化背景。你如何使团队适应成员的不同个性?

(四)处理团队共同业绩与个人冒尖的关系

团队强调团队共同的业绩、成果,而共同的业绩是由每个人的表现点点滴滴汇合而成的。成员在工作过程中,可以看到自己的贡献体现在团队的共同的业绩中,为共同的业绩而感到自豪,从中体会到个人工作的价值。

个人的表现差异是正常的,绝对一样是不可能的。其中少数有突出表现的拔尖人才对团队的业绩起到关键的作用。比尔·盖茨多次说过:如果把微软公司顶尖的 20 个人挖走,微软就会变成无足轻重的公司。

💣【案例 6-11】

冒尖的怎么没有了?

在一段时间里,某公司在建设销售团队的团队精神,业绩稳定上升,但原来有一两个员工业绩冒尖的现象却不再出现了。原因是有的业务人员认为,如果自己做得太好会不利于其他的同事。在不敢冒尖的观念支配下,最后自然是没有冒尖的"英雄"。

(摘自 http://www.du8.com/readfree/19/07936/3.html)

思考题:个人冒尖与团队共同进步是相互矛盾的吗?

团队需要在某方面表现突出的人才。团队工作过程中,常常会遇到极大的困难甚至是危机丛生的关键时候,这时不仅需要群体同心协力,也需要能够突破困境、化危机为机会的英雄。团队中的个人英雄对群体是一种极大的鼓舞,是一种榜样。没有个人英雄,团队在最困难的关键时刻难以打破停滞不前的局面。

所以对于团队中的个别冒尖人才和英雄应当给予鼓励,但必须鼓励冒尖人才和英雄为团队目标做贡献。对于追求个人利益的个人"英雄"行为,则不应当鼓励。同时也应当鼓励冒尖人才帮助后进的成员。

对冒尖人才和团队的英雄奖励时,首先应当注意的是肯定团队整体的业绩,肯定团队的努力程度,然后才肯定成员个人的英雄行为对团队的贡献。这样,团队第一、个人第二的精神才能树立起来。

(五) 处理团队内部合作与竞争的关系

合作能够"放大"个人的功能,竞争能够激发个人的潜能。可惜合作与竞争是一对矛盾,竞争可能削弱合作的意愿,而合作也可能削弱竞争的动机。怎样协调两者之间的关系,使之达到最佳平衡,确实需要领导艺术。

团队强调成员相互协同合作。但是在一个团队活动中,有的成员不称职或不肯卖力,成为混在团队整体里的一种"南郭先生"。怎样消除"南郭先生"呢?无疑,团队内部需要适当的竞争。内部竞争可以是团队内小组之间的竞争,也可以是个人的竞争。但不论是哪种层次的竞争,都要注意处理好竞争与合作的关系。

1. 评价和奖励必须公平

竞争总是会分化出先进与落后或优与劣。为了区分优秀与差劣,管理上要求按照团队的标准和规范对各小组或个人的行为表现和业绩进行评价,但评价标准和程序必须是公平的,如果不能做到公平,就无法真正赏善惩恶,就会削弱团队的凝聚力。因此,评价的标准和程序必须尽可能公平,与此相应的报酬和奖励也应尽可能公平。

2. 应采取温情惩戒的方式

存在两种不同的惩戒方式。

一种是严厉惩戒,对于在竞争中不幸排在末尾的个人,没有情面可讲,立即淘汰出岗位。这种竞争是很激烈的,而且可以说是很残酷的,竞争效果是达到了,但凝聚力必将削弱,不利于团队合作。

另一种惩戒方式是温情的,竞争的落后者不会被淘汰出局,而是得到善意的警告。假设竞争的奖惩是经济报酬的差别,如果报酬差别太大就可能引发各竞争单位的自我防卫机制,这时温情惩戒就转化为严厉惩戒。温情惩戒不是为了惩罚谁,而是要激励先进,警告后进。为了获得温情惩戒的良好效果,温情惩戒方式要讲究一定的艺术性。

【案例 6-12】

施乐公司的温情惩戒方式

美国复印机巨人施乐公司某个销售区的小组竞争方式很有艺术性。每个月的月底,销售额最少的小组将得到象征落后的会旋转的面目滑稽可笑的玩具娃娃。在一个月内,这个玩具娃娃必须安放在"获奖"小组的办公台上以示警告,直到下一轮的竞争失败者把它"夺走"。当然,没有人愿意保持这个象征落后的玩具娃娃,于是都勉力奋斗。施乐公司的这种温情竞争不会伤和气,但又达到了竞争的目的。对于实在不愿为团队工作的懒惰者,当然应当淘汰出局。

(摘自 http://txt.duowan.com/chapter/47813_1718396.html)

思考题:请举出一个现实生活中温情惩戒方式的例子。

3. 鼓励先进帮后进

团队内的竞争,根本目的是为了整个团队能够前进。因此要鼓励先进单位帮助落后单位,对于帮助后进的单位和个人的行为要加以表彰和奖励。

在处理、平衡合作与竞争的关系时,我们仍然需要强调合作高于竞争。从总体上说,通向成功的途径是合作,而不是竞争。竞争是以胜过他人为目标,这与自己做得更好是有区别的。自己做得更好是超越自我,而竞争是超越他人。在团队内,胜利必须建立在"我们"的基础上,而不是"我超过同伴"的基础上。

(六)处理附和与反对的关系

不论是团队或是一般的组织,当有一种主意或建议提出来后,可能有人反对,有人附和。反对与附和都是正常的组织行为过程所需要的。

如果任何意见提出后一贯只有附和的声音,而没有任何反对的声音,就不是正常的组织行为方式,因为这说明组织内部存在一种"礼貌附和"现象。其实,有不同想法而不说出来,藏在心里,相互之间难以真正沟通和交流,难以达成共识,对科学决策是不利的。

反之,如果任何意见一提出就总是有人反对,恐怕也是不正常的,因为这可能是组织内部存在小团体冲突的迹象。小团体冲突往往脱离组织的目标和原则,这时意见的冲突不是根据是非来定夺支持还是反对,而是简单地反对对立的小团体,或者是从小团体的利益出发提出反对意见。

作为团队,对内部有人提出的意见,是采取附和还是反对立场,其原则是根据团队或者团队所在的整个组织的利益和目标来决定。既要反对无原则的"礼貌附和",也要反对出于小团体的利益进行的冲突。反对意见是需要的、有价值的,但这种反对必须是出于对组织利益、团队利益的忠诚的反对,而非出于一己私利的冲突。

愿意说话,表明成员对领导者宽容态度的信任;不愿说话,表明对领导者还不够信任。团队成员敢不敢说反对的意见,可以作为测定成员对领导者的信任程度的一个指标。

为鼓励"忠诚的反对",首先,要求领导者大力提倡并且身体力行,以宽容的态度欢迎反对意见或不同的意见;其次,组织或团队要制定一套规则,从制度上保证人们愿意把心里话说出来。但制度是由人制定的,也会因人而改变。因此,还需要第三种更稳定的力量来保障说话的权利。这第三种力量是民主的文化气氛。当民主的文化深深扎根于人心之中,人们普遍觉得不同意见就像人的面孔各不相同一样,本来是很自然的时候,"忠诚的反对"才可能成为组织内部很平常的事情。

（七）处理平等沟通与使用权威的关系

团队的领导与团队普通成员是平等的成员，领导人把自己看作是团队的一个成员。虽然分工不同，责任有大小，权力有大小，但在人格上是平等的。团队成员不因为责任和岗位的不同而有尊卑高下之分。

领导一个企业，包括充满团队精神的企业，仍然需要权威。没有权威，团队会成为一盘散沙。企业、团队需要权威，但又不能盲从权威，因为权威也会犯错误。普通员工中潜藏着巨大的创新活力，许多创见可以来自基层员工。员工要尊重权威，而权威也需尊重普通员工。权威与普通员工应平等沟通，仅让权威发言的团体不会长期保持活力。

为了避免犯错误，聪明的权威人物会认真听取普通员工的意见，并鼓励员工提出自己的见解。松下幸之助认为，在一个团体中，只要部属尊重上级的权威，而上级也能听取部属的意见，则一切都会顺利。

领导人如何平衡使用自己的两种权威？领导人怎样做到与下属平等沟通而又不放弃自己的职权影响力呢？当自己没有主见时，听别人的话，许多领导人也许容易做到这点。难在第二种情况，即当与下属发生意见分歧时，领导人是否能够尊重甚至支持下属的意见。第三种情况是领导人自己有了坚定的想法，一般就会贯彻下去。

💣【案例6－13】

柳传志与下属交往的三原则

联想集团总裁柳传志给我们提供了一个启发性的例子。柳传志说过："我跟下级交往，事情怎么决定有三个原则：同事提出的想法，我自己想不清楚，在这种情况下，肯定按照人家的想法做。当我和同事都有看法，分不清谁对谁错，发生争执的时候，我采取的办法是，按你说的做。但是，我要把我的忠告告诉你，最后要找后账，成败与否要有个总结。你做对了，表扬你，承认你对，我再反思我当初为什么要那么做。你做错了，你得给我说明白，当初为什么不按我说的做，我的话，你为什么不认真考虑。第三种情况是，当我把事想清楚了，我就坚决地按照我想的做。"

（摘自http://finance.sina.com.cn/roll/20030731/1750389054.shtml）

思考题：你怎么评价柳传志的三原则？

平等沟通与坚持领导权威，两者如何平衡，有时是比较难办的事情。柳传志的经验是值得我们借鉴的。他们并没有利用自己的权威轻易否决与自己有分歧的下属意见，或自己还不很理解的而由下属提出的意见。

四、团队冲突的处理

团队冲突是指团队成员对于同一事物持有不同的态度与处理方法而产生的矛盾。团队冲突是团队发展过程中的一种普遍现象。美国管理协会进行的一项针对中层和高层管理人员的调查表明,管理者平均要花费 20% 的时间来处理冲突。可见,有效解决团队中的冲突问题至关重要。

（一）团队冲突的分类

团队冲突可以划分为角色冲突、人际冲突和团队冲突三类,每一类冲突均有各自独特的管理上的含义。

1. 角色冲突

角色冲突是指两人或更多的人之间由于所担负的角色不同而产生的不和谐。不同的角色依据其在团队中所处位置的不同,承担不同的职责和任务。每一种角色总是与一组行为相联系。例如,工人被期望生产出更多、更好的产品,营销人员被期望开辟出新的市场空间。当某一团队成员被期望担负的角色与他实际所担负的角色不一致时,角色冲突就产生了。

2. 人际冲突

在存在两个或是更多人的情况下,各个个体之间也是有可能产生冲突的。

3. 团队冲突

团队冲突发生在不同的团队之间,其表现形式可能与人际冲突相似,但起因通常是不同的,即冲突原因更多的是来自团队的因素。由于团队冲突涉及人更多,所以冲突的情形也更为复杂。

（二）团队冲突的过程

团队冲突可以分为 5 个阶段,如图 6-3 所示。

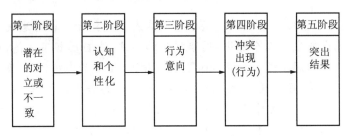

图 6-3　冲突过程的 5 个阶段

1. 冲突过程第一阶段——潜在的对立或不一致阶段

潜在的对立或不一致是指团队中存在一些导致冲突的因素,虽然这些因素不一定就会直接导致冲突,但它往往都潜伏在冲突的背后,成为冲突产生的"导火索"。

❇【案例 6-14】

陈其的一次经历

才到 A 公司工作几个月的陈其遇到这样一个问题。他在出色完成了团队的任务后,本以为会受到主管的表扬,可是主管刘军却说:"小陈,你的工作方法是不是还有待改进?虽然按时完成了任务,但你的工作进度还是比其他部门慢。"陈其听后真是怒火燃烧。其实,这位领导本想鼓励陈其继续工作,没想到由于自己的表达不当,导致了他们之间的冲突。

思考题:请思考是什么原因导致了主管刘军和陈其之间的冲突?

2. 冲突过程第二阶段——认知和个性化阶段

认知是指矛盾的双方意识到冲突出现,感觉到冲突,而个性化的处理将决定冲突的性质,因为这时个人的情感已经介入其中。

比方说团队决定给某位团队成员加薪,这时其他成员中,有的人可能认为对自己没什么影响,无关紧要,把这个问题给淡化了,冲突就不会升级。而另外一个人不是这么看:团队总的工资是确定的,他加薪就意味着我的工资相对下降,不行,我得找领导说说。这样一来就可能带来冲突的升级。

3. 冲突过程第三阶段——行为意向阶段

行为意向阶段是指团队成员意识到冲突后,要根据自己对冲突的认识与判别,开始酝酿和确定自己在冲突中的行为策略和各种可能的冲突处理方式。通常团队成员所采取的方式有以下几种:

(1) 竞争

这是由于团队冲突的双方都采取武断行为所造成的,双方都站在各自的立场上寻求自我利益的满足而不考虑他人,各不相让,"要么你们对了,要么我们错了",一定要分出个胜负和是非曲直来。

💣【**案例 6-15**】

该不该付款

由于客户坚持要求一次性付款,销售部的张经理到财务部要求马上提出货款 200 万元,而财务部的马经理说按照财务制度,高于 100 万元的款项,必须提前一周向财务部打报告。两人都认为自己是为公司争取利益,各不相让。

思考题:你认为该不该付款?

(2) 回避

回避是一种团队成员之间互不合作处理冲突的消极行为。这种行为表现在对冲突双方采取既不合作,也不维护自身利益,使其不了了之的态度。"你不找我,我不找你",双方回避这件事情。

💣【**案例 6-16**】

多一事不如少一事

软件部提出要招聘几个程序员补充力量,已经过了 10 月份了,程序员还没有到岗,负责人张经理虽然一肚子气,但就是不找人力资源部。"管它呢!老总问起来再说吧。"人力资源部刘经理也采取多一事不如少一事的态度,不找张经理商量怎么招聘程序员。

(摘自http://wenku.baidu.com/view/0c04dd8a6529647d2728520a.html)

思考题:你在生活中是否也曾经遇到过这种事情呢?

(3) 迁就

团队冲突的双方都有一方高度合作,不武断,也就是说,只考虑对方的要求和利益,不考虑或牺牲自己的要求和利益;而另一方则是高度武断,不合作,也就是只考虑自己的利益,不考虑对方的要求和利益。

💣 【案例6-17】

不行就算了

后来,由于工作上的压力,张经理终于还是向人力资源部的刘经理询问招聘程序员的事情,但刘经理却说:"现在经济不景气,咱们公司名气不大,工资待遇又不高,程序员的招聘工作很不顺利呀!"张经理无奈地说:"实在招不到就算了。"

(摘自http://wenku.baidu.com/view/0c04dd8a6529647d2728520a.html)

思考题:如果你是张经理,你会怎样处理?

(4) 妥协

妥协可以看作是半积极意义的行为意向。具有这种行为意向的冲突双方都自愿放弃自己应得的一部分利益,以求事物的继续发展,双方也都共同承担后果。这种情形下,双方"你让三分,我让三分",都让出一部分要求和利益,但同时又保存了一部分要求和利益

💣 【案例6-18】

如 何 用 车

销售部和软件开发部都要到行政部申请明天上午9点至11点派车,可是行政部只有一辆车可以外派,这时,销售部就与软件开发部商量,软件开发部做出一点牺牲,明天早上早一点,8点至10点用车,销售部则10点至12点用车,牺牲一点自己中午休息的时间。

(摘自http://wenku.baidu.com/view/0c04dd8a6529647d2728520a.html)

思考题:这种处理方式是否妥当?

(5) 合作

合作是一种积极行为意向。这种行为意向旨在通过与对方一起寻求解决问题的方法,进行互惠互利的双赢谈判来解决冲突。也就是说,冲突双方既考虑和维护

自己的要求和利益,又要充分考虑和维护对方的要求和利益,并最终达成共识。

💣 【案例 6-19】

小程该怎么办?

小程是某实验室的质量控制主管,有两名检验员先后找到他,就检验报告的递交程序提出不同的要求。检验员 A 建议把检验结果送给负责样品的生产部门领班,检验员 B 则要求将检验报告直接交给操作人员,以便尽快纠正。A 和 B 都是出色的员工,而且非常喜欢竞争,他们在这个问题上已经针锋相对地交换过意见,双方都有道理,无论采取谁的建议都会比目前的把报告递交给行政管理人员的做法好。小程可以采用下列做法:

① 独立地研究一下形势,确定谁是正确的,告诉他们两人执行决定。
② 等着瞧会发生什么事。
③ 让各人按自己的方式处理报告。
④ 要求他们制定出双方都能接受的解决方案,即让他们都做出一点让步。
⑤ 建议两人把各自的想法结合起来,以便双方都能达到自己的目标(把报告送给领班,复印件交给操作者)。

(摘自 http://www.wyfwgw.com/Article/6760_5.html)

思考题:假如你是小程,你会选择哪种做法?

4. 冲突过程第四阶段——冲突出现阶段(行为阶段)

冲突出现阶段是指冲突公开表现的阶段,也称行为阶段。进入此阶段后,不同团队冲突的主体在自己冲突行为意向的指导或影响下,正式做出一定的冲突行为来贯彻自己的意志,试图阻止或影响对方,努力实现自己的愿望。

这一阶段的出现,体现在冲突双方进行的说明、活动和态度上。此时,冲突的行为往往带有刺激性和对立性。

5. 冲突过程第五阶段——冲突结果阶段

冲突对团队能造成两种截然相反的结果。

(1) 积极的结果

这种冲突对实现团队目标是有帮助的,可以增强团队内部的凝聚力和团结性,调动员工的积极性,提供问题公开解决的渠道等,尤其是激发改革与创新。

(2) 消极的结果

这种冲突会给团队带来一些消极的影响,如凝聚力降低、成员的努力偏离目标方向、组织资源被严重浪费等。更为严重的是,如果不解决这种冲突,团队将会彻底瘫痪,甚至威胁到团队的存亡。

【案例 6-20】

团队冲突导致公司关闭

美国一家著名的律师事务公司倒闭，其原因只是因为 8 位合伙人不能和睦相处。一位法律顾问在解释时说："这个公司的合伙人之间有着原则性的差异，是不能调和的。这家公司没有经济上的问题，问题在于他们之间彼此相互憎恨。"可见消极冲突的危害多么严重。

思考题：你能举一两个现实中的例子吗？

复习思考题

1. 什么是团队？团队的构成要素有哪些？
2. 工作群体和团队的主要区别是什么？
3. 团队有哪些类型？
4. 团队中有哪些角色？
5. 影响团队建设的障碍有哪些？
6. 高绩效团队的特征是什么？
7. 高绩效团队建设的策略有哪些？
8. 如何解决团队冲突？

管理定律

1. 华盛顿办事定律：团队合作不是人力的简单相加

【内容】

一个人敷衍了事，两个人互相推诿，三个人则永无成事之日。多少有点类似于我们"三个和尚"的故事。人与人的合作不是人力的简单相加，而是要复杂和微妙得多。在人与人的合作中，假定每个人的能力都为 1，那么 10 个人的合作结果就有时比 10 大得多，有时甚至比 1 还要小。因为人不是静止的动物，而更像方向各异的能量，相互推动时自然事半功倍，相互抵触则一事无成。我们传统的管理理论中，对合作研究得并不多，最直观的反映就是，目前的大多数管理制度和行业都是致力于减少人力的无谓消耗，而非利用组织提高人的效能。换言之，不妨说管理的主要目的不是让每个人做到最好，而是避免内耗过多。

【启示】

我们必须坚持向管理要效益的方针，从建立管理制度入手，形成分工合理、职责明确、奖罚分明的管理机制；同时，不断提高员工的整体素质，建立一个有利于人才竞争、有利于人才成长的舞台，形成尽可能揽天下英才为我所用的激励机制。

适应办公室政治。任何一个企业，不管是分工合作，还是职位升迁，抑或利益分

第六章　团队建设能力

配,不论其出发点是何其纯洁、公正,都会因为某些人的主观因素而变得扑朔迷离、纠缠不清。随着这些主观因素的渐渐蔓延,原本简单的上下级关系、同事关系都会变得复杂起来,办公室似乎每天都进行着一场场没有硝烟战火的较量。

这就是"办公室政治"。

创建高绩效团队的合作文化彻底解决"华盛顿合作定律"的现象,唯有创建高绩效团队的合作文化。

2. 蚁群效应:减掉工作流程中的多余

【内容】

蚂蚁的世界一直为人类学与社会学者所关注,它们的组织体系和快速灵活的运转能力始终是人类学习的楷模。蚂蚁有严格的组织分工和由此形成的组织框架,但它们的组织框架在具体的工作情景中有相当大的弹性,比如它们在工作场合的自组织能力特别强,不需要任何领导人的监督就可以形成一个很好的团队,有条不紊地完成工作任务。

蚂蚁做事很讲流程,但它们对流程的认识是直接指向工作效率的。比如,蚂蚁发现食物后,如果有两只蚂蚁,它们会分别走两条路线回到巢穴,边走边释放出一种它们自己才能识别的化学激素做记号,先回到巢穴者会释放更重的气味,这样同伴就会走最近的路线去搬运食物。蚂蚁做事有分工,但它们的分工是有弹性的。一只蚂蚁搬食物往回走时,碰到下一只蚂蚁,会把食物交给它,自己再回头;碰到上游的蚂蚁时,将食物接过来,再交给下一只蚂蚁。蚂蚁要在哪个位置换手不一定,唯一固定的是起始点和目的地。

【启示】

"蚁群效应"的优势集中表现为:弹性——能够迅速地根据环境变化进行调整;强韧——一个个体的弱势,并不影响整体的高效运作;自组织——无须太多的自上而下的控制或管理就能自我完成工作。"蚁群效应"无疑是现代企业在组织发展中梦寐以求的。

3. 米格—25效应:整体能力大于个体能力之和

【内容】

前苏联研制生产的米格—25喷气式战斗机,以其优越的性能广受世界各国青睐。然而,众多飞机制造专家却惊奇地发现:米格—25战斗机所使用的许多零部件与美国战机相比要落后得多,而其整体作战性能达到甚至超过了美国等其他国家同期生产的战斗机。造成这种现象的原因是,米格公司在设计时从整体考虑,对各零部件进行了更为协调的组合设计,使该机在升降、速度、应激反应等诸方面反超美机而成为当时世界一流。这一因组合协调而产生的意想不到的效果,被后人称为"米格—25效应"。

【启示】

事物的内部结构是否合理,对其整体功能的发挥关系很大。结构合理,会产生

"整体大于部分之和"的功效;结构不合理,整体功能就会小于结构各部分功能相加之和,甚至出现负值。因此要集思广益,重视不同个体的不同心理、情绪、智能,以及个人眼中所见、脑中所想的不同世界,吸收有益的东西,弥补各自的不足,整合资源,方能充分挖掘、激发整体协同效应。

而团队很容易患上五种机能障碍:缺乏信任,惧怕冲突,欠缺投入,逃避责任,无视结果。它们并不是相互独立的,实际上它们会产生连锁反应,共同形成一个模式,这使得它们每一种都可能成为团队的致命杀手。

延伸阅读

【材料一】

团队管理忌能人扎堆

在中国谈这个问题很是有意味。

拿破仑曾经说过这样一句话:"狮子率领的兔子军远比兔子率领的狮子军作战能力强。"这句话一方面说明了主帅的重要性,另一方面还说明这样一个道理:智慧和能力相同或相近的人不能扎堆儿。

能人扎堆儿对企业发展不利。请看这样一个例子:三个能力高强的企业家合资创办了一家高新技术企业,并且分别担任董事长、总经理和常务副总经理的职位。一般人认为这家公司的业务一定会欣欣向荣,但结果却令人大失所望,这家企业非但没有赢利,反而是连年亏损,原因是不能协调,三个人都善决断,谁都想说了算,又都说了不算,最后啥事也没干成,管理层内耗导致企业严重亏损。这家公司隶属于某企业集团,总部发现这一情况后,马上召开紧急会议,研究对策,最后决定请这家公司的总经理退股,改到别家公司投资,同时也取消了他的总经理的职位。有人猜测这家亏损的公司再经这一番撤资打击之后一定会垮掉,没想到在留下的董事长和常务副总经理的齐心努力下,竟然发挥了公司最大的生产力,在短期内使生产和销售总额达到原来的两倍,不但把几年来的亏损弥补过来,并且连连创造出相当高的利润。而那位改投资别家企业的总经理,自担任董事长后,充分发挥自己的实力,表现出卓越的经营才能,也取得了不俗的业绩。

这的确是一个值得研究的例子,三个都是一流的经营人才,可是搭配在一起却惨遭失败,而把其中一个人调开,分成两部分,反而获得成功,关键在人事协调上。习惯上,我们承认多数人的效益,因而有"集思广益"和"三个臭皮匠,胜过一个诸葛亮"的说法,认为采用一个人的智慧,不如综合多数人的意见。然而,每一个人都有他的智慧、思想和个性,如果意见不一或个性不投缘,往往容易产生对立和冲突,这样一来,力量就会被分散或抵消。一加一等于二是尽人皆知的算术问题,可在用人上就不同了。配置得当,一加一可能等于三、等于四,甚至等于五;配置不当,人员失和,一加一可能等于零,也可能是个负数。

怎样使人员配置更加合理呢？一般来说，一个单位或一个部门的管理人员，最好不要都配备精明强干的人。道理很简单，假如把十个自认一流的优秀人才集中在一起做事，每个人都有其坚定的主张，那么十个人就会有十种主张，根本无法决断，计划也无法落实。但如果十个人中只有一两个才智出众，其余的人较为平凡，这些人就会心悦诚服地服从那一两位有才智者的领导，工作反而可以顺利开展。所以，经营者用人，不仅要考虑其才能，更要注意人员的编组和配合。比如，一个部门有三个经理，他们平级而无主从，此时，最好的安排是：一个富有决断力，一个具有协调的本事，另一个擅长行政事务，由此可组成一个有头脑、善协调、有生气的领导集体。如果三个都擅长决断，意见相左时，势必各行其是，谁也不听谁的；如果三个都具有行政能力，遇事就难有人出来拍板，而陷于琐碎事物中；如果三个人都只有协调能力，既无人决策，也没人做实际工作，也干不成事。

让下属团结，是对用人者的一个基本要求。封建军阀安排人事总要故意树立对立面，其出发点是怕下属机构形成铁板一块，从而失去控制，这种"组阁"办法造成决策机构内耗和下属之间的同床异梦。这种"权术"万万不可用于企业，企业需要班子团结一致，同心同德。团结就是力量。如果一个企业出现多头马车而无所适从的情形，就应立即施行"手术"，以减少内耗。当然，人员调配并不是一件容易的事。由于每个人都重视自己的意见和观点，相互排斥和对立的现象时时都会发生，而解决对立又能使公司高效率运转的最有效办法，就是在事前进行合理调配，别让能人扎堆儿。

（摘自http：//www.hqew.com/File/NewsHTML/20099/20099410323586361.htm）

💣【材料二】

虚 拟 团 队

一、虚拟团队兴起的背景

虚拟团队的产生并非偶然，其快速发展更是为了应对全球化的需要，同时，先进的信息和通讯技术为这种新型的组织形态的兴起和发展奠定了技术基础。

（一）经济全球化需要虚拟团队这种新型的组织形式

全球化的主要标志是全球性的客户、全球性的公司、全球性的工作，以及知识作为全球性的产品。随着全球化程度的日益加深，必然导致竞争的激烈性、环境的复杂性和组织的开放性。为了应对环境的快速变化，就要求出现虚拟团队这种新兴的组织形态。虚拟团队的大量涌现，不仅提高了组织的局部效率，而且从根本上改变了组织的构造和运作方式，提高了组织的整体运作效率。虚拟团队这种新兴的组织形式，能够满足全球化、组织间协作以及有效配置资源的需求。

（二）先进的信息和通讯技术为虚拟团队的兴起和发展奠定了技术基础

虚拟团队是伴随着信息和通讯技术的发展以及企业经营环境的相应变化而兴

起和发展的。因为信息和通讯技术为团队成员之间进行迅速、便捷的沟通提供了技术支撑,尤其是自20世纪90年代以来,计算机网络技术的蓬勃发展更是为虚拟团队这种新型组织的快速发展提供了技术平台,从而大大提高了虚拟团队成员之间的合作效率。另一方面,它也引起了生产方式、组织形式和管理模式的变革,从而促使组织结构和组织行为必须发生相应的变革,这在客观上要求虚拟团队这种新型组织快速发展以适应这一要求。

计算机网络技术之所以能够对个人、团队和整个社会产生深远的影响,主要是因为网络具有三个特点:一是相对打破了人们沟通上的时间和空间障碍,有助于来自不同职能、不同部门、不同地域范围的知识工人进行有效的协调和沟通;二是网络世界是一个"比特"世界,通过网络传送的信息都是经过数字化、编码化的,可以做到无成本或者低成本复制,能够完全满足用户的需要;三是最大限度地改善信息不对称状态,极大地提高社会资源的配置效率,有利于实现帕累托改进。这些特点使得虚拟团队跨越时间、空间或组织边界的合作成为可能。我们只要充分发挥虚拟团队的成本优势,就能大大提高虚拟团队的沟通效率和效果。

由此可见,先进的信息和通讯技术不仅为虚拟团队的兴起和发展奠定了技术基础,而且进一步促进虚拟团队这种新型组织的快速发展。

二、虚拟团队与传统的组织形式相比较,具有明显的优势

(一)人才优势。现代通信与信息技术的使用大大缩短了世界各地的距离,区位不再成为直接影响人们工作与生活地点的因素,这就大大拓宽了组织的人才来源渠道。组织可以动态地集聚和利用世界各地的人才资源,这为获得通常很难招聘到的具有专业技能的人才创造了条件,同时也减少了关键人才的流失。

(二)信息优势。虚拟团队成员来源区域广泛,能够充分获取世界各地的技术、知识、产品信息资源,这为保持产品的先进性奠定了基础。同时,成员可以采集各地顾客的相应信息,反映顾客的需求,并能及时解决客户的相关问题,从而能够全面地了解顾客,有利于组织尽快设计和开发出满足顾客需求的产品和服务,建立起良好的顾客关系。

(三)竞争优势。虚拟团队集聚世界各地的优秀人才,他们在各自的领域内都具有知识结构优势,众多单项优势的联合,必然形成强大的竞争优势。同时,通过知识共享、信息共享、技术手段共享等,优秀成员好的经验和灵感能够很快在数字化管理网络内得以推广,实现优势互补和有效合作。网络内良好的知识采集、筛选、整理、分析工具和机制,使众多不同渠道的零散知识可以迅速整合为系统的集体智慧,转化为竞争优势。

(四)效率优势。团队是高效组织应付环境变化的有效手段之一,而虚拟团队利用最新的网络、邮件、移动电话、可视电话会议等技术实现基本的沟通。在技术上的诱惑力更是显而易见的,团队成员之间可以及时地进行信息交流,防止信息滞留,从而缩短了信息沟通和交流所用的时间,确保及时作出相对正确的决策。

第六章　团队建设能力

（五）成本优势。虚拟团队打破了组织的界线,使得组织可以大量利用外部人力资源条件,从而减轻了组织内部人工成本压力。在此基础上,组织可以大力精简机构,重新设计组织构架,使人员朝有利于组织发展的方向流动,促使组织结构扁平化。此外,团队柔性的工作模式减少了成员的办公费用、为聚集开会而支付的旅行费用等,也减少了重新安置员工的费用,从而降低了管理成本。

表6-3　虚拟团队和实体团队比较分析一览表

	实体团队	虚拟团队
组织结构	垂直化	扁平化
沟通网络结构形式	轮型	全通道型
对信息和通讯技术的依赖程度	较弱	极强
主要基础设施	固定资产	硬件、软件
沟通方式	主要是通过面对面进行沟通	主要是通过电子方式进行沟通(如电子邮件、语音邮件、视听会议等)
边界	未跨越时间、空间和组织的边界	跨越时间、空间或组织的边界
信息和知识	不共享	共享(通过共享数据库)
文化和教育背景	相同或互补的文化和教育背景	不同的文化和教育背景
管理方式	管理者通过对任务的进程进行监控,从而提高对客户需求做出迅速反应的能力	管理者通过对成员进行指导和培训,充分授权,从而提高对客户需求做出迅速反应的能力
作业流程	串行	并行
反应速度	迟缓	迅速
报告关系	单一报告关系	多重报告关系
办公场所	集中	分散
工作模式	刚性	柔性
成员结构	来自组织内部	来自组织内部或者外部(如客户、合作伙伴、供应商、竞争对手等)
成员关系	固定	流动
成员的邻近程度	地理位置接近	地理位置分散
内容与形式	形式重于内容	内容重于形式

(摘自何瑛编著《虚拟团队管理》,经济管理出版社,2003年版)

自我测试

你是一位优秀的团队领导吗？

1. 说明：① 领导艺术是经营管理技能的一个重要方面，它直接影响着团队领导的管理行为及管理效应。请做下列试题，自测一下。假如题中所出现的情况对你来说尚未发生过，则按你将来会处理那些问题时的方法去选择。

② 本测试由一系列陈述语句组成，请根据你的实际情况，选择最符合自己特征的描述。

③ 在选择时请根据自己的第一印象回答，不要做过多的思考。

④ 每道题目只回答一项符合你实际情况的，请在答案前的字母上画"√"。

如果你对这个测试的规则已经明白，请开始答题。

(1) 在下列三种职业中，你最喜欢哪一种？
A. 做某种组织的发言人
B. 做某个组织的领导
C. 做某支军队的指挥官

(2) 你认为权力下放有何益处？
A. 有利于提高个人能力
B. 可以让上级领导集中精力于高层管理
C. 减轻上级领导的工作负担

(3) 当你作出某项与下属的工作密切相关的决定时，你是否事先征求了他们的意见？
A. 是的，因为我一贯重视下属的意见
B. 我不认为管理者有权做决定
C. 不一定，要看我是否有时间

(4) 你授予下属多大权限？是否希望他们：
A. 先斩后奏
B. 每做重要决定时都征求你的意见
C. 由下属自行决定是否征求你的意见

(5) 你希望下属参与制订工作计划吗？
A. 不，因为他们只会劝告我把指标定得低低的
B. 是的，因为这样才能使他们发扬奉献精神，努力完成任务
C. 有时候，但重大项目除外

(6) 如果某位部下在完成一项艰巨任务的过程中表现出色，你是否：
A. 立即向他祝贺

B. 不加评论,避免他趁机要求加薪
C. 遇到他顺便赞扬几句
(7) 如果某位一向表现不错的员工突然走下坡路,你是否:
A. 尽快与他促膝谈心,找出问题所在
B. 态度强硬地威胁他,逼他改正
C. 上报人事部门,请他们去调查
(8) 如果你将向全体部下宣布一项重要的新措施,是否:
A. 发一份简报,将新措施方案刊载在其中
B. 安排一位助手去向大家解释
C. 召开一次会议,向每位下属解释新方案
(9) 如果某位下属因未获提升而情绪低落,你是否:
A. 告诉他那个职位本来就不适合他
B. 教他改进的方法,以便在下次提升时脱颖而出
C. 劝他别伤心,谁都会有挫折
(10) 如果你对某位下属提出的过激方案不感兴趣,是否:
A. 指出这个方案的缺陷,同时鼓励他重新考虑新方案
B. 告诉他这个方案不合适,成本太高,不实用
C. 表示你将认真考虑他的意见,随后却把方案丢进档案柜

2. 评分标准:
(1) 选择 A 得 0 分,B 得 10 分,C 得 5 分。
(2) 选择 A 得 0 分,B 得 5 分,C 得 10 分。
(3) 选择 A 得 10 分,B 得 0 分,C 得 5 分。
(4) 选择 A 得 5 分,B 得 0 分,C 得 10 分。
(5) 选择 A 得 0 分,B 得 10 分,C 得 5 分。
(6) 选择 A 得 10 分,B 得 0 分,C 得 5 分。
(7) 选择 A 得 10 分,B 得 0 分,C 得 5 分。
(8) 选择 A 得 5 分,B 得 0 分,C 得 10 分。
(9) 选择 A 得 0 分,B 得 10 分,C 得 5 分。
(10) 选择 A 得 10 分,B 得 5 分,C 得 0 分。

3. 结果分析:
(1) 80～100 分:你是一位出色的领导,很善于调动下属的积极性,使他们发挥自己的最大潜力,你领导的团队一定气氛融洽,每一位团队成员都富有朝气和干劲。
(2) 55～75 分:你能正确认识经营管理的职责,不过有时还不够大胆,不能充分认识经营者的职责,不能充分相信群众。
(3) 25～50 分:你的保守束缚着下属的发展;你不仅需要增强自信心,也需要增

强别人的自信心。

(4) 0~20分：你的经营管理素质还需要大幅度提高。

（摘自孟汉青等编著《团队建设操作实务》，河南人民出版社，2002年版）

💣 案例分析

曙光医疗设备公司问题出在哪？

曙光医疗设备公司是一家大型国有企业，公司主要产品是X光机等大型医疗设备。公司上市后迅速组建新的领导班子，这一天会议的主要议题是检查销售的进展情况及缩减生产成本。

财务经理首先介绍了本年度计划完成情况，他认为目前的担心是本年度销售额预计会减少1.5亿元，这将是公司40年历史上首次完不成年度财务目标，而且更严重的后果将是造成公司流动资金周转困难。因此，这次会议的主要目的一是能不能督促营销部门努力完成年度销售计划，二是争取让生产部门降低成本。在公司财务经理汇报完了以上情况之后，公司总经理讲了完成今年销售计划对公司的重要性。"我们不仅需要这笔钱来实现今后的发展计划，而且由于我们是上市公司，必须保持公司财务状况的稳定性。因此，我们一方面要力争完成今年的销售计划，另一方面要压缩所有可有可无的开支。下面请大家讨论一下，有什么困难没有？"

北方区营销总经理说："困难很大。大家知道，今年的经济危机已经对国内市场产生了严重影响，现在国内需求严重不足，这是导致我们营销任务难以完成的最重要因素。其次，我们营销部门所得到的支持太少了。例如，不管生产部门生产的质量好坏，我们都要销售出去，这有些太难为我们的销售人员了。"总经理接着提出一些建议，但北方区营销总经理都认为不可行。最后，经过施加压力，北方区营销总经理许诺可以填补上1.5亿元缺口中的5 000万元，再多就不行了。

西南区营销总经理，他好像在西南地区遇到了较大的阻力，那个地区是本公司产品与其他公司产品竞争更激烈的地区，所以公司主要把最新开发的一些新产品拿到那儿去销售。西南区营销总经理不肯承诺增加任何销售额，他唯一的回答是回去后与下属商量后再回答。会议气氛愈来愈凝重了。矛头于是转向了最后一个地区张智武所在的东南区，这是一个在去年销售中取得了不错业绩的地区。

谈话又持续了十几分钟，直到董事长也施加了一些压力，东南区营销总经理才肯答应再增加5 000万元。可是上午的时间快完了，任务还远未完成。接着又进行了下一个议题，但是生产部总经理却对削减生产费用产生了很大意见。会议最后终于不欢而散了。这种情况在公司已经司空见惯了。董事长一开始以为是新班子需要磨合呢，可是他们已经干了大半年，还是这样，而且情况好像有继续恶化的趋势。

这个领导班子究竟发生了什么问题？

是什么造成这个班子无法成功地解决问题呢？很显然，领导班子的成员在相互拆台，各地区总经理都在尽力保护自己的地盘，强调开拓新业务的困难而不是它所带来的机会，而且他们不愿相互合作。事实上，他们是站在总经理与财务经理的对立面上；后者越是压他们，他们越是反抗；但他们越是抵制，总经理越是不放。这肯定不是一个有效率班子的办事方式。

为什么会出现这种情况呢？是不是因为这个班子是一群眼光短浅、害怕承担责任的人呢？也许并非如此。这种情况与其说是反映了个人的缺点，倒不如说该领导班子作为一个团队在运作方面存在着诸多问题。这些问题是在每个团队中都有可能发生的，它们大多表现为：

首先，班子的运转方式像是个"临时性联合体"。班子成员将他们的首要职责界定为代表各自的部门，而不是投身于共同的事业。他们更像是一个各自独立而非合作的各个部分的联合体，而不是一个统一的整体。对公司总体好坏负责任的似乎只有总经理一个人。

其次，解决问题的过程处置不当。具体地说，他们没有找出问题所在，就急不可待地抓住一个解决办法并力图付诸实施。

再次，未按一个领导班子或团队应有的方式和规范审议和处理问题。尽管每个成员私下都指责相互拆台的行事方式，但在班子中这种行为既没有被提出也没有受到重视。班子成员没能分析一下他们自己的行为准则能否行得通、所起的作用是否得当以及活动方式是否像是一个决策群体。

因此，在这种团队中，在重大决策上各人都存在着严重的"本位主义"，企业决策迟缓，会议桌上充满了相互指责，公司的内部斗争日益复杂，企业管理工作即将陷入瘫痪状态。企业遇到以上问题应该怎么办？而曙光医疗设备公司的问题又该如何解决了？

曙光医疗设备公司的董事长找了一家咨询公司，咨询公司组织专家组深入该公司进行了调查，发现了问题的实质所在，于是就向曙光医疗设备公司推荐了团队建设活动。在咨询公司的精心策划下，班子成员参加了一系列团队建设活动。通过这些活动，他们掌握了沟通技巧，明确了高层管理者的角色作用，树立了工作规范，强化了集体决策意识，缓解了心理压力，最终使企业管理工作走上正轨，公司当年的销售额也基本完成了。事后，董事长高兴地说："过去，他们开会时，总是争吵，有事都直接来找我。现在，大家在会议上都能站到公司整体上去看了，遇到事情也都知道自己先去讨论和协调解决了，相互间支持性言行越来越多。现在，我可以真正脱身去干自己该干的事了。真没想到团队建设的作用有这么大。"

（摘自 http://press.idoican.com.cn/detail/articles/20100224129A056/）

问题：

1. 看了本案例你有什么看法？请作简单的评述。
2. 一个好的企业中需要有竞争和合作的平衡，就此而言，你认为总经理和财务经理在工作方法上是否有问题,有什么问题?

3. 团队在企业中的作用是很重要的,针对本案例谈一下你对成功团队建设的见解。

4. 根据所学知识,结合上述案例,你觉得应如何建立有效的团队?

✎ 实 训

【内容一】

穿 越 雷 区

游戏程序:

1. 选一块宽阔平整的游戏场地。

2. 安排不想参加游戏的人做监护员。当参加游戏的人较多时,游戏场地会变得非常喧闹。这是一个有利因素,因为这会使穿越地雷阵的人无所适从,难以分清听到的指令是来自自己的同伴,还是来自其他小组的人。

3. 让每个队员找一个搭档。

4. 给每对搭档发一块蒙眼布,每对搭档中有一个人要被蒙上眼睛。

5. 眼睛都蒙好之后,就可以开始布置地雷阵了。把两根绳子平行放在地上,绳距约为10米。这两根绳子标志着地雷阵的起点和终点。

6. 在两绳之间尽量多地铺上一些报纸(或是硬纸板、胶合板等)代表地雷阵。

7. 被蒙上了眼睛的队员在同伴的牵引下,走到地雷阵的起点处,挨着起点站好。他的同伴后退到他身后两米处。

8. 致游戏开场白,开场白示例如下:

几天前,你和你的同伴因叛乱而被捕,被一起关在一间牢房里。黎明前,你的同伴侥幸逃了出去。可糟糕的是,他非常不熟悉牢房外面的情况。这是一个没有月亮的夜晚,外面一片漆黑,伸手不见五指。为了逃离危险,你的同伴必须穿过一个地雷阵。你很清楚地雷阵的布局和每个地雷的位置。可是你的同伴不知道,你需要以喊话的方式,在他穿越的时候为他指引方向。如果你的同伴在穿越的过程中碰到或撞到了地雷阵中的其他人,他必须静止30秒后方可移动。如果他不小心碰了"地雷",那么一切就都结束了,你们小组将被淘汰出局。天很快就要亮了,你的同伴必须尽快穿过地雷阵。一旦天亮,哨兵就会发现地雷阵中的人,并开枪将他们击毙。赶快开始行动吧!祝你们好运!

9. 游戏结束后,安排学生进行讨论,讨论问题可参考:

(1) 哪个小组率先通过了地雷阵?

(2) 做完了这个游戏,大家感受如何?

(3) 你的同伴能做到指令清晰吗?

(4) 游戏过程中遇到了什么问题?

如何将这个游戏和我们的实际工作联系起来?

游戏规则:

1. 人数至少 12 人,越多越好。
2. 游戏时间为 15~30 分钟。

注意事项:

1. 这个游戏也可以在室内进行,可以使用胶带来标记地雷阵的起点和终点。
2. 可以使用诸如拼图板、捕鼠器之类的物品来代表地雷。
3. 留意那些被蒙住了眼睛的人,他们不知道自己会走到哪里去。

【内容二】

辩 论 赛

1. 辩题:团队建设更注重共性还是个性?
2. 以自愿为原则,8~10 人组成一组,分为两组。
3. 选出 1 位同学做主持人,再选出 6 位同学和老师组成评委团,其他同学组成观众。
4. 评委给出分数后,班级同学之间组织一次交流。
5. 就辩题写一份个人对团队建设的感想,不少于 800 字。

【内容三】

团队建设体验

每个模拟公司在分析现有基础的情况下制定一份团队建设方案,其中可包括团队精神的设计及建立、团队成员的角色安排以及冲突的解决方案等。各模拟公司之间进行交流,并对如何建设一个高绩效团队的问题进行探讨。

第七章
决策能力

📖 **重点知识要求**

1. 了解决策的含义、意义、过程与类型。
2. 熟悉决策的影响因素。
3. 掌握决策的方法。

📖 **重点能力要求**

1. 初步具有决策分类的能力。
2. 初步掌握几种决策方法在实际工作中的应用。
3. 培养决策能力。

📖 **案例导入**

一位农民和他年轻的儿子到离村12里地的城镇去赶集。开始时老农骑着骡,儿子跟在骡后面走。没走多远,就碰到一位年轻的母亲,她指责农夫虐待他的儿子,农夫不好意思地下了骡,让儿子骑。走了一公里,他们遇到一位老和尚,老和尚见年轻人骑着骡,而让老者走路,就骂年轻人不孝顺。儿子马上跳下骡,看着父亲。两人决定谁也不骑。两人又走了四里地,碰到一学者,学者见两人放着骡不骑,走得气喘吁吁的,就笑话他们放着骡不骑,自找苦吃。农夫听学者这么说,就把儿子托上骡,自己也翻身上骡。两人一起骑着骡又走了三里地,碰到了一位外国人,这位外国人见他们两人合骑一头骡,就指责他们虐待牲口!

思考题:如你是那位老农,你会怎么做?

决策是管理的一项基本职能。任何一个组织或管理者都必须进行决策,而这些决策的影响最终将不仅仅局限在组织绩效的某个方面,有时甚至会关系到组织的生存和发展。因此,无论作为组织还是作为管理者,必须掌握决策的基本知识,认识和

第七章　决策能力

重视决策,并不断提高决策能力。那么,究竟什么是决策呢?

第一节　决策概述

一、决策的概念

决策是指为达到某种目标,从若干可行方案中选择一个合理方案的分析判断过程。

决策一般具有下列特点:

1. 决策的前提:明确的目标

决策是为实现组织的某一目标而开展的管理活动,没有目标就无从决策,没有问题则无需决策。决策的目标可以是一个,也可以是相互关联的几个形成的一组。在决策前,要解决的问题必须十分明确,要达到的目标必须具体可衡量可检验。

2. 决策的条件:有若干个可行方案可供选择

决策最显著的特点之一就是它是在多个可行方案中选择最优方案,"多方案抉择"是科学决策的重要原则;决策要以可行方案为依据,决策时不仅要有若干个方案来相互比较,而且各方案必须是可行的。

3. 决策的重点:方案的比较分析

决策过程实际上是一个选择的过程,选择性是决策的重要特征之一。每个可行方案都具有独特的优点,也隐含着缺陷,因此,必须对每个备选方案进行综合分析与评价,明确利弊。通过对各个方案之间的相互比较,明晰各方案之间的优劣,为方案选择奠定基础。

4. 决策的结果:选择一个满意方案

各种备选的行动方案各有所长,也各有所短,在选择的过程中。只有通过综合比较和评估,才能从备选方案中哪个最优、哪个较优和哪个不优。追求最优方案既不经济又不现实,科学决策要遵循"满意原则",即追求的是诸多方案中,在现实条件下,能够使主要目标得以实现,其他次要目标也足够好的可行方案。

5. 决策的实质:主观判断过程

决策是人作出的,所以必然受到人的主观意志的影响。

决策有一定的程序和规则,但它又受诸多价值观念和决策者经验的影响。在分析判断时,参与决策人员的价值判断、经验会影响决策目标的确定、备选方案的提出、方案优劣的判断及满意方案的抉择。因此,决策从本质上而言,是管理者基于客观事实的主观判断过程。

二、决策的意义

(一)决策是决定组织管理工作成败的关键

一个组织管理工作成效大小,首先取决于决策的正确与否。决策正确,可以提高组织的管理效率和经济效益,使组织兴旺发达;决策失误,则一切工作都会徒劳无功,甚至会给组织带来灾难性的损失。因此,对每个管理者来说,不是是否需要作出决策的问题,而是如何使决策做得更好、更合理、更有效率,这是关系到组织管理工作好坏的关键。

(二)决策是实施各项管理职能的重要保证

决策贯穿于组织各个管理职能之中,在组织管理过程中,每个管理职能作用的发挥都离不开决策。无论是计划、组织、还是领导、控制,其实现过程都需要作出决策。没有正确的决策,管理的各项职能就难以充分发挥作用。

三、决策的类型

按照不同的分类标准,决策可以分为不同的类型。

(一)按照决策的作用范围分类,决策可以分为战略决策、战术决策和业务决策

战略决策对组织最重要,通常包括组织目标及方针的确定、组织机构的调整、企业产品的更新换代、技术改造等。这些决策牵涉到组织的方方面面,具有长期性和方向性。

战术决策又称管理决策,是在组织内贯彻的决策,属于战略决策执行过程中的具体决策。战术决策旨在实现组织中各环节的高度协调和资源的合理使用,如企业生产计划和销售计划的制定、设备的更新、新产品的定价以及资金的筹措等都属于战术决策的范畴。

业务决策又称执行性决策,是日常工作中为提高生产效率、工作效率而作出的决策,牵涉范围较窄,只对组织产生局部影响。属于业务决策范畴的主要有工作任务的日常分配和检查、工作日程(生产进度)的安排和监督、岗位责任制的制定和执行、库存的控制以及材料的采购等。

💣【案例 7-1】

诸葛亮"隆中对"

公元207年,刘备"三顾茅庐"请诸葛亮。亮当时仅27岁,为刘的诚意所感动,向刘提出了被誉为"一对足千秋"、影响一个历史朝代的"隆中对"。"隆中对"是我国历史上军事战备系统分析与决策(或对策)的典型。下面是"隆中对"全文。

自董卓以来,豪杰并起,跨州连郡者不可胜数。曹操比于袁绍,则名微而众寡,然操遂能克绍,以弱为强者,非惟天时,抑亦人谋也。今操已拥百万之众,挟天子而令诸侯,此诚不可与争锋。孙权据有江东,已历三世,国险而民附,贤能为之用,此可以为援而不可图也。荆州北据汉、沔,利尽南海,东连吴、会,西通巴、蜀,此用武之国,而其主不能守,此殆天所以资将军,将军岂有意乎?益州险塞,沃野千里,天府之土,高祖因之以成帝业。刘璋暗弱,张鲁在北,民殷国富而不知存恤,智能之士思得明君。将军既帝室之胄,信义著于四海,总揽英雄,思贤若渴,若跨有荆、益,保其岩阻,西和诸戎,南抚夷越,外结好孙权,内修政理;天下有变,则命一上将将荆州之军以向宛、洛,将军身率益州之众出于秦川,百姓孰敢不箪食壶浆以迎将军者乎? 诚如是,则霸业可成,汉室可兴矣。

思考题:诸葛亮提出了一个什么战略性的决策?

(二)按照决策的重复程度分类,决策可以分为程序性决策和非程序性决策

组织中的问题可分为两类:一类是例行问题;另一类是例外问题。例行问题是指那些重复出现的、日常的管理问题,如管理者日常遇到的产品质量、设备故障、现金短缺、供货单位未按时履行合同等问题;例外问题则是指那些偶然发生的、新颖的、性质和结构不明的、具有重大影响的问题,如组织结构变化、重大投资、开发新产品或开拓新市场、长期存在的产品质量隐患、重要的人事任免以及重大政策的制定等问题。

程序性决策涉及的是例行问题,非程序性决策涉及的是例外问题,它们之间的比较如表7-1所示。

表7-1 程序性决策和非程序性决策的比较

决策类型	问题性质	组织层次	决策制定技术		举 例
			传统式	现代式	

程序性决策	例行问题(重复出现的、日常的)	下层	1. 惯例
			2. 标准操作规程
			3. 明确规定的信息通道
				1. 运筹学
				  结构分析模型
				  计算机模拟
				2. 管理信息系统
					企业:处理工资单
					大学:处理入学申请
					医院:诊治病人
					政府:采购办公设备

非程序性决策	例外问题(新的、重大的)	上层	1. 判断、直觉和创造性 2. 主观概率法 3. 经理的遴选和培训	探索式解决问题技术适用于: 1. 培训决策者 2. 编制人工智能程序	企业:引入新的产品 大学:建立新的教学设施 医院:对地方疾病采取措施 政府:解决通货膨胀问题

(三)按照决策的主体构成分类,决策可以分为个体决策和集体决策

集体决策是指多个人一起作出的决策,个人决策则是指单个人作出的决策。

相对于个人决策,集体决策的优点是:① 能更大范围地汇总信息。② 能拟订更多的备选方案。③ 能得到更多的认同。④ 能更好地沟通。⑤ 能作出更好的决策等。但集体决策也有一些缺点,如花费较多的时间、产生"从众现象"以及责任不明等。

【案例 7-2】

韦尔奇的全员决策

美国通用电气公司是一家集团公司,1981 年杰克韦尔奇接任总裁后,认为公司管理太多,而领导得太少,"工人们对自己的工作比老板清楚得多,经理们最好不要横加干涉"。为此,它实行了"全员决策"制度,使那些平时没有机会互相交流的职工、中层管理人员都能出席决策讨论会。"全员决策"的开展,打击了公司中官僚主义的弊端,减少了繁锁程序。

实行了"全员决策",使公司在经济不景气的情况下取得巨大进展。他本人被誉为全美最优秀的企业家之一。

杰克韦尔奇的"全员决策"有利于避免企业中的权利过分集中这一弊端。让每一个员工都体会到自己也是企业的主人从而真正为企业的发展作想,绝对是一个优秀企业家的妙招。

(摘自胡建宏 刘雪梅《管理学原理与实务》,清华大学出版社,2009 年版。)

思考题:"全员决策"的优点是什么,缺点是什么?

(四)按照决策的时间先后顺序分类,决策可以分为初始决策和追踪决策

初始决策是零起点决策,它是在有关活动尚未进行、环境未受到影响的情况下进行的。追踪决策是在初始决策的基础上对组织活动方向、内容或方式的重新调整。

追踪决策的特点:

(1)回溯分析。对初始决策的形成机制与环境进行客观分析,列出必须改变决策的原因,以便有针对性地采取调整措施。

(2)非零起点。追踪决策是在原决策已经实行了一段时间,周围环境发生变化的情况下进行的。

(3)双重优化。追踪决策所选方案不仅优于初始方案,而且是在能够改善初始决策实施效果的各种可行方案中选择合理的方案。

(五)按照决策的可控程度分类,决策可以分为确定型决策、风险型决策和非确定型决策

确定型决策是指在稳定(可控)条件下进行的决策。在确定型决策中,决策者确切地知道自然状态的发生,每个方案只有一个确定的结果,最终选择哪个方案取决于对各个方案结果的直接比较。

风险型决策也称随机决策,在这类决策中,自然状态不止一种,决策者不知道哪种自然状态会发生,但能知道有多少种自然状态以及每种自然状态发生的概率。

不确定型决策是指在不稳定条件下进行的决策。在不确定型决策中,决策者可能不知道有多少种自然状态,即使知道,也不会知道每种自然状态发生的概率。

第二节 影响决策的因素

任何组织或个人的决策都是在一定条件下进行的,都要受到各种因素的制约。这些因素主要包括环境因素、组织自身因素、决策主体的因素等。

一、环境因素

环境因素影响组织及个人的决策,环境又总是处于不断变化中,需要组织及个人在决策中动态地把握。

(一)环境的稳定程度

根据环境的变化程度,可以将环境分为稳定环境和动态环境两类,环境的稳定程度影响企业及个人的决策。在相对稳定的环境中,企业的决策相对简单,大多数决策可以在过去决策的基础上作出;在动态的环境中,企业面临的是复杂的、过去没有遇到过的问题,会经常需要对其经营活动作出较大幅度的调整。

💣【案例 7 - 3】

三巨头的策略

20世纪70年代初,世界范围内爆发原油危机导致油价上涨,原油价格的波动使消费者对小排量汽车的选择产生新的偏好,同时也给汽车制造业的发展提出新的要求。面对原油价格的波动和消费者需求的新趋势,美国三大汽车制造商通用、福特和克莱斯勒分别采取了不同的应对策略。其中,通用和福特及时调整了企业的发展方向,为适应外界环境变化的要求,开始着力向轻型汽车方向发展。而克莱斯勒并没有及时根据外界环境的变化而做出相应的战略调整,仍然按照原有发展模式进行生产和销售。

到20世纪70年代末,原油价格的进一步波动使得克莱斯勒陷入全面亏损境地,库存积压严重,市场份额迅速减少。此时,福特汽车的前任总经理亚科卡临危受命出任克莱斯勒总裁。上任伊始,亚科卡果断采取措施,调整企业战略方向,开始生产K系列轻型汽车,经过多方努力,使克莱斯勒重新回到美国三大汽车制造商的行列。

(摘自王丽平等主编《通用管理知识概论》,北京大学出版社、中国林业大学出版

社，2007年版）

思考题：这个案例对你有什么启发？

（二）市场结构

处于什么样的市场结构，对企业的决策也很关键。处于垄断市场中的企业，通常将决策重点放在内部生产条件的改善、生产规模的扩大，以及生产成本的降低上；而在竞争性市场上经营的企业则需要密切关注竞争对手的动向，不断推出新产品，努力改善对顾客的服务，建立和健全营销网络。

💣 **【案例 7-4】**

糖果厂的"另类对策"

日本有两家较大的糖果厂——森永制果公司和明治制果公司，两家公司实力相当，都在生产同样规格的巧克力糖，业绩不分上下。后来，森永制果公司别出心裁，推出单独面向成人市场的定价为 70 日元/块的大块"高圭冠"巧克力产品，由于很适合成年人的口味和消费需求，因此销量大增，一度占光。

眼看对手独领风骚，明治制果公司也不甘示弱，又对顾客市场进行进一步细分，十分巧妙地设计出名为"阿尔法"的两种规格（成分）的巧克力，一种定价为 60 日元/块，另一种定价为 40 日元/块，合并价为 100 日元/块。这样一来，一方面在价格上可以和森永制果公司对抗，另一方面又同时细分出三个市场：每块 40 日元的巧克力的销售目标是十三四岁的初中生；每块 60 日元的巧克力的销售目标是十七八岁的高中生；两种巧克力合并正好是成人消费的一次分量，又可供成人顾客食用。这就大大地拓宽了市场覆盖面，使企业效益激增，很快超过对方。

（摘自闫国庆《国际商务》，清华大学出版社，2006年版）

思考题：如果你是森永制果公司总裁，你准备怎么办？

二、组织自身因素

（一）组织文化

组织文化影响着包括决策制定者在内的所有组织成员的思想和行为。和谐、平等的组织文化会激励人们积极参与组织决策；涣散、压抑、等级森严的组织文化则容易使人们对组织的事情漠不关心，不利于调动组织成员的参与热情。组织文化通过影响人们对变化、变革的态度而对决策起影响作用。在偏向保守、怀旧的组织中，人们总是根据过去的变化标准来判断现在的决策，总是担心在变化中会失去什么，从而对决策将要引起的变化产生害怕、怀疑和抵御的心理和行为；相反，在具有开拓、创新、进取氛围的组织中，人们总是以发展的眼光来分析决策的合理性。因此，欢迎变化的组织文化有利于新决策的提出和实施；相反，抵御变化

第七章 决策能力

的组织文化不但会使新决策难以出台,而且即使作出了决策,其实施也会面临巨大的阻力。

💣※【案例 7-5】

"天堂里的婚姻"

德国戴姆勒—奔驰公司和美国三大汽车公司之一的克莱斯勒公司合并,两年前以 360 亿美元的高价"平等合并",被全球舆论界誉为"天堂里的婚姻"。戴姆勒—奔驰公司是德国实力最强的企业,是扬名世界的"梅塞德斯"品牌的所有者;克莱斯勒则是美国三大汽车制造商中赢利能力最强、效率最高的公司。人们认为,这宗跨越大西洋的强强联合定会造就一个驰骋世界汽车市场、所向无敌的巨无霸。谁会想到,这桩"婚姻"似乎并不美满。去年第三季度,合并后的公司亏损 5.12 亿美元,为近 9 年来戴姆勒公司第一次出现亏损。据业内专家预测,今年该公司的亏损额还将进一步增至 20 亿美元。同时,公司的股价随之一路下滑;去年锐减 50%,跌至合并后的最低点。现在,戴姆勒—克莱斯勒公司的市场资本总值甚至已低于原戴姆勒—奔驰公司一家的水平。被亚科卡于 80 年代初拯救于危难中的克莱斯勒公司至少暂时已难有大作为。这桩"天堂里的婚姻"何以没有美好的结局?业内人士认为,大西洋两岸不同企业文化的冲突是这场"婚姻"危机的根本原因。戴姆勒—克莱斯勒公司的成功,不仅要求斯图加特和密歇根州奥本山庄的两个总部配合默契,而且要求企业文化截然不同的一大批办公室和工厂之间形成合力。两公司的最高决策者显然忽视了这一根本性的问题。德国人做事严谨,一丝不苟,对工艺流程控制严格,对质量要求近乎苛刻;美国人强调个性的舒展,崇尚创新行为,在产品品质的追求上却不及德国人执著。美国方面人士甚至担心德国企业中那种僵死的工作方法和严重的官僚习气会慢慢销蚀美国公司中的浓厚自由气氛和强烈的创新激情。两公司在企业文化上的巨大差异,公司从高层管理人员直至普通员工沟通上的严重障碍,大大制约了总公司的整体运作。尽管这桩"天堂婚姻"还未走到尽头,但弥合两种企业文化的缝隙实在不是一件容易的事情。

(摘自 http://www.yclib.cn/whyj/2008/0706/article_15_2.html)

思考题:在企业合并中,如何看待组织文化差异?

(二)组织的信息化程度

面对物竞天择、优胜劣汰的市场竞争,越来越多的组织认识到信息对组织决策的重要性。组织的信息化程度成为企业制胜的法宝之一。

💣【案例 7-6】

沃尔玛的兴起与凯玛特的衰亡

在全球商界,沃尔玛与凯玛特的故事一直为人们所津津乐道。在这个故事中,两大美国零售巨头一同起家,却经历了两条截然不同的命运曲线。一个从名不见经传的小辈一跃而上,登上商界巅峰;一个从巅峰急转直下,直至破产。这中间当然有诸多因素,包括管理理念、员工队伍建设、配送经营以及许多细节处理。但是从20世纪70年代起家的两大巨头正好处于信息技术飞速发展的时期,信息化在两者的对垒中起到了至关重要的作用。

1970年,具有百年历史的大型连锁超市凯玛特在美国零售业中排行老大,销售额是沃尔玛的45倍,拥有店铺超过1000家,龙头位置一直持续到1990年。与凯玛特相比,沃尔玛当时只是个不起眼的竞争者。但这种竞争态势在20世纪末发生了逆转。就在凯玛特仍旧以传统方式经营时,沃尔玛开始将重金投入各种信息系统建设。沃尔玛在信息系统方面投入的热情在全球的企业当中都可以说是首屈一指。该公司早在1983年就同休斯公司合作,将一颗耗资2400万美元的人造卫星发射升空,成为全球第一个发射物流通信卫星的企业。至20世纪90年代初,沃尔玛在电脑和卫星通信系统上就已经投资了7亿美元,而它自身不过是一家纯利润只有营业额2%～3%的折扣百货零售公司。此外,沃尔玛还制定了"企业核心竞争力,降低总体成本"的新经营策略和理念,把电子商务和企业信息资源管理(ERP)提升到提高企业核心竞争力的战略高度。通过新型的信息应用,沃尔玛的经营效率得到了革命性的提升。在沃尔玛全球的4000多家门店,通过该公司的网络在1小时之内就可对每种商品的库存、上架、销售量全部盘点一遍。整个公司的计算机网络配置在1977年完成,可处理工资发放、顾客信息采集整理和订货—发货—送货流程,并实现了公司总部与各分店及配送中心之间的快速直接通信。

(摘自 http://industry.ccidnet.com/art/884/20060429/537039_2.html)

思考题:这个案例对中国零售业发展有何启示?

(三) 组织对环境的应变模式

组织是一个由多种要素组成的有机体,组织对环境的应变模式影响组织的决策。通常在组织变革中,需要突破对环境的应变模式,但这模式往往是根深蒂固的,需要借助外部力量和内部自省予以打破。

💣【案例 7-7】

青 蛙 现 象

"青蛙现象"缘自这样的实验:将一只青蛙放入沸水中,青蛙会立即试着跳出。

但如果把青蛙放进温水中,不去惊吓它,它将呆着不动。如果容器下面慢慢加热,随着水温的慢慢提高,青蛙仍然若无其事,甚至自得其乐。但是,当温度再慢慢升高时,青蛙将越来越虚弱,最后无法动弹。尽管环境并没有限制它逃脱困境,但它最后被煮死,这是因为它内部感应生存威胁的器官只感应到了环境中的激烈变化,而不能针对缓慢、渐进的变化作出及时反应。组织障碍中存在着一种类似的青蛙现象,就是人们习惯于关注那些幅度较大的变化,而忽视了缓慢、渐进过程中的变化,即人们对组织运行过程中的那些细微问题以及不太寻常的变化司空见惯,对影响组织发展的潜在危机习焉不察。

(摘自池丽华等主编《现代管理学》,上海财经大学出版社,2008年版)

思考题:组织在运行中如何避免"青蛙现象"?

三、决策主体的因素

(一)个体对待风险的态度

风险是指一个决策所产生的特定结果的几率。根据决策者对风险的态度可以将其分为三种,即风险喜好型、风险中性与风险厌恶型。不同的决策者对风险的态度决定了其决策的方式。风险喜好型的决策者敢于冒风险,敢于承担责任,因此有可能抓住机会,但也可能遭到一些损失。风险厌恶型决策者不愿冒风险,不敢承担责任,虽然可以避免一些无谓的损失,但也有可能丧失机会。风险中性的决策者对风险采取理性的态度,既不喜好也不回避。由此可见,决策者对风险的态度影响了决策活动。

【案例 7-8】

索尼公司董事长井深大的一系列风险决策

井深大是日本著名企业家、日本索尼公司名誉董事长。在第二次世界大战后动荡不安的年代,井深大募集一批优秀技术人才创立了索尼公司。索尼公司仅用20年的时间就从街道小工厂发展成为闻名世界的企业,这同井深大不怕风险、果断决策很有关系。

从20世纪50年代初开始,井深大作出了一系列风险决策。第一次风险决策是研制磁带式录音机。当时,在没有录音带原材料和精通此项技术专家的情况下,试制是要冒大亏本的风险的。但井深大没有退缩,经过反复实验终于制成了较理想的录音带。第二次是研制晶体管收音机。当时鉴于美国电子工业厂家在这项研究中接连失败,不少同行都劝他放弃计划。然而井深大没有动摇,而是组织最优秀的技术人员成立半导体部,新产品一进入国际市场就大受欢迎。第三次是研制晶体管微型电视机。在极为保密的情况下,经过比前两次更为艰苦的努力,索尼公司在世界上首先研制成功晶体管微型电视机,该产品在美国市场上供不应求。因此,经过研究独创性新产品的几次风险决策,索尼公司迅速发展壮大起来。

(摘自郑承志等主编《管理学基础》,中国科学技术大学出版社,2008年版)

思考题:如何看待井深大的风险决策?

(二)决策群体的关系融洽程度

现代企业决策往往是多人共同参与的结果,因而,企业决策中决策群体的关系融洽程度对决策有很大的影响。

💣【案例7-9】

金盏公司何去何从?

金盏公司目前面临很大的危机,源于该公司董事长与该公司CEO出现了矛盾。九年前,从法国学成归来的汪硕伦一心想做葡萄酒贸易,而在国内一家葡萄酒企业工作的吴宇新正在寻找创业机会,两人一拍即合,他们各出资80万元,又从亲朋好友同学那里融了100万元,建起了金盏贸易公司,代理法国几个酒庄的葡萄酒。汪硕伦任公司董事长,法国那边,不管是谈判还是选酒,包括代理品牌在国内的宣传都由他来搞定。吴宇新任副董事长兼CEO,负责国内市场。其余投资人任董事。

汪硕伦有深厚的葡萄酒专业知识和鉴赏力,熟悉产品,了解葡萄酒文化,又是法国名校MBA;CEO吴宇新市场基本功扎实,有渠道、有人脉、有经验、有创意,往昔战绩不俗。这样的创业团队,加上当时葡萄酒行业正值旭日初升,自然会引起投资商的兴趣,有家风险投资公司就给了他们一笔700万元的资金。凭借相对充裕的资金和有创意的经营,金盏在国内刚兴起的葡萄酒经营行业狂飙突进,5年后,便跻身业内前20名。

汪硕伦一想到吴宇新便如鲠在喉,而吴宇新想起汪硕伦也觉得心口添堵。吴宇新原以为,在金盏酒业,他与汪硕伦都是主角,他的威望和权力至少能与汪硕伦平分秋色。但这些年做下来,他发现自己只是个男二号。最让他不能忍受的是汪硕伦越来越多地开始在他的领地上指手画脚,甚至不打招呼就向董事会推荐了一个首席运营官(COO)。虽说COO后来被开掉了,但经过此事,汪硕伦和吴宇新已然是隔开万重山水了。

不过,有一个问题,他俩却是达成共识的,那就是:金盏不能总依赖别人,得有自己的品牌。然而,汪硕伦想的是购买法国酒庄;吴宇新想的却是在国内建一个庄园酒堡。汪硕伦当然不同意吴宇新的构想,在国内做,那以后他在公司的话语权就更小了。

汪硕伦不知该如何解决与吴宇新之间的矛盾。他寄希望于董事会为他投赞成票。但说实话,他并无胜算,因为吴宇新也会极力说服董事会同意他的想法。汪硕伦有些后悔在创业初期制定了那样一个"共产主义"的股权结构,他想是不是应该将其他股东或吴宇新的股份买下来,或是干脆将自己的股份卖掉,去普罗旺斯过逍遥生活。

（摘自 http：//www.ebusinessreview.cn/c/hbr_case_article－layoutId－20－id－3001.html）

思考题：金盏公司目前面临的危机是怎样造成的？

（三）个人价值观

个人价值观在认识问题、收集信息、评价各备选方案和选择方案的决策过程中都有重要的影响，甚至起着决定性作用。

💣【案例 7-10】

安娜该如何决策？

安娜从一所不太著名的大学计算机学院毕业后，10 年来一直在某发展中的大城市里的一家中等规模的电脑公司当程序设计员。现在，她的年薪为 50 000 美元。她工作的这家公司，每年要增加 4～6 个部门。这样扩大下去，公司的前景还是很好的，也增加了很多新的管理职位。其中有些职位，包括优厚的年终分红在内，公司每年要付给 90 000 美元。有时，还提升程序员为分公司的经理。虽然，过去没有让妇女担任过这样的管理职位，但安娜小姐相信，凭她的工作资历和这一行业女性的不断增加，在不久的将来她会得到这样的机会。

安娜的父亲雷森先生自己开了一家电脑维修公司，主要是维修计算机硬件，并为一些大的电脑公司做售后服务，同时也销售一些计算机配件。最近由于健康和年龄的原因，雷森先生不得不退休。他雇了一位刚从大学毕业的大学生来临时经营电脑维修公司，店里的其他部门继续由安娜的母亲经营。雷森想让女儿安娜回来经营她最终要继承的电脑维修公司。而且，由于近年来购买电脑的个人不断增加，电脑维修行业的前景是十分看好的。雷森先生在前几年的经营过程中建立了良好的信誉，不断有大的电脑公司委托其做该城市的售后维修中心。因此，维修公司发展和扩大的可能性是很大的。

安娜和双亲讨论时，得知维修公司现在一年的营业额大约为 400 000 美元，而毛利润差不多是 170 000 美元。雷森先生和他的太太要提支工资 80 000 美元，加上每年 60 000 美元的经营费用，交税前的净利润为每年 30 000 美元。自雷森先生退休以来，维修公司得到的利润基本上和从前相同。目前，他付给他新雇用的大学毕业生的薪金为每年 36 000 美元，雷森夫人得到的薪金为每年 30 000 美元，雷森先生自己不再从维修公司支取薪金了。

如果安娜决定担任起维修公司的管理工作，雷森先生打算也按他退休前的工资数付给她 50 000 美元的年薪。他还打算，开始时，把维修公司经营所得利润的 25% 作为安娜的分红；两年后增加到 50%。因为雷森夫人将不再在该公司任职，就必须再雇一个非全日制的办事员帮助安娜经营维修公司，他估计这笔费用大约需要

16 000美元。

雷森先生已知有人试图出 600 000 美元买他的维修公司。这笔款项的大部分,安娜在不久的将来是要继承的。对雷森夫妇来说,他们的经济状况并不需要过多地去用这笔资产来养老送终。

(摘自朱林主编《管理原理与实训教程》,北京邮电大学出版社,2008 年版)

思考题:安娜的个人价值观对她作出决策有何关联?

(四)个人能力

决策者的能力来源于渊博的知识和丰富的实践经验,一个人的知识越渊博,经验越丰富,思想越解放,就越乐于接受新事务、新观念,越容易理解新问题,使之拟订出更多更合理的备选方案。

【案例 7-11】

克莱斯勒的奇迹

亚科卡是美国当代汽车行业著名的企业家,曾任美国两大汽车公司的总裁。1984 年《亚科卡自传》的出版轰动了美国,引起世界注目。该书一出版就以每周出售 10 万册的纪录发行,1985 年底已再版 16 次。1982 年美国《华尔街日报》和《时代》周刊都曾刊登过关于亚科卡可能被提名担任总统候选人的新闻,一时成为美国人民心目中的民族英雄。亚科卡之所以受到如此的关注,很大程度上在于他创造了克莱斯勒奇迹。

当时,该公司濒于崩溃。从 1978 年至 1981 年,克莱斯勒公司共亏损 36 亿美元,创下了美国历史上亏损的最高纪录。人们普遍认为,该公司倒闭指日可待。然而,事情的发展并不如人们所料,亚科卡临危受命,出任美国克莱斯勒公司总裁。在他的领导下,经过几年的惨淡经营,克莱斯勒公司竟奇迹般地从死亡线上活过来了。到 1982 年,其股票价格上涨 425%,11 种新车投入市场。1983 年,公司销售额增加了 132 亿美元,比 1982 年增长了近 30%,盈利 7.009 亿美元,并提前 7 年偿还了联邦政府 15 亿美元的贷款。1984 年盈利达 24 亿美元,超过了该公司过去 60 年利润的总和!

(摘自 http://book.beifabook.com/product/BookDetail.aspx?Plucode=750586758)

思考题:决策者的个人能力对企业发展影响如何?

第三节 决策的方法

一、熟悉决策的过程

决策的过程本身是解决问题的过程,包括识别问题、确定目标、拟定备选方案、评价选定方案、组织实施方案以及追踪反馈(见图7-1)。决策的过程是一个生生不息、科学的动态过程。

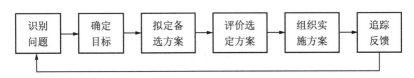

图7-1 决策的过程

(一)识别问题

管理者必须知道哪里需要行动,因此决策过程的第一步是识别问题。管理者需要密切关注与其责任范围有关的组织内外部信息,从信息中发现潜在机会或问题。一些时候,问题可能简单明了,只要稍加观察就能识别出来。有些时候,问题可能比较复杂,植根于个人过去的经验、组织的复杂结构或个人和组织因素的某种混合。因此,管理者必须特别注意要尽可能精确地识别问题。

(二)确定目标

识别问题后,需要确定决策的目标。目标体现的是组织想要获得的结果,包括想要结果的数量和质量,这两个方面都将最终指导决策者选择合适的行动路线。

(三)拟订备选方案

管理者针对问题提出恰当的目标之后,就要拟订各种备选方案,这一步骤需要创造力和想象力。在提出备选方案时,管理者必须把其试图达到的目标牢记在心,并且要提出尽可能多的方案。

(四)评价选定方案

决策过程的第四步是评估各备选方案,并确定最优方案。管理者运用一定的标准评估各种方案,将其排序,最后,仔细考察全部事实,确定是否可以获取足够的信息并最终选择最好方案。

(五)组织实施方案

方案的实施是决策过程中至关重要的一步。在方案选定以后,管理者就要制订实施方案的具体措施和步骤。实施过程中通常要注意做好以下工作：

(1) 制订相应的具体措施，保证方案的正确实施。

(2) 确保与方案有关的各种指令能被所有有关人员充分接受和彻底了解。

(3) 把决策目标层层分解，落实到每一个执行单位和个人。

(4) 建立重要的工作报告制度，以便及时了解方案进展情况，及时进行调整。

（六）追踪反馈

一个方案可能涉及较长的时间，在这段时间中，组织内部条件和外部环境可能发生变化。因此，管理者要根据形势的发展情况，及时追踪方案实施情况，对与既定目标发生部分偏离的，应采取有效措施，以确保既定目标的顺利实现；对客观情况发生重大变化，原先目标确实无法实现的，则要重新寻找问题或机会，确定新的目标，拟定可行的方案，并进行评估、选择和实施。

需要说明的是，以上是决策的基本步骤，在实际决策中，不必死板地按部就班，根据实际情况可以适当"跳过"某些步骤，直接设计出合理的方案，提高决策的效率。

二、掌握决策的方法

为了保证决策活动的科学、准确、高效，需要正确地掌握、运用决策方法。常见的决策方法有以下几种：

（一）集体决策方法

1. 头脑风暴法

头脑风暴法是比较常用的集体决策方法，便于发表创造性意见，因此主要用于收集新设想。通常是将对解决某一问题有兴趣的人集合在一起，在完全不受约束的条件下敞开思路，畅所欲言。头脑风暴法的创始人英国心理学家奥斯本为该决策方法的实施提出了四项原则：

(1) 对别人的建议不作任何评价，将相互讨论限制在最低限度内。

(2) 建议越多越好，在这个阶段，参与者不要考虑自己建议的质量，想到什么就应该说出来。

(3) 鼓励每个人独立思考，广开思路，想法越新颖、越奇异越好。

(4) 可以补充和完善已有的建议以使它更具说服力。

头脑风暴法的目的在于创造一种畅所欲言、自由思考的氛围，诱发创造性思维的共振和连锁反应，产生更多的创造性思维。这种方法的时间安排应在1～2小时，参加者以5～12人为宜。

💣【案例 7-12】

坐飞机扫雪

有一年，美国北方格外严寒，大雪纷飞，电线上积满冰雪，大跨度的电线常被积雪压断,严重影响通信。过去,许多人试图解决这一问题,但都未能如愿以偿。后来,电信公司经理应用奥斯本发明的头脑风暴法,尝试解决这一难题。他召开了一种能让头脑卷起风暴的座谈会,参加会议的是不同专业的技术人员,要求他们必须遵守以下原则。

第一,自由思考。要求与会者尽可能解放思想,无拘无束地思考问题并畅所欲言。

第二,延迟评判。要求与会者在会上不要对他人的设想评头论足,不要发表"这主意好极了!""这种想法太离谱了!"之类的"吹捧句"和"扼杀句"。至于对设想的评判,留在会后组织专人考虑。

第三,以量求质。鼓励与会者尽可能多而广地提出设想,以大量的设想来保证质量较高的设想的存在。

第四,结合改善。鼓励与会者积极进行智力互补,在增加自己提出设想的同时,注意思考如何把两个或更多的设想结合成另一个更完善的设想。

会后,公司组织专家对设想进行分类论证。专家们认为设计专用清雪机,采用电热或电磁振荡等方法清除电线上的积雪,在技术上虽然可行,但研制费用大、周期长,一时难以见效。那种因"坐飞机扫雪"激发出来的几种设想,倒是一种大胆的新方案,如果可行,将是一种既简单又高效的好办法。经过现场实验,发现用直升机清除积雪真能奏效,一个久悬未决的难题,终于在头脑风暴会中得到了巧妙的解决。

(摘自梁清山主编《管理学基础教程》,化学工业出版社,2008年版)

思考题:运用头脑风暴法,解决学习中的常见问题。

2. 名义小组技术

在集体决策中,如对问题的性质不完全了解且意见分歧严重,则可采用名义小组技术。在这种技术下,小组的成员互不通气,也不在一起讨论、协商,从而小组只是名义上的。这种名义上的小组可以有效地激发个人的创造力和想象力。

在这种技术下,管理者先召集一些有知识的人,把要解决的问题的关键内容告诉他们,并请他们独立思考,要求每个人尽可能地把自己的备选方案和意见写下来,然后再按次序让他们一个接一个地陈述自己的方案和意见。在此基础上,由小组成员对提出的全部备选方案进行投票,根据投票结果,赞成人数最多的备选方案即为所要的方案。当然,管理者最后仍有权决定是接受还是拒绝这一方案。

3. 德尔菲技术

德尔菲技术是兰德公司提出的,用来听取有关专家对某一问题或机会的意见。如管理者面临着一个有关用煤发电的重大技术问题时,运用这种技术的第一步是要设法取得有关专家的合作(专家包括大学教授、研究人员以及能源方面有经验的管理者)。然后把要解决的关键问题(如把煤变成电能的重大技术问题)分别告诉专家们,请他们单独发表自己的意见并对实现新技术突破所需的时间作出估计。在此基础上,管理者收集并综合各位专家的意见,再把综合后的意见反馈给各位专家,让他们再次进行分析并发表意见。在此过程中,如遇到差别很大的意见,则把提供这些意见的专家集中起来进行讨论并综合。如此反复多次,最终形成代表专家组意见的方案。

运用该技术的关键是:

(1) 选择好专家,这主要取决于决策所涉及的问题或机会的性质。

(2) 决定适当的专家人数,一般 10~50 人较好。

(3) 拟订好意见征询表,因为它的质量直接关系到决策的有效性。

(二) 有关活动方向的决策方法

管理者有时需要对企业或企业某一部门的活动方向进行选择,可以采用的方法主要有经营单位组合分析法和政策指导矩阵等。

1. 经营单位组合分析法

该法由美国波士顿咨询公司建立,其基本思想是,大部分企业都有两个以上的经营单位,每个经营单位都有相互区别的产品,企业应该为每个经营单位确定其活动方向。

该法主张,在确定每个经营单位的活动方向时,应综合考虑企业或该经营单位在市场上的相对竞争地位和业务增长情况。相对竞争地位往往体现在企业的市场占有率上,它决定了企业获取现金的能力和速度,因为较高的市场占有率可以为企业带来较高的销售量和销售利润,从而给企业带来较多的现金流量。

业务增长率对活动方向的选择有两方面的影响:一是它有利于市场占有率的扩大,因为在稳定的行业中,企业产品销售量的增加往往来自竞争对手市场份额的下降;二是它决定着投资机会的大小,因为业务增长迅速可以使企业迅速收回投资,并取得可观的投资报酬。

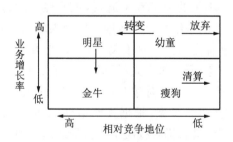

图 7-2 企业经营单位组合图

根据上述两个标准——相对竞争地位和业务增长率,可把企业的经营单位分成四大类(如图 7-2 所示)。企业应根据各类经营单位的特征,选择合适的活动方向。

(1) "金牛"。经营单位的特征是市场占有率较高,而业务增长率较低。较高的市场占有率为企业带来较多的利润和现金,而较低的业务增长率需要较少的投资。"金牛"经营单位所产生的大量现金可以满足企业的经营需要。

(2) "明星"。经营单位的市场占有率和业务增长率都较高,因而所需要的和所产生的现金都很多。"明星"经营单位代表着最高利润增长率和最佳投资机会,因此企业应投入必要的资金,增加它的生产规模。

(3)"幼童"。经营单位的业务增长率较高,而目前的市场占有率较低,这可能是企业刚刚开发的很有前途的领域。由于高增长速度需要大量投资,而较低的市场占有率只能提供少量的现金,企业面临的选择是投入必要的资金以提高市场份额,扩大销售量,使其转变为"明星",或者如果认为刚刚开发的领域不能转变成"明星",则应及时放弃该领域。

(4)"瘦狗"。经营单位的特征是市场份额和业务增长率都较低。由于市场份额和销售量都较低,甚至出现负增长,"瘦狗"经营单位只能带来较少的现金和利润,而维持生产能力和竞争地位所需的资金甚至可能超过其所提供的现金,从而可能成为资金的陷阱。因此,对这种不景气的经营单位,企业应采取收缩或放弃的战略。

经营单位组合分析法的步骤通常如下:
(1)把企业分成不同的经营单位。
(2)计算各个经营单位的市场占有率和业务增长率。
(3)根据其在企业中占有资产的比例来衡量各个经营单位的相对规模。
(4)绘制企业的经营单位组合图。
(5)根据每个经营单位在图中的位置,确定应选择的活动方向。

经营单位组合分析法以"企业的目标是追求增长和利润"这一假设为前提。

对拥有多个经营单位的企业来说,它可以将获利较多而潜在增长率不高的经营单位所产生的利润投向那些增长率和潜在获利能力都较高的经营单位,从而使资金在企业内部得到有效利用。

2. 政策指导矩阵

该法由荷兰皇家壳牌公司创立。顾名思义,政策指导矩阵即用矩阵来指导决策。具体来说,从市场前景和相对竞争能力两个角度来分析企业各个经营单位的现状和特征,并把它们标示在矩阵上,据此指导企业活动方向的选择。市场前景取决于赢利能力、市场增长率、市场质量和法规限制等因素,分为吸引力强、中等、弱三种;相对竞争能力取决于经营单位在市场上的地位、生产能力、产品研究和开发等因素,分为强、中、弱三种。根据上述对市场前景和相对竞争能力的划分,可把企业的经营单位分成九大类,如图7-3所示。

管理者可根据经营单位在矩阵中所处的位置来选择企业的活动方向。

处于区域1和4的经营单位竞争能力较强,市场前景也较好。应优先发展这些经营单位,确保它们获取足够的资源,以维持自身的有利市场地位。

处于区域2的经营单位虽然市场前景较好,但资源缺乏——这些经营单位的竞争能力不够强。应分配给这些经营单位更多的资源以提高其竞争能力。

处于区域3的经营单位市场前景虽好,但竞争能力弱。要根据不同情况来区别对待这些经营单位:最有前途的应得到迅速发展,其余的则需逐步淘汰,这是由于企

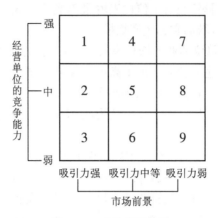

图 7-3 政策指导矩阵

业资源的有限性。

处于区域 5 的经营单位一般在市场上有 2~4 个强有力的竞争对手。应分配给这些经营单位足够的资源以使它们随着市场的发展而发展。

处于区域 6 和 8 的经营单位市场吸引力不强且竞争能力较弱,或虽有一定的竞争能力(企业对这些经营单位进行了投资并形成了一定的生产能力),但市场吸引力较弱。应缓慢放弃这些经营单位,以便把收回的资金投入到赢利能力更强的经营单位。

处于区域 7 的经营单位竞争能力较强但市场前景不容乐观。这些经营单位本身不应得到发展,但可利用它们的较强竞争能力为其他快速发展的经营单位提供资金支持。

处于区域 9 的经营单位市场前景暗淡且竞争能力较弱。应尽快放弃这些经营单位,把资金抽出来并转移到更有利的经营单位。

(三)有关活动方案的决策方法

管理者选好组织的活动方向之后,接下来需要考虑的问题自然是如何通达这一活动方向。由于通达这一活动方向的活动方案通常不止一种,所以管理者要在这些方案中做出选择。在决定选择哪一个方案时,要比较不同的方案,而比较的一个重要标准是各种方案实施后的经济效果。由于方案是在未来实施的,所以管理者在计算方案的经济效果时要考虑到未来的情况。根据未来情况的可控程度,可把有关活动方案的决策方法分为三大类:确定型决策方法、风险型决策方法和不确定型决策方法。

1. 确定型决策方法

在比较和选择活动方案时,如果未来情况只有一种并为管理者所知,则须采用确定型决策方法。常用的确定型决策方法有盈亏平衡分析法等。

盈亏平衡分析法又称保本分析法或量本利分析法,是研究一种产品达到不亏不盈时的产量或收入的一种分析模型。这个不亏也不盈的平衡点即为盈亏平衡点。显然,当生产量低于这个产量时则发生亏损,超过这个产量时则盈利。如图 7-4 所示,随着产量的提高,总成本和销售量随之增加。当到达平衡点 A 时,总成本等于销

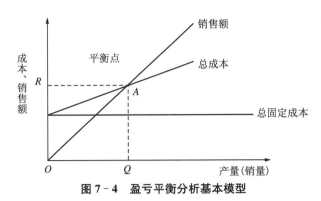

图 7-4 盈亏平衡分析基本模型

售量(即总收入),此时不亏不盈,正对应此点的产量 Q 即为平衡点产量,销售额 R 即为平衡点销售额。此模型中的总成本由总固定成本和变动成本两部分构成。按照是以平衡产量 Q 还是以平衡点销售额 R 作为分析依据,可将盈亏平衡分析法划分为盈亏平衡点产量(销量)法和盈亏平衡点销售额法。

(1) 盈亏平衡点产量(销量)法

这是以盈亏平衡点产量或销量作为依据进行分析的方法。其基本公式如下:

$$Q = C/(P-V)$$

其中,Q 为盈亏平衡点产量(销量),C 为总固定成本,P 为产品单价,V 为单位变动成本。

当要获得一定目标利润时,其公式为:

$$Q = (C+B)/(P-V)$$

其中,B 为预期的利润额,Q 为实现目标利润 B 时的产量或销量。

例:某企业生产某产品的总固定成本为 60 000 元,单位产品变动成本为每件 1.8 元,产品价格为每件 3 元。

求:(1) 该厂的盈亏平衡点产量应该为多少?

(2) 如果要实现利润 30 000 元,其产量应该为多少?

解:(1) Q = C/(P-V) = 60 000/(3-1.8) = 50 000(件)

即当生产量为 50 000 件时,处于盈亏平衡点。

(2) Q = (C+B)/(P-V) = (60 000+30 000)/(3-1.8) = 75 000(件)

即当生产量为 75 000 件时,该企业能获得 30 000 元利润。

(2) 盈亏平衡点销售额法

这是以盈亏平衡点销售额作为依据进行分析的方法。其基本公式如下:

$$R = C/(1-V/P)$$

其中,R 为盈亏平衡点销售额,其余变量同前式。

当要获得一定目标利润时,其公式为:

$$R = (C+B)/(1-V/P)$$

其中,B 为预期的利润额,Q 为实现目标利润 B 时的销售额,其余变量同前式。

2. 风险型决策方法

风险型决策也叫统计型决策、随机型决策，是指已知决策方案所需的条件，但每种方案的执行都有可能出现不同后果，多种后果的出现有一定的概率，即存在着风险，所以称为风险型决策。风险型决策必须具备以下条件：

(1) 存在着决策者期望达到的目标。

(2) 有两个以上方案可供决策者选择。

(3) 存在着不以决策者的意志为转移的几种自然状态。

(4) 各种自然状态出现的概率已知或可估计出来。

(5) 不同行动方案在不同自然状态下损益值可以估算出来。

常用的风险型决策方法是决策树法。

决策树法是用树状图来描述各种方案在不同情况（或自然状态）下的收益，据此计算每种方案的期望收益，从而作出决策的方法。下面通过举例来说明决策树的原理和应用。

例：某企业为了扩大某产品的生产，拟建设新厂。据市场预测，产品销路好的概率为 0.7，销路差的概率为 0.3。有两种方案可供企业选择。

方案 1，新建大厂，需投资 300 万元。据初步估计，销路好时，每年可获利 100 万元；销路差时，每年亏损 20 万元。服务期为 10 年。

方案 2，新建小厂，需投资 140 万元。销路好时，每年可获利 40 万元；销路差时，每年仍可获利 30 万元。服务期为 10 年。

方案 3，先建小厂，3 年后销路好时再扩建，需追加投资 200 万元，服务期为 7 年，估计每年获利 95 万元。

问哪种方案最好？

解：画出该问题的决策树，如图 7-5 所示。

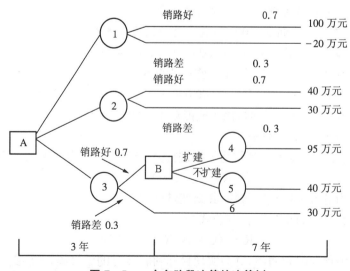

图 7-5 一个多阶段决策的决策树

图 7-5 中的矩形结点称为决策点,从决策点引出的若干条树枝表示若干种方案,称为方案枝。圆形结点称为状态点,从状态点引出的若干条树枝表示若干种自然状态,称为状态枝。图中有两种自然状态——销路好和销路差,自然状态后面的数字表示该种自然状态出现的概率。位于状态枝末端的是各种方案在不同自然状态下的收益或损失。据此可以算出各种方案的期望收益。

方案 1(结点①)的期望收益为:$[0.7\times100+0.3\times(-20)]\times10-300$
$$=340(万元)$$

方案 2(结点②)的期望收益为:$(0.7\times40+0.3\times30)\times10-140=230(万元)$

至于方案 3,由于结点④的期望收益 465($=95\times7-200$)万元大于结点⑤的期望收益 280($=40\times7$)万元,所以销路好时扩建比不扩建好。方案 3(结点③)的期望收益为:$(0.7\times40\times3+0.7\times465+0.3\times30\times10)-140=359.5(万元)$

计算结果表明,在 3 种方案中,方案 3 最好。

需要说明的是,在上面的计算过程中,没有考虑货币的时间价值,这是为了使问题简化。但在实际中,多阶段决策通常要考虑货币的时间价值。

3. 不确定型决策方法

不确定型决策,是指各种可行方案发生的后果是未知的,决策时无统计概率可依的决策问题。与风险型问题相比,该类决策缺少第四个条件。常用的不确定型决策方法有小中取大法、大中取大法和最小最大后悔值法等。下面通过举例来介绍这些方法。

例:某企业打算生产某产品。据市场预测,产品销路有 3 种情况:销路好、销路一般和销路差。生产该产品有 3 种方案:a. 改进生产线;b. 新建生产线;c. 与其他企业协作。据估计,各方案在不同情况下的收益见表 7-2。问企业选择哪个方案?

表 7-2 各方案在不同情况下的收益   单位:万元

收益\自然状态\方案	销路好	销路一般	销路差
a. 改进生产线	180	120	-40
b. 新建生产线	240	100	-80
c. 与其他企业协作	100	70	16

解:

(1) 小中取大法

采用这种方法的管理者对未来持悲观的看法,认为未来会出现最差的自然状态,因此不论采取哪种方案,都只能获取该方案的最小收益。采用小中取大法进行决策时,首先计算各方案在不同自然状态下的收益,并找出各方案所带来的最小收益,即在最差自然状态下的收益,然后进行比较,选择在最差自然状态下收益最大或损失最小的方案作为所要的方案。

本例中,a方案的最小收益为-40万元,b方案的最小收益为-80万元,c方案的最小收益为16万元,经过比较,c方案的最小收益最大,所以选择c方案。

(2) 大中取大法

采用这种方法的管理者对未来持乐观的看法,认为未来会出现最好的自然状态,因此不论采取哪种方案,都能获取该方案的最大收益。采用大中取大法进行决策时,首先计算各方案在不同自然状态下的收益,并找出各方案所带来的最大收益,即在最好自然状态下的收益,然后进行比较,选择在最好自然状态下收益最大的方案作为所要的方案。

本例中,a方案的最大收益为180万元,b方案的最大收益为240万元,c方案的最大收益为100万元,经过比较,b方案的最大收益最大,所以选择b方案。

(3) 最小最大后悔值法

管理者在选择了某方案后,如果将来发生的自然状态表明其他方案的收益更大,那么他会为自己的选择而后悔。最小最大后悔值法就是使后悔值最小的方法。采用这种方法进行决策时,首先计算各方案在各自然状态下后悔值(某方案在某自然状态下的后悔值=该自然状态下的最大收益-该方案在该自然状态下的收益),并找出各方案的最大后悔值,然后进行比较,选择最大后悔值最小的方案作为所要的方案。

本例中,在销路好这一自然状态下,b方案(新建生产线)的收益最大,为240万元。在将来发生的自然状态是销路好的情况下,如果管理者恰好选择了这一方案,他就不会后悔,即后悔值为0。如果他选择的不是b方案,而是其他方案,他就会后悔(后悔没有选择b方案)。比如,他选择的是c方案(与其他企业协作),该方案在销路好时带来的收益是100万元,比选择b方案少带来140万元的收益,即后悔值为140万元。各个后悔值的计算结果见表7-3所示。

由表7-3可以看出,a方案的最大后悔值为60万元,b方案的最大后悔值为96万元,c方案的最大后悔值为140万元,经过比较,a方案的最大后悔值最小,所以选择a方案。

表7-3 各方案在各自然状态下的后悔值　　　　　　　　　　　单位:万元

后悔值\自然状态\方案	销路好	销路一般	销路差
a. 改进生产线	60	0	56
b. 新建生产线	0	20	96
c. 与其他企业协作	140	50	0

第七章 决策能力

✍ 复习思考题

1. 什么是决策?
2. 结合企业实际谈谈决策的过程。
3. 常见的决策类型有哪些?
4. 比较个人决策与集体决策的优缺点?
5. 追踪决策有哪些特点?
6. 影响决策的因素有哪些?
7. 决策有哪些具体的方法?
8. 某企业生产一产品,需固定费用 210 元,单位产品的变动成本为 700 元,销售单价为 1 500 元,企业欲获利 22 万元,需要销售多少件产品? 企业经营状况如何? 保本价格应为多少?

📖 管理定律

1. 手表定律:别让员工无所适从

【内容】

手表定律,又称为两只手表定律、矛盾选择定律。手表定律是指一个人有一只表时,可以知道现在是几点钟;当他同时拥有两只表时,却无法确定。两只手表并不能告诉一个人更准确的时间,反而会让看表的人失去对准确时间的信心。

【启示】

对于任何一件事情,不能同时设置两个不同的目标,否则将使这件事情无法完成;对于一个人,也不能同时选择两种不同的价值观,否则,他的行为将陷于混乱。一个人不能由两个以上的人来同时指挥,否则将使这个人无所适从;而对于一个企业,更是不能同时采用两种不同的管理方法,否则将使这个企业无法发展。

2. 儒佛尔定律:没有预测活动,就没有决策的自由。有效预测是英明决策的前提。

【内容】

儒佛尔定律是法国未来学家 H·儒佛尔提出的。他认为,当今是科学技术迅速发展的年代,也是信息"爆炸"的年代。据统计,世界各地每天约有上百亿信息单元的信息量在全球各地传递着。这些信息在当今世界,被称为第四类战略资源,它与自然资源、财物资源、人力资源,统称为现代社会发展的四大资源。这四大资源被大量使用,构成当代世界各国经济社会发展战略计划的基础。不论哪类国家和地区,若要迅速发展经济,获取综合最优化社会经济效益,必须对这四类战略资源进行系统综合的开发,如偏废哪类,都会给整个社会长远发展带来严重制约和影响。在瞬息万变的市场大潮中,面对诸多的信息,你怎样利用? 只有预测! 一个成功的企业家能从繁复的信息中预测出未来市场的走向,并马上将其转化为决策的行动。没有预测活动就没有决策的自由。

【启示】

精明的预测能为企业的发展决策提供自由的空间,使信息产生价值,转变成赚钱的机会。一个企业要发展,要提高经济效益,就必须了解国内外经济态势,熟悉市场要求和摸清与生产流通有关的各个环节。这就需要广泛、及时、准确地掌握有利于企业发展的各种信息,这样才能综观全局,预见未来,运筹帷幄,立于不败之地。

3. 普希尔定律:再好的决策也经不起拖延

【内容】

在做出一项正确的决策之前,速度是关键。即使是一项好的决策,如果不能在公司中迅速形成共识,也等同于虚有。A·J·S公司副总裁普希尔认为,凡是在某些行业内的领跑者,都具有迅速做出一项正确决策的能力;思虑太多,会阻碍迅速做出决策;任何一项正确的决策,都是现在做出来的。后来人们将其总结为"普希尔定律"。

【启示】

人们常浪费太多时间来预测未来,以致延误了做出决策的时机。再好的决策也经不起拖延。

延伸阅读

【材料一】

中美企业管理者决策方式的比较分析

古今中外的管理者都很注重管理当中的决策,因为在很大的意义上,决策就意味着领导的成功与失败。尤其是在市场经济的条件下,企业决策的正确与否更成为企业兴衰成败的关键。企业的决策除了在一定程度上受外部条件制约外,主要是由企业领导者的决策行为所决定的。企业领导者的决策行为,包括判断能力、组织能力、预测能力、协调能力以及领导者个人的价值观和行为偏好等。其中领导者个人的价值观和行为偏好对其决策行为起着不容忽视的影响作用。

而文化是对个人的价值观和行为偏好具有很大影响力的因素。由于中国和美国有着很不相同的文化底蕴,这种差异必然会体现于其管理者的决策行为之中。文化对于决策行为的影响,通过一份对中美合资企业双方管理者进行的调查访问可以得到说明。该访问访谈了北京地区10个中美合资企业中的17位中方、14位美方高级管理者,结果显示,双方管理者对对方都持有某些偏见,这些偏见尤其体现在对对方决策风格的消极评论上,这里我们陈述一下该访谈的结果。

第一,美方管理者对中方管理者决策风格的评论:① 不做决策。他们认为,在中国,员工把经理看得很高,奉为上人,所以每件事都要由大老板来决策,其他人只是需要等待指示。② 一致决策。他们认为与美方管理者相比,中方的管理者更倾向于达成一致,倾向于分散决策的责任,而不是勇于承担责任。

第七章 决策能力

第二,中方管理者对美方管理者决策风格的评论:他们认为美方管理者过于专断,不爱听取下级意见。

由于文化差异的存在,使双方管理者在涉及决策问题时大都感到很不愉快。因而,有必要研究一下中国和美国的文化对合资企业领导者决策行为的影响,从而对上述决策问题上的跨文化冲突做出一些解释。

一、中国文化对管理者决策行为的影响

中国的管理决策方式受传统的君臣关系的影响。传统的君臣关系的总原则是"惠忠",就是说做君主的要实行仁政,要有恩惠加于辅臣,同时做辅臣的一定要忠诚,要以诚心奉事君主。在这一传统思想的影响下,儒家提出了"按等级固定消费"的观念,孔子就执著地贯彻"俭不违礼"的原则。一次,他的学生子贡想免去祭祀中所用的羊,孔子就说"赐也,尔爱其羊,我爱其礼"(《论语·述而》),认为羊不能免。孔子所说的礼,就是封建等级制度。后来,荀子又详细论证了这种思想,他把封建等级制度和满足人们"欲求"的"给养"联系起来,认为制定礼仪就是要在"养人之欲,给人之求"时"使有贫富贵贱之等",不允许越级消费,"衣服有制,宫室有度,人徒有数,丧祭械用,皆有等宜"(《荀子·王制》)。

这种传统的等级制度在中国文化中的影响可谓根深蒂固。

此外,中国传统的中庸思想也影响着中方管理者的决策行为。孔子说:"中庸知为德也,其至矣乎!"可见,儒家把中庸思想看做是最高的道德。其中"和为贵"的思想就成了中国人几千年来处理人际关系、民族关系、社会关系的传统原则。

由于上述儒家文化对中国长久的熏陶,形成了中国企业管理者决策行为的如下特点:

1. 不善于对下级进行授权

由于传统的等级制度的影响,形成了中国企业当中上下级之间较大的权力距离,这种大的权力距离表现为企业中的管理者等级秩序严格,权力较大者拥有相应的特权,下属对上级有强烈的依附心理。在西方人士看来,中国企业里高层与中、低层管理人员的权力距离显著地大于西方企业,这种权力距离方面的差异,也可以通过各级经理人员的薪酬等级结构反映出来。据《世界经理人文摘》中文版1998年4月号所载的"第十次亚洲经理薪酬调查"的数据,在西欧的企业中,高层管理人员年薪通常是初级管理人员年薪的2.6倍;在台北,相应的比例是3.2倍;在上海,则高达4.8倍。出于较大的权力距离的存在,使中国企业里高层管理人员拥有比他们的西方同事更大和更广泛的权力,而中、低层管理人员得到的授权则远远小于西方的同等级人士,因而形成了中国的中、低层管理者不善于做出决策的行为特征,这也是在上述访谈中为美方管理者批评最多的行为特征。

我们认为明确的分权、授权以及权责相称是现代组织管理的重大进步,是组织结构合理化和高效率运行的保证机制,有利于提高管理绩效。充分运用分权、授权,实行大权集中、小权分散,往往能使各部门有职、有权、有责,加强部门的工作责任

心。由于现代企业管理的复杂性和困难性，如果不实行一定的分权、授权，必定会造成企业管理中的大事管不好，小事又管不了的结果。而且充分授权，使管理有层次，系统分明，也有利于政令畅通，指挥有力，管理效率提高。

因此，中方管理者应该在合资企业中尽快学会授权。鉴于中方管理者不善于授权的行为特征，在授权的同时，必须明确责权关系。在每个部门，授权应该得到有效的落实，要明确其具体的工作目标和责任，以及相应的权利和范围，使得每一个部门都能各司其职、各尽其责。如果职权大于职责，会造成有权无责，有可能滥用职权；而职权小于职责，会形成有责无权，造成工作不能贯彻落实。这些决策行为上的弊端在中方管理人员当中都是客观存在的，我们必须虚心学习，以人为鉴，才能有效授权，同时勇于担当责任。

2. 决策上的集体主义

由于"和为贵"思想的影响，中国的管理者通常群众观念较强，形成了群体决策、民主集中的决策风格，这也是在访谈中为美方管理者批评的一种行为特征。他们认为中方管理者往往以一致同意作决策，而往往不愿意说"这是我做的决定，我来负责"。事实上，群体决策确有其不足之处，即权力相对分散，责任不易明确，行动比较迟缓，有时候效率较低。但是这种群体决策又有其无可替代的优点，即能够集思广益，使领导集团在知识、能力结构互补的基础上，充分发挥领导的整体功能和决策能力。正如在访谈中中方管理者对自己的决策系统的评价，他们认为在中方管理者眼中，决策是一件大事，不仅要听到各级管理人员的声音，还要听到广大员工的声音，以及客户和消费者的声音。随着现代企业的发展，企业的经营管理目标已不再仅仅是实现利润最大化，而是要达到股东满意、员工满意、顾客满意、社会满意的"四满意"目标。在这一复杂的决策过程中，个人决策日益体现出其局限性和弊端，而群体决策则充分体现出了在复杂情况下有助于提高决策质量，有效防止个人或单方专断的作用，有利于保证和维护合资企业的整体利益。

二、美国文化对管理者的决策行为的影响

美国管理者的决策行为是在资本主义的自由、平等精神之下发展起来的。以资产阶级的形式出现的自由、平等观念，在18世纪启蒙思想家卢梭等人的著作中就得到了充分的阐述。他们宣称：自由和平等是天赋不可剥夺的权力。1776年美国的《独立宣言》中说：一切人生来就是平等的，均享有不可侵犯的天赋人权——生存、自由、追求幸福。正是这种天赋人权形成了美国文化强调个体、重视个体的特点，社会成员之间社会关系的显著特点也表现为平等。体现在其决策风格上，则是：

1. 管理即授权

美国企业相对于中国企业，拥有上下级之间较小的权力距离，下级通常认为上级是"和我一样的人"。美国人在"管理"这一概念的含义中，特别强调"授权"，他们信奉最接近过程的人最了解这个过程和问题，对问题最有发言权。对于这一点，在访谈中中方的管理人员给予了肯定。他们认为美方的高层经理通常会给下属制定

第七章 决策能力

一个目标,然后就由下属来达到这个目标和成果,高层经理只是以成果来衡量目标,至于中间用什么样的方式去做,他基本上是不会干预的。任何一个阶层的部门经理,都可以在部门的范围之内作决策,如何把工作做好,只要不违反公司的商业道德即可。例如,部门内部员工的招聘、升级,每一个员工的工资调整,都是由部门经理来决定。也就是说,每一个部门,不管你是多么小的一个经理,只要你底下有员工,归到你的部门管,那么,你就有全权来管。

2. 决策上的个人主义

由于美国文化中强调个体、重视个体的特点,加之美国企业中的管理者通常拥有管理方面的理论和实践经验,所以他们在决策中比较注意自己个人的意志,因此主观性比较强。这也是在访谈中为中方管理者所批评的一种行为特征。他们认为美方的管理人员我行我素,通常滥用权力,认为"我是大老板,照我说的做",而不是采取积极配合的决策方式。根据现代管理理论,这种个人决策制有其长处,即权力集中,责任明确,指挥灵敏,行动迅速,工作效率较高,也易于考核领导业绩。但相应也有其不足之处,即受个人能力、知识、精力限制较大,如果监督机制不完备或不得力,容易产生个人专断。如我们上面所述,在企业规模日益增大、市场情况飞速变化的现代经济中,这种个人决策正在日益显示出其局限性和弊端。很多美国管理学家也已经发现了美国企业这种个人决策方式的局限性。哈佛大学管理学家洛奇曾经指出,历来指导美国经济的个人主义价值观已无法适应新的环境,需要向日本的集团主义学习,提出治"美国病"需要"东方药"。管理大师德鲁克也认为,日本企业"一致同意"的决策方式是值得美国企业学习、借鉴的重要内容。

综上所述,文化的差异形成了中美双方管理者决策行为的不同。事实上,如陈镇雄所指出的,在中美合资企业的内部管理中,美国式的管理制度占据着支配地位,而美国是"科学管理"的发源地,因而中美合资企业应该成为中国管理者学习国外先进管理思想和管理方法的最好学校。但是,我们不能由此就认为合资企业的管理决策应该由美方管理者的个人决策来支配,况且美国方式也并非就是唯一正确的方式,这一点连美国人自己也承认。一位美方总经理在访谈中就深有感触地说:"傲慢的美国人不相信或不理解还有另外一种做生意的方式,但是实话实说,日本人已经显示出了他们做生意的某些方式要比美国人好,虽然大多数人不承认这一点。"

基于上述中美双方管理者决策行为上的跨文化冲突,我们认为决策权共享是合资企业解决问题,取得成功的保证,因为共同决策体现着合资双方相互制衡的经济关系。而占有多数股权的一方或是占有董事长位置的一方都不应强行做出决策,否则必将断送合资企业的前途。决策权共享作为一种有效的共同决策机制,首先需要在董事会和高中层管理者中开展,这些措施应该包括:

(1) 在企业章程、制度中确定共同决策的要求。

(2) 以成文的或双方均认可的统一决策模式来协调双方的利益、思维模式,并协商确定决策结果。

(3) 双方努力贯彻实施共同决策这一方式。

(4) 以合资企业的整体利益作为共同决策的根本出发点和决策有效性的最终评价点。

来自不同国家的人们为了共同的或是比较接近的经营目的而合伙创业,组建了合资企业。企业的运作和发展,需要各方良好的合作和整体的协调。而在决策层得到跨文化管理的理解与成功无疑是企业管理成功的关键。正如一个中美合资企业的中方经理在一篇报告中所写的:一些思维方式和价值观念不同的人共同管理一个企业,再没有比高级职员间和谐共事更重要了。希望中美双方的管理者都能以人为本,办好合资企业。

(摘自 http://www.rxyj.org/html/2010/0202/797036.php)

【材料二】

"挑战者"号事件的决策警醒

"挑战者"号航天飞机的失事在全世界造成了不小的轰动,美国政府对此事件委任了专门的调查团进行调查。"挑战者"号事件的直接原因是右部火箭发动机上的两个零件连接处出现了问题,它直接导致了喷气燃料的热气泄露。调查表明,对于该事件的发生技术上原因是必然存在的。虽然承建商在说明书中指出有关禁止条件,但是,萨科尔公司和宇航局的工程师并没有对问题提出任何质疑甚至根本就忽视这样的细节。直到发射后问题明显地表现出来,所有人员只能抱以希望相信能够安全飞行,或者认为不能因为飞行而中止项目的进行。

"挑战者"号的失事是对技术提出的警告,产品必须经过合格验收才能应用。然而,"挑战者"号失事的真正原因是在决策上。不论是发射前的准备,还是发射的过程,以至发射后对问题的分析,决策都存在严重的问题。

在早期的飞行实验中,一些工程师开始注意到腐蚀的影响,但是他们并没有从宇航局和萨科尔公司那里得到任何支持。甚至在为解决密封圈的腐蚀问题会议上,宇航局高级官员科尔斯特将它定为一次毫无意义的会议。正是由于领导的有限见识和经历,他们在估计事件发生的概率、探寻行为产生的原因以及估量情况的风险大小时最容易发生错误,导致了他们在决策中所用的指导他们做出判断的策略过于简化。对决策中的认知偏见是问题之一。

20世纪80年代早期,人们对宇航局的做法是否有道理存在很多争议。宇航局当局在为制造宇航飞机选择制造商时过于草率。其次,在后来出台的《空间站宇航员安全选择研究》中我们看到了问题的来源:消除和控制威胁而不是采取挽救措施的趋势得到发展。如此决策是领导者的严重失误。

第七章 决策能力

对于这次决策存在另外的一个问题就是：决策的不确定性。人们总是倾向于在获取好处时避免冒风险，在回避损失时则较甘于冒险。在"挑战者"号发射的前6个月的时间，萨科尔公司和宇航局曾对航天飞机重新改造做了一次预算，然而其飞行实验仍在继续进行。面对风险指数的增加，每个人却还在冒险进行着，工程师们提出的相关建议也没有明确的指向。对于这些消极因素的出现，他们采取了忽视的态度，进一步将问题扩大化了。

又由于曾经的成功先例与经验主义的错误引导，人们在本性上产生的骄傲情绪带来了更大的潜在危险。在作出发射"挑战者"号决策时，宇航局安全办工作人员甚至没有一个人参加，作出这样失败的决策的确也在所难免。从以上我们可以看出，正是由于决策的失误导致了悲剧的酿成。任何一项问题的决策都不是轻而易举的，一项工程的好坏、一个项目的完成都离不开正确的决策。虽然影响决策的因素有很多——群体规模、成员对群体的依赖、信息的沟通以及领导的要求和压力等等，甚至社会从众心理、权威主宰等消极影响都制约着决策的作出。但是，要进行理性的、有效的群体决策也不是不可能的。

1. 对情况的分析：对于关键因素、制约条件要重点关注。就如密封圈的腐蚀问题，如果得到一点点的关注都会改变事件的发展。要防患于未然就不能忽视任何细节。

2. 制定明确的目标：使各成员了解标准，目标明确。在"挑战者"号发射实验中，到底是要重视宇航员的安全问题，还是资金损耗问题？明确目标是在问题产生时的行动导向，根据之前作出的目标尽可能地纠正误差，可以避免一错再错。

3. 搜寻备选方案：情况全面，知情者参与，鼓励畅所欲言。对于各工程师提出的问题反复推敲验证后再得出结论。

4. 评价备选方案：在提出的解决问题的方案中选出最优，全面权衡，并可在实施前做试点调查。

5. 制定决策：到底是追求最佳还是满意？制定人人认同的行动计划并给予配合。

6. 决策的复审：慎重复查，追踪检查，纠正偏差。

群体决策的科学性和民主性本身对决策质量有较大的影响，因为参与者多而杂，信息量大造成了目的的不明确。再者，由于不同部门不同阶层代表的利益也不同，分工协调不容易实现。事实上意见的提出者的能力与地位不同，对决策者的影响也就会不同。这正如航天局的工程师们一样，他们多数认为自己没有参与决策的理由，对于承担的责任也仅限于自己的范围之内。这种情况的产生并非短暂的过程，它与组织的氛围和文化底蕴密不可分，要彻底地改变也非易事。但在决策方面可以考虑采用专家决策的办法。即在组织中召集骨干人员与专题组专家，开列出相关信息，然后根据决策专题设计一份调查问卷，将必要的、可行的方法与技术或者所需资源等等逐一询问专家意见。最后，获取各专家反馈问卷并进行整理与统计处理。这样的决策优点就在于集思广益,避免决策的草率和武断,对行动方案进行了周全的判断。

(摘自 http：//bbs.vsharing.com/Article.aspx? aid＝943412)

✎ **自我测试**

你的决策力如何？

1. 说明：对下面的每一个问题,选出你第一意向的答案,然后在此答案上画圈。请你诚实地去做。

(1) 你的分析能力如何？
a. 我喜欢通盘考虑,不喜欢在细节上考虑太多
b. 我喜欢先做计划,然后根据计划行事
c. 认真考虑每件事,尽可能延迟回答

(2) 你能迅速地作出决定吗？
a. 我能迅速作出决定,而且不后悔
b. 我需要时间,不过我最后一定能作出决定
c. 我需要慢慢来,如果不这样的话,我通常会把事情搞得一团糟

(3) 进行一项艰难的决策时,你有多高的热情？
a. 我做好了一切准备,无论结果怎样,我都可以接受
b. 如果是必需的,我会做,但我并不欣赏这一过程
c. 一般情况下,我都会避免这种情况,我认为最终都会有结果的

(4) 你有多恋旧？
a. 买了新衣服,就会捐出旧衣服
b. 旧衣服有感情,我会保留一部分
c. 我还有高中时代的衣服,我会保留一切

(5) 如果出现问题,你会：
a. 立即道歉,并承担责任
b. 找借口,说是失控了
c. 责怪别人,说主意不是我出的

(6) 如果你的决定遭到大家的反对,你的感觉如何？
a. 我知道如何捍卫自己的观点,而且通常我依然可以和他们做朋友
b. 首先我会试图维持和大家的和平状态,并希望他们能理解
c. 这种情况,我通常会听别人的

(7) 在别人眼里你是乐观的人吗？
a. 朋友叫我"拉拉队长",他们很依赖我

第七章 决策能力

b. 我努力做到乐观,不过有的时候,我还是很悲观
c. 我的角色通常是"恶魔鼓吹者",我很现实
(8) 你喜欢冒险吗?
a. 我喜欢冒险,这是生活中比较有意义的事
b. 我喜欢偶尔冒冒险,不过我需要好好考虑一下
c. 不能确立,如果没有必要,我为什么要冒险呢
(9) 你有多独立?
a. 我不在乎一个人住,我喜欢自己做决定
b. 我更喜欢和别人一起住,我乐于作出让步
c. 我的亲人做大部分的决定,我不喜欢参与
(10) 让自己符合别人的期望,对你来讲有多重要?
a. 不是很重要,我首先要对自己负责
b. 通常我会努力满足他们,不过我也有自己的底线
c. 非常重要,我不能贸然失去与他们的合作

2. 评分标准:
选 A 得 10 分;选 B 得 5 分;选 C 得 1 分。

3. 结果分析:
24 分以下:差。你现在的决策方式将导致"分析性瘫痪",这种方式对你未来职场开拓来讲是一种障碍。你需要改进的地方可能有下列几个方面:太喜欢取悦别人、分析性过强、依赖别人、因为恐惧而退却、因为障碍而放弃、害怕失败、害怕冒险、无力对后果负责。测试中,选项 A 代表了一个有效的决策者所需要的技巧和行为。做一个表,列出改进你决策方式的方法,同时,考虑阅读一些有关决策方式的书籍或咨询专业顾问。

(2) 25~49 分:中下。你的决策方式可能比较缓慢,而且会影响到你未来职场开拓。你需要改进的地方可能是下列一个或几个方面:太在意别人的看法和想法、把注意力集中于别人的观点之上、做决策时畏畏缩缩、不敢对后果负责。这样的话,就需要你调整自己的心态并做一个表列出改进你决策方式的办法。

(3) 50~74 分:一般。你有潜力成为一个好的决策者,不过你存在一些需要克服的弱点。你可能太喜欢取悦别人,或者你的分析性太强,也可能你过于依赖别人,有时还会因为恐惧而止步不前。要确定自己到底在哪些方面需要改进,你可以重新看题目,把你的答案和选项 A 进行对照,因为选项 A 代表了一个有效的决策者所需要的技巧和行为。做一个表,列出改进你决策方式的办法。

(4) 75~99 分:不错。你是个十分有效率的决策者。虽然有时你可能会遇到思想上的障碍,减缓你前进的步伐,但是你有足够的精神力量继续前进,并为你生活带来变化。不过,在前进的道路上你要随时警惕障碍的出现,充分发挥你的力量,这种

力量会决定一切。

(5) 总分100：很棒。完美的分数！你的决策方式对于你的未来职场开拓是一笔真正的财富。

(摘自刑群麟主编《世界上最经典的1 500道心理测试题》，中国言实出版社，2006年版)

💣 案例分析

莫斯的会议

彼得·莫斯是一名生产和经营蔬菜的企业家。现在他已有50 000平方米的蔬菜温室大棚和一座毗邻的办公大楼，并且聘请了一批农业专家顾问。

莫斯经营蔬菜业务是从一个偶然事件开始的。有一天，他在一家杂货店看到一种硬花球与花椰菜的杂交品种，他突发奇想，决定自己建立温室培育杂交蔬菜。

莫斯用从他祖父那里继承下来的一部分钱雇用了一班专门搞蔬菜杂交品种的农艺专家，这个专家小组负责开发类似于他在杂货店中看到的那些杂交品种蔬菜并不断向莫斯提出新建议。如建议他开发菠生菜(菠菜与生菜杂交品种)，橡子萝卜瓜、橡子南瓜以及萝卜的杂交品种。特别是一种柠橡辣椒，是一种略带甜味和柠橡味的辣椒，他们的开发很受顾客欢迎。

同时，莫斯也用水栽法生产传统的蔬菜，销路很好。生意发展得如此之快，以致他前一个时期，很少有时间更多考虑公司的长远建设与发展。最近，他觉得需要对一些问题着手进行决策，包括职工的职责范围、生活质量、市场与定价策略、公司的形象等等。

莫斯热衷于使他的员工感到自身工作的价值。他希望通过让每个员工参与管理来了解公司的现状，调动职工的积极性。他相信，这是维持员工兴趣和激励他们的最好办法。

他决定在本年度12月1日九时召开一次由农艺学家参加的会议，其议程是：

1. 周末，我们需要有一个农艺师在蔬菜种植现场值班，能够随叫随到，并为他们配备一台步话机，目的是一旦蔬菜突然脱水或者枯萎，可以找到这些专家处理紧急情况。要做的决策是：应该由谁来值班，他的责任是什么？

2. 我们的公司的颜色是绿色的，要做的决策是新地毯、墙纸以及工作服等应该采取什么样绿色色调？

3. 公司有一些独特的产品，还没有竞争对手，而另外一些产品，在市场上竞争十分激烈。

要做的决策是：对不同的蔬菜产品应当如何定价？

彼得·莫斯要求大家务必准时到会，积极参与发表意见，并期望得到最有效的决策结果。

根据案例所提供的情况,请回答下列问题:
1. 一个决策的有效应取决于
   A. 决策的质量高低　　　　　　　B. 是否符合决策的程序
   C. 决策的质量与参与决策的人数　D. 以上提法均不全面
2. 按照利克特的行为模式理论,彼得·莫斯的工作作风与管理方式属于
   A. 协商式　　　　B. 群体参与式　　　C. 开明—权威式　　　D. 民主式
3. 12月1日所召开的会议有必要吗?
   A. 很必要,体现了民主决策
   B. 不必要,会议议题与参与者不相匹配
   C. 有必要,但开会的时间选择为时过晚
   D. 对一部分议题是必要的,对另一部分议题是不必要的
4. 公司的装潢问题是否需要进行群体决策?
   A. 完全需要,因为绿色是企业的标志
   B. 需要,但参加决策的人应当更广泛一些
   C. 不需要,此项决策可以由颜色与装潢专家决定或者通过民意测验征询意见
   D. 需要与不需要只是形式问题,关键在于决策的质量
5. 定价问题是否需要列入彼得·莫斯12月1日的决策议事日程?
   A. 需要,因为它是企业中的重大问题
   B. 不需要,因为该项决策的关键是质量问题,而不是让所有的员工参与和接受
   C. 在稳定的市场环境下,不需要;在变化的市场环境下,则需要集思广益,群体决策
   D. 定价应当由经济学家来解决

(摘自 http://www.yuloo.com/news/2007—06—20/28489.html)

实　训

【内容一】

航空公司的经营游戏

游戏程序:
1. 把全班同学分成5~6个小组,每个组将分别代表一家航空公司在市场经营。
2. 市场经营的规则是:
如果维持在现有价格水平,所以航空公司的正常利润率一般维持在9%;
如果有三家以下的公司采取降价策略,降价的公司由于薄利多销,利润率可达12%,而没有采取降价策略的公司利润率则为6%;
如果有三家和三家以上的公司同时降价,则所有公司的利润都只有6%。
3. 每个小组先讨论本公司是否降价,5分钟时间。
4. 每个小组派代表在一起进行协商,并达成关于是否降价的意见。

5. 各小组代表初步协商之后回到小组,并将情况向小组成员汇报。

6. 小组成员经过集体讨论,在讨论 5 分钟之后,需要作出最终的决策:降还是不降?并将小组决定写在纸条上,同时交给老师。

7. 老师公布各小组该轮次经营决策的结果。(见附件)

附件:

各小组决策结果统计

组别	1轮	2轮	3轮	4轮	5轮	平均
A						
B						
C						
D						

8. 各小组按照前面的五个步骤,进行下一个轮次的决策。以此循环五次,统计各小组最终利润率水平。

【内容二】

组织一次"头脑风暴会"

你和你的同学试图决定在购物中心开设一家什么样的健身会所。困扰你们的问题是,这个城市有很多健身会所,这些健身会所能够提供各种价位的不同种类的健身服务。你们拥有开设任何一种类型健身会所的足够资源。你们所面对的问题是决定什么样的健身会所是最成功的。运用"头脑风暴法"确定将开办健身会所的类型。

游戏程序:

1. 把全班同学分成 3～4 组。

2. 小组集体花 5～10 分钟时间来形成你们最可能成功的健身会所类型。每位小组成员都要尽可能地富有创新性和创造力,对任何提议都不能加以批评。

3. 指定一位小组成员把所提出的各种方案写下来。

4. 再用 10～15 分钟时间讨论各个方案的优点与不足。作为集体,确定一个使所有成员意见一致的最可能成功的方案。

5. 在作出你们的决策后,对"头脑风暴法"的优点与不足进行讨论,确定是否有产生阻碍的现象。

游戏规则:

游戏时间为 70 分钟。

【内容三】

决策经验分享

每个模拟公司的成员首先在小组内介绍自己的一次成功的决策或糟糕的决策,分析是什么原因导致了正确的决策或决策失误。如购买大件学习物品、制定学习计划等。以模拟公司为单位,总结正确决策的共同特征,并给出正确决策的几点建议,然后与其他公司分享你们的想法。

第八章
目标管理能力

📖 重点知识要求

1. 了解目标管理的含义。
2. 了解目标管理的类型。
3. 了解绩效评估的障碍。
4. 熟悉目标管理的实施与运用。
5. 掌握 SMART 原则和 SWOT 分析法。

📖 重点能力要求

1. 培养制定目标的能力。
2. 培养运用目标管理方法管理自己学习和工作的能力。

📖 案例导入

印度国王哈里什和儿子打猎途经一个城镇,空地上有3个泥瓦匠正在工作。哈里什国王问那几个匠人在做什么。

第一个工人粗暴地说:"我在垒砖头。"

第二个工人有气无力地说:"我在砌一堵墙。"

但是第三个泥瓦匠热情洋溢、充满自豪地回答说:"我在建一座宏伟的宫殿!"

哈里什国王回到皇宫后,立刻召见了第三个泥瓦匠,并给了他一个总督的职位。国王的儿子不明白父亲为什么这么欣赏第三个工匠。

"一个人有多成功,最终是由他做事的目标和态度决定的。"哈里什国王回答说:"目标是人前进的动力,有了目标才会有克服困难的动力。"

这3个泥瓦匠若是在现代,第一个人仍然会是"垒砖头";第二个人可能成为一个工程师;第三个人会拿着图纸指指点点,因为他是前面两个人的老板。

(摘自 http://book.qq.com/s/book/0/2/2902/35.shtml)

第八章 目标管理能力

思考题：你认为在一个组织中,目标的设计有必要吗?

目标是一个组织各项管理活动所指向的终点。每一个组织都应有自己的目标。尽管不同的组织有不同的目标,但有一点是共同的,那就是追求效率。如果一个组织不能始终做到这一点,就会丧失自己的存在价值。但究竟什么是目标管理呢?

第一节 目标管理概述

一、目标管理的概念

目标管理是以目标的设置和分解、目标的实施及完成情况的检查、奖惩为手段,通过组织中的上级和下级一起共同制定组织的目标,并由此决定上下级的责任和分目标,然后把这些目标作为经营、评估、奖励每个单位和个人贡献的标准的一种管理方法。

一般来说,目标管理包括以下 4 个方面的特点:

1. 组织目标是共同协商的,而不是上级下达指标,下级提出保证。

在传统管理中,组织目标的制定是组织中最高管理者的特权,下级管理者和一般职工只有执行的义务,目标的制定和目标的执行是相分离的。目标管理则强调目标的制定要由上下级共同协商制定,目标的制定方式是"由上而下"和"由下而上"的结合,目标的执行也是上下级共同努力的结果。

2. 根据组织的总目标决定每个部门和个人的任务、责任及应达到的分目标。

下级的目标必须与上级的目标一致,而且必须是根据上一级的目标分解而来的。所有的下级目标合并起来应等于或大于上一级的目标。需要注意的是,目标的一致并不是十分容易的事情,因为在目标向下分解的过程中,有可能出现目标的错位、变形、偏离。

3. 通过反馈和指导,确保一切活动都围绕既定目标展开。

没有反馈和指导就没有目标管理。反馈就是将下属的工作状况与设定的目标进行比较,并将比较的结果告诉下属,使下属自己纠正偏离的行为。指导就是上级帮助下属提高工作能力及在工作中指明前进的方向。

目标管理过程中,上级在下属实现目标的过程中不再是下命令、做指示,而是劝告、指导、建议。

4. 将目标作为对部门和个人的考核依据。

以目标作为考核各级人员的标准和依据。传统的绩效考核主要是以被考核对象的品质、态度等为依据来进行的,考核是上级单方面的权利,下级并无发言权;目标管理则强调考核要以工作实绩为依据,职工自己首先对照目标进行实绩的自我检查,然后上下级共同确定考核结果,并以此作为奖惩的依据。

二、目标管理的意义

(一) 导向作用

目标管理的导向作用,也就是为组织的管理工作指明方向。从某种意义上说,管理是一个为了达到同一目标而协调集体所做努力的过程,如果不是实现一定的目标,就无须管理,组织目标对组织活动具有导向作用,为管理指明了方向。

(二) 凝聚作用

组织是一个社会协作系统,它必须对其成员有一种凝聚力。组织凝聚力的大小受到多种因素的影响,其中的一个因素就是组织目标。当组织目标充分体现了组织成员的共同利益,并能够与组织成员的个人目标取得最大限度的和谐一致时,就能够极大地激发组织成员的工作热情、献身精神和创造力。如果组织能确立科学有效的总目标,然后进行层层分解,在工作中各单位及相关人员根据总目标要求进行合理调整,就可以知道本部门的工作定位,合理安排自己的进度,同时也可以有效地与其他部门配合,从而形成组织目标的凝聚作用。

(三) 激励作用

组织目标的激励作用主要体现在提供鼓舞、支撑和满足感等方面。组织目标设定之后,该目标就可以成为员工自我激励引导的标准。一方面,个人只有明确了目标才能调动起潜在能力,创造出最佳成绩;另一方面,个人只有达到了目标后才会产生成就感和满意感。组织目标也可以成为组织团队激励的基础,激发员工的合作意识。组织确立目标之后,就使组织团队人员有所遵循,当所有的团队人员皆在同一目标下共同工作时,团队人员的凝聚力必然加强,就会产生团队激励的效果,培养团队的合作意识与团队精神。

(四) 考核评价作用

组织目标为单位、个人工作绩效的考评提供正确的标准和准绳。大量管理实践表明,以上级的主观印象和对下级人员的价值判断作为对员工绩效的考核依据是不客观、不科学的,因而不利于调动员工的积极性。正确的方法应当是根据明确的目标进行考核。当工作完成后,有关人员即可依据原定目标加以考核,看其工作成果是否与原定目标相符。这种考核比较客观公正,考核结果也较有说服力。

三、目标管理的过程

目标管理是通过目标网络层层分解下达目标,使任务到人、责任到岗的一种管理方法;它的目标不是上级强加的,而是由员工和下属部门在上级的协助下自己制定的;目标的完成是员工自我管理的结果,上级只是通过和员工一起协商制定的目标完成标准来检查、控制目标的完成情况;目标管理的核心是让员工自己当老板,自己管理自己。其过程如图8-1所示。

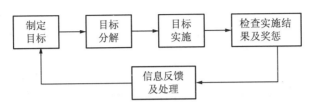

图8-1 目标管理流程图

(一)制定目标

制定目标包括制定组织的总目标、部门目标和个人目标,同时要制定完成目标的标准,以及达到目标的方法和完成这些目标所需要的条件等多方面内容。

(二)目标分解

建立企业的目标网络,形成目标体系,通过目标体系把各个部门的目标信息显示出来,就像看地图一样,任何人一看目标网络图就知道工作目标是什么,遇到问题时需要哪个部门来支持。

(三)目标实施

要经常检查和控制目标的执行情况和完成情况,看看在实施过程中有没有出现偏差。

(四)检查实施结果及奖惩

对目标按照制定的标准进行考核,目标完成的质量可以与个人的升迁、报酬等挂钩。

(五)信息反馈及处理

在考核之前,还有一个很重要的问题,即在进行目标实施控制的过程中,会出现一些不可预测的问题。如:目标是年初制定的,年尾发生了金融危机,那么年初制定的目标就不能实现。因此在实行考核时,要根据实际情况对目标进行调整和反馈。

四、目标管理的类型

从最终目的进行分类,目标管理可以分为提高业绩型目标管理和提高个人能力型目标管理两种。

(一)提高业绩型目标管理

提高业绩型目标管理是根据组织的结构体系,采用自上而下的方式,通过逐级分层制定目标,形成上下贯通、左右呼应的目标链锁,保证组织的任务分解到人,责任到人,从而共同实现业绩提高的一种目标管理方式。

【案例 8-1】

金得利公司的目标管理改革

金得利糖果公司是一家生产销售中式糖果的企业,随着西风东渐,他们发现我国人民的嗜好已经发生了改变,光靠经营中式糖果无法实现公司的长期发展计划。为此,公司决定明年新增西式糖果业务,并通知全公司所有部门和员工做好准备。于是,技术部研究了现行设备和技术,对需要新添的设备和技术做了调查;销售部调查了市场,讨论了现行营销体系的优缺点;财务部对资金状况摸了底。年底,总经理签发了明年西式糖果经营总目标,各单位根据总目标制定了各自的小目标,并将小目标分配给基层单位和员工。依此类推,形成了一个目标体系。

(摘自http://www.xingkoo.com/view_info/view_info—4973.html)

思考题:你认为提高业绩型目标管理要遵循哪些步骤?

(二)提高个人能力型目标管理

提高个人能力型目标管理是通过目标刺激和诱导员工发挥自身潜能,充分发挥自主性与创造性,提高工作能力,更好地为组织目标而努力,与此同时,个人能力也得到进一步开发。

与提高业绩型目标管理相比,提高个人能力型目标管理的重点是提高个人能力,目的是通过提高员工个人能力来改进工作,进而为组织的目标服务。

【案例 8-2】

武汉商业银行的目标管理改革

武汉商业银行发现柜台营业员的服务态度对提高客户存款额至关重要,因此决定改进服务。他们将营业员召集在一起,讨论目前柜台服务存在的问题。之后,总部对讨论结果进行整理和补充后发放给每一个营业员,要求对症下药,制定出改进自身服务的个人计划并上报领导,由领导对个人计划提出意见后返给员工。在考虑领导意见后,员工制定正式的个人微笑服务目标,经上级核批后正式执行。

(摘自http://wenku.baidu.com/view/31fe8c116c175f0e7cd13776.html)

思考题:你能否对自己进行提高个人能力的目标管理?

第二节 目标的制定和分解

一、目标的设置

目标管理的第一阶段是确定总目标。组织的总目标关系到整个组织的成败,总目标不对,具体目标实施再好,也补偿不了总目标偏离带来的损失。总目标一般是指在一定时期内(一般为一年)组织活动的期望成果,是组织使命在一定时期内的具体化。由于组织活动是个体活动的有机叠加,因此只有每个员工、各部门的工作对组织活动作出期望的贡献,组织目标才可能实现。所以,如何使全体员工、各个部门积极主动、想方设法为组织的总目标努力工作是管理活动有效性的关键。这一阶段可以分为3个步骤:

(一) 准备工作

制定目标,首先要做好充分的准备。准备工作要紧紧围绕制定目标的依据进行,概括起来有两点:一是在制定目标之前,要从本单位的具体情况出发,既看到优势,又看到劣势,既看到潜力,又看到困难,才能做到心中有数,扬长避短,充分利用现有资源,挖掘自身潜力,从而制定出既先进又可行的目标。二是还要考虑单位的外部环境因素。因为环境是系统赖以存在的条件,它制约着管理系统的结构和功能。只有对外部环境因素作深入广泛的了解,全面掌握信息,才能正确认识形势,做到知己知彼。

【案例 8-3】

鲸鱼搁浅报道的正解

我们时常听到关于鲸鱼搁浅海滩的报道,有些新闻说是这些鲸鱼在集体自杀,并对它们自杀的原因感到困惑。鲸鱼研究专家在对鲸鱼进行跟踪研究的过程中发现,它们之所以被搁置在海滩甚至暴死滩头,是因为它们追逐沙丁鱼的缘故,是这些微小的沙丁鱼群将这些庞大的鲸鱼引入到死亡的歧途。现代管理学家认为,鲸鱼是因为追逐眼前的小利而死亡的,它们经不起蝇头小利的诱惑,将自己巨大的潜能和力量耗费在没有多少意义的小事情上,结果葬送了自己的生命。可见,不论动物的体型、种类,如果目标选的不好,结局是一样的悲惨。

(摘自 http://www.jobcn.com/hr/News_content.jsp?ID=161889)

思考题:通过这个案例,你认为目标的设定在目标管理中处于什么地位?

(二) 提出目标

在做好准备工作的基础上,可以先提出初步设想。目标设想提出后,要拿到下面广泛征求意见,提交各级、各部门酝酿讨论,征求下级的意见。组织全体成员共同参与目标的制定,可以使上下级之间了解相互的期望,使下级充分理解组织目标,进而认同制定的目标,从而最大限度地发挥下属的工作热情和积极性。在征求意见的过程中可能会引起很多争议,同时也可能会提出很多批评和建议。最后,对各种意见进行归纳整理,并据此提出目标的初步方案。

💣 【案例 8-4】

王总的目标管理法

北方公司王总经理在一次管理技能培训中学习到一些目标管理的知识,他对这种理论逻辑上的简单清晰及其预期的收益印象非常深刻。因此,他决定在公司内部实施这种管理方法。首先,他需要为公司的各部门制定工作目标。王总认为:由于各部门的目标决定了整个公司的业绩,因此应该由他本人为他们确定较高目标。

确定了目标之后,他就把目标下发给各部门的负责人,要求他们如期完成,并口头通知在计划完成后他要组织人员亲自对落实情况进行考核和奖惩。但是他没有想到的是中层经理在收到任务书的第二天就集体上书表示无法接受这些目标,致使目标管理方案无法顺利实施。王总感到很困惑。

(摘自郑立梅主编《管理学基础》,清华大学出版社,2006 年版)

思考题:王总的做法存在哪些问题?他应该怎样设置目标并让下属接受?

(三)方案论证

方案论证就是论述各种方案产生的依据、原则、过程,以及方案要达到的目的和实现方案的对策措施等,证明其科学性、先进性和可行性。论证多采用论证会、研讨会的形式,吸收各方面有关专家、各部门负责人和群众代表参加。研讨会要做到各抒己见,畅所欲言。要让大家充分发表不同观点和意见,对各种方案进行论证。论证发言要力求观点明确,论据充实,说理清楚。

二、目标制定的原则——SMART 原则

组织在制定自己的目标时,应充分了解组织的实际情况和外部条件,从实际出发,定出合适的目标。制定目标看似一件简单的事情,每个人都有过制定目标的经历,但是如果上升到技术层面,则必须学习并掌握 SMART 原则。

SMART 是由 5 个英文单词的首写字母组成:

(一)Specific——明确性

所谓明确,就是要用具体的语言清楚地说明要达成的行为标准。明确的目标几乎是所有成功团队的一致特点。很多团队不成功的重要原因之一就是因为目标定得模棱两可,或没有将目标有效地传达给相关成员。

第八章 目标管理能力

目标设置要有项目、衡量标准、达成措施、完成期限以及资源要求,使考核人能够很清晰地看到部门或科室月计划要做哪些事情,计划完成到什么程度。

（二）Measurable——可衡量性

可衡量性就是指标可以量化,可以衡量。目标的可衡量性就如同一把尺子,可以明确地衡量目标是否达到。如果没有一个衡量标准,具体的执行者就会心中无数,不知道工作必须做到什么程度,个别人还会投机取巧。因此,目标的设定该有一组明确的数据。作为衡量是否达成目标的依据,如果制定的目标没有办法衡量,就无法判断这个目标是否实现。

目标的衡量标准遵循"能量化的量化,不能量化的质化",使制定人与考核人有一个统一的、标准的、清晰的、可度量的标尺,杜绝在目标设置中使用形容词等概念模糊、无法衡量的描述。对于目标的可衡量性应该首先从数量、质量、成本、时间、上级或客户的满意程度5个方面来进行;如果仍不能进行衡量,可考虑将目标细化,细化成分目标后再从以上5个方面衡量;如果仍不能衡量,还可以将完成目标的工作进行流程化,通过流程化使目标可衡量。

💣【案例 8-5】

可以量化的指标

某公司人力资源部制定2010年度目标之一是"为所有的新进员工安排进一步的管理培训",培训的主题是能力素质与职业素养。在这个课程结束后,学员的评分在85分以上,低于85分就认为效果不理想,高于85分就是所期待的结果。

思考题:你认为上述两个目标的制定,差异在何处?

（三）Attainable——可实现性

目标是要可以让执行人实现、达到的,如果上司利用一些行政手段、利用权力性的影响力一厢情愿地把自己所制定的目标强压给下属,下属典型的反应是一种心理和行为上的抗拒:我可以接受,但是否完成这个目标,有没有最终的把握,这个可不好说。一旦有一天这个目标真完成不了的时候,下属有一百个理由可以推卸责任:你看我早就说了,这个目标肯定完成不了,但你坚持要压给我。

"控制式"的领导喜欢自己定目标,然后交给下属去完成,他们不在乎下属的意见和反应,这种做法越来越没有市场。今天的员工在知识层次、学历、素质,以及他们主张的个性张扬的程度都远远超出以前,因此,领导者应该更多地吸纳下属来参与目标的制定,即使是团队整体的目标。

目标设置要坚持员工参与、上下左右沟通,使拟定的工作目标在组织及个人之间达成一致。既要使工作内容饱满,也要具有可达性。可以制定出跳起来"摘桃"的目标,不能制定出跳起来"摘星星"的目标。

（四）Realistic——实际性

目标的实际性是指在现实条件下是否可行、可操作。可能有两种情形，一方面领导者乐观地估计了当前形势，低估了达成目标所需要的条件，这些条件包括人力资源、硬件条件、技术条件、系统信息条件、团队环境因素等，以至于下达了一个高于实际能力的指标。另外，可能花了大量的时间、资源，甚至人力成本，最后确定的目标根本没有多大实际意义。

部门工作目标要得到各位成员的通力配合，就必须让每位成员参与到部门工作目标的制定中去，使个人目标与组织目标达成认识一致，目标一致，既要有由上到下的工作目标协调，也要有员工自下而上的工作目标的参与。

💣【案例8-6】

不切实际的早餐目标

某餐厅的经理定下个月的目标是——早餐时段的销售在上月早餐销售额的基础上提升15%。可是过了2个月，这个目标依然没有达到，这位经理陷入了尴尬的处境。他的助手提醒他："这个目标，可是一个几千块钱的概念，但为完成这个目标的投入要花费多少？这个投入比起利润要更高。而且作为早餐来讲，提高15%的销售额，这就是一个不太实际的目标，就在于它花了大量的钱，最后还没有收回所投入的资本。它是一个很难达到的目标。"

（摘自 http://baike.baidu.com/view/277214.htm）

思考题：你认为助手讲的对吗？

（五）Timed——时限性

目标特性的时限性是指目标是有时间限制的。制定任何一个目标，都需要规定一个期限，规定在什么时间之内完成任务或实现目标。明确时间计划，可以有效追踪目标的完成情况。如果没有一个预先设定好的时间限定的话，每个人对各自的任务就会有不同的理解。

目标设置要具有时间限制，根据工作任务的权重、事情的轻重缓急，拟定出完成目标项目的时间要求，定期检查项目的完成进度，及时掌握项目进展的变化情况，以方便对下属进行及时的工作指导，以及根据工作计划的异常情况变化及时调整工作计划。

💣【案例8-7】

时间就是商机

某公司为了尽快提高产品的竞争能力，占领国内市场，总经理命令科研部门在

2010年8月前必须完成生产线的改造,以期尽早抢占国内市场。

思考题:你认为时限性在目标管理中重要吗?

总之,无论是制定团队的工作目标,还是员工的绩效目标,都必须符合上述原则,5个原则缺一不可。制定的过程也是对部门或科室先期的工作掌控能力提升的过程,完成计划的过程也就是对自己现代化管理能力历练和实践的过程。

三、目标制定的方法——SWOT分析法

SWOT分析的主要目的在于对组织的综合情况进行客观公正的评价,分析内部情况,主要是找出组织的优势(Strengths)和劣势(Weaknesses);分析外部环境,主要是找出组织的机遇(Opportunities)和威胁(Threats)。将这4种因素综合起来进行分析,简称SWOT分析。

SWOT分析的基本思路是:第一步,通过对组织内部环境的分析,明确组织所具有的优势与劣势;第二步,通过对组织所处外部环境的分析,发现当前或将来可能出现的机遇与威胁,详见表8-1。在SWOT分析完成后,组织所具有和面临的优势和劣势、机遇和威胁都已确定,管理人员就可以开始正确制定企业发展目标。

表8-1　SWOT分析表

内部因素 \ 外部因素	机遇(Opportunities)	威胁(Threats)
	市场需求量激增 新的市场发展机遇 国外市场局面的打开 研发出新的产品 政府出台新的优惠政策 ……	国外竞争者大量涌入 经济形势下滑 替代产品出现 国内市场的残酷竞争 市场需求趋于饱和 ……
优势(Strengths) 充足的资金来源 良好的企业形象 研发能力强 良好的品牌知名度 强大的营销网络 广告攻势强 先进的流水生产线 能力极强的营销团队 ……	SO战略	ST战略

续　表

劣势(Weaknesses)		
设备老化 管理混乱 缺乏资金 产品单一化 缺少核心技术 部门之间争斗复杂 缺少科研人员 运输费用过高 ……	WO 战略	WT 战略

【案例 8-8】

康佳的 SWOT 分析

1. 优势

(1) 品牌优势

持续的名牌战略,使得康佳品牌具有极高的知名度和美誉度。据有关机构评估,康佳品牌价值 78.87 亿元,居国内品牌第六位,并被国家工商局认定为"中国驰名商标"。品牌这一巨额的无形资产成为康佳对外扩张的有力武器。

(2) 融资渠道

康佳 A、B 股同时上市,资信优良,是各大商业银行的黄金客户和银行合作对象。1997 年、1998 年、1999 年中国银行分别向康佳提供 38 亿元、42 亿元和 50 亿元人民币的融资额度,1999 年,康佳新增发行 8 000 万 A 股,筹资 12 亿元人民币。加上母公司和各级政府鼎力扶持,公司实力雄厚,融资渠道广阔。

(3) 营销网络

康佳在全国各中心城市设立了 60 多家销售分公司,与全国 95％以上的地市级大商场开展工商合作,终端销售商达到乡镇一级,建立了 300 多家特约维修站、3 000 多个外联维修点,形成了覆盖全国的市场销售网络和售后服务体系。

(4) 成熟管理

康佳作为中国首家中外合资电子企业和第一批公众股份制公司,很早就按现代企业制度和市场竞争机制运作,形成了规范、高效的管理体系和运行机制。特别是在质量管理和生产组织方面,康佳是我国彩电行业首家通过 ISO 9001 质量管理体系、ISO 14001 环境管理体系国际国内双重认证的企业。

2. 劣势

彩电属于劳动密集型行业,康佳地处深圳特区,相对于长虹等内地竞争对手而言,生产成本、管理成本、运输费用高。另一方面,如果仅立足深圳,康佳的市场辐射半径难以覆盖全国,特别是一些地方彩电品牌所在的区域市场,康佳难以打进。

3. 机遇

内地一些国有彩电生产企业,拥有优良的厂房、设备,素质较高的干部、工人,低廉的生产成本,一定区位的市场,但是由于机制、市场等方面的原因,在愈来愈激烈的竞争中无可避免地败下阵来,债务积压,工人下岗,设备闲置,人心思变,急于寻找出路。当地政府欢迎康佳这样的优势企业来收购、兼并,搞活困难企业,国家也鼓励东部沿海企业到中西部投资、交流,并出台了相关优惠政策。

4. 威胁

竞争对手长虹等依靠其规模和成本优势不断挑起价格战;高路华等"新面孔"以超低价挤进业已竞争激烈的彩电市场;东芝、索尼、三星、飞利浦等跨国公司一改单纯进口的方式,纷纷以合资的形式进入中国彩电市场,实现本土生产,本土销售;中国即将加入WTO。

通过上面的分析,康佳根据市场布局,利用品牌、融资、管理、营销等方面的优势,与内地彩电企业展开合作,利用其现有的厂房、设备,以达到降低成本费用、扩大经营规模、缩短运输距离、抢占区域市场的战略目标。

(摘自 http://hi.baidu.com/louwengying/blog/item/586aa619a27e74138618bfd0.html)

思考题:结合自己的实际情况,运用SWOT分析法制定出你自己的职业生涯规划。

四、目标分解

目标确定之后,为了便于实施,在付诸实施之前,要进行目标分解。它是目标决策与实施之间的一个重要环节,是使目标得以实现的基础。目标分解,就是将总体目标从上到下层层展开,在纵向、横向或时序上分解到各级、各部门以至每个人,形成自下而上层层保证的目标体系的过程。它是将总体目标分解为部门目标,再将部门目标分解为小组目标,最后将小组目标分解为个人目标。形成一个层层支撑,环环相扣,责、权、利明确的三级、四层次目标体系,详见图8-1。这一阶段可以分为4个步骤:

(一)管理者向下属说明团队和自身的工作目标

在这一过程中,要增强下属的参与感,使其避免产生被迫同意上级目标的感觉;充实下属各自应分担的工作,使每个人承担最大限度的工作量;对共同承担的任务要明确每个人在其中的职责。

(二)重新审议组织结构和职责分工

目标管理要求每一个分目标都有确定的责任主体。因此预定目标之后,需要重新审查现有组织结构,根据新的目标分解要求进行调整,明确目标责任者和协调关系。

(三)确立下级的目标

首先下级明确组织的规划和目标,然后制定下级的分目标。在讨论中上级要尊重下级,平等待人,耐心倾听下级意见,帮助下级发展一致性和支持性目标。分目标要具体量化,便于考核;分清轻重缓急,以免顾此失彼;既要有挑战性,又要有实现的可能。每个员工和部门的分目标要和其他分目标协调一致,支持本单位和组织目标的实现。

(四)上级和下级就实现各项目标所需的条件以及实现目标后的奖惩事宜达成协议

分目标制定后,要授予下级相应的资源配置的权力,实现权责利的统一。由下级写成书面协议,编制目标记录卡片,整个组织汇总所有资料后绘制出目标图。

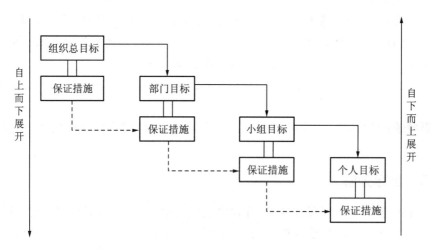

图 8-1 目标展开示意图

💣【案例 8-9】

马拉松运动员的故事

山田本一是日本著名的马拉松运动员。他曾在 1984 年和 1987 年的国际马拉松比赛中两次夺得世界冠军。记者问他凭什么取得如此惊人的成绩,山田本一总是回答:"凭智慧战胜对手!"

大家都知道,马拉松比赛主要是运动员体力和耐力的较量,爆发力、速度和技巧都还在其次。因此对山田本一的回答,许多人觉得他是在故弄玄虚。

10 年之后,这个谜底被揭开了。山田本一在自传中这样写道:"每次比赛之前,我都要乘车把比赛的路线仔细地看一遍,并把沿途比较醒目的标志画下来,比如第一标志是银行;第二标志是一个古怪的大树;第三标志是一座高楼……这样一直画到赛程的结束。比赛开始后,我就以百米的速度奋力地向第一个目标冲去,到达第一个目标后,我又以同样的速度向第二个目标冲去。40多公里的赛程,被我分解成几个小目标,跑起来就轻松多了。开始我把我的目标定在终点线的旗帜上,结果当我跑到十几公里的时候就疲惫不堪了,因为我被前面那段遥远的路吓到了。"

(摘自 http://blog.sina.com.cn/s/blog_60a18d410100gawa.html)

思考题:你能制定今年的学习目标并进行分解吗?

第三节　目标管理能力的培养

目标管理是一种自我管理,目标的实施主要由组织成员自己来完成,但这并不是说上级在目标执行过程中完全处于旁观的地位,而是应该给下属执行目标提供协助。同时,组织还必须建立一定的制度,保证目标切实得到实施。

在目标管理制度下,由于目标已经设定,对个人应进行的方向与进度已有明确的规定。在实施阶段中,组织成员应注意如下事项:

(1)必须随时记住总目标,以及自己的目标和工作进度,并有效地运用自己的权限,自我控制而努力达成目标。

(2)凡是未列入目标中的工作也应该用心去做,不应只限于自己的目标工作。这样,才能有效地完成所管辖的全部工作。

(3)除了日常管理工作外,上级必须定期与下属接触,调整目标的达标情况,使业务能平衡发展。

(4)在完成目标的过程中所发生的特殊情况,在非报告上级不可的情况下,应尽量以最快的方式向上级报告,使上级能及时掌握目标实施过程中的特殊变化。

(5)在目标管理时,应尽量让下属亲自处理,上级避免作不必要的干涉。

目标实施人本身要如何执行呢?可以分两方面说明:一是下属本身如何完成目标;二是上级如何协助下属完成目标。

一、让下属正确执行目标

(一)要让下属了解整体目标、上级目标、个人目标

了解组织的整体目标,才能明白行进方向;通过目标体系图,也才能明白自己的目标在整体目标中的位置,从而更加努力地完成组织目标。

了解上级的目标和工作方针及其对于部门目标的影响,下属才能知道应该如何遵循,同时对于个人的目标如何达成、如何控制,才有更彻底的认识与执行的意愿。

（二）让下属学会自我管理

整体目标告知了下属，上级的目标及方针被下属充分了解，同时下属的目标明确并且形式具体、定量，那么，下属就能通过自我管理实现其目标。达成目标的方法由各人自行处理，这可以激发各人的工作意愿，发挥独创性来达成目标。

（三）让下属学会自由裁量

目标应达到的成果，由达成目标的员工自由裁量决定，这是目标管理的重点之一。员工在充分了解目标之后，就拥有自由决定其工作方式的权利，上级不再事事干涉。工作中发生的小差错，由下属自行发觉并改进；只有出现违反规定的大差错，脱离常规，上级才应给予纠正。

当然，强调自由裁量、容忍错误，并不是说员工就可以为所欲为，管理者仍会通过公司的管理手段，要求员工定期报告工作进度，从而对目标实施情况有所掌握。

（四）必要的权限委让

员工要顺利完成工作，达成目标，必须拥有一定的权限。不同的企业对权限委让的规定不同，尤其是牵涉部门间的协调事项，变化复杂。如何授权下属，上级需要运用自己的判断能力，根据下属的目标大小、能力高低以及双方事先的约定综合进行判断。

（五）让下属学会自我学习

在实现目标的过程中，员工必定会遇到许多预料不到的事，必须由自己来克服、完成，并从结果中得知自己的判断是否恰当。员工通过不断总结经验教训，可以培养其判断事物的能力及处事的决断力，从而提高工作效率。因此，上级的授权式管理，让部下控制达成的过程，可以起到让下属自我启发、自我成长的作用。

二、上级主动协助下属执行目标

目标一经设定，上级应按照工作计划，自己负责推行。要知道目标的达成，需要依靠组织全体成员由下而上地将执行成果累积起来。因此，如何协助下属，通过下属的努力来达成既定的目标，并接受最后的成果与责任，是每个上级的职责。上级可以通过下列方式来协助下属执行目标。

（一）适当地授权

下属设定目标后，上级人员就应将所属职务范围内的决策权力及责任尽量授权给下属，这样，下属才会有被重视的感觉，从而产生工作的意愿与荣誉心。但在发生突发事件时，管理者多半会收回这些权限，这是因为下属不习惯利用权限，一旦突然得到权限，内心反而不安。如果只是认为"下属不愿意负责，自己就收回权限"的话，那么下属就会丧失成长的机会，而管理者则只能独自不断地繁忙了。

（二）提高下属的工作意愿

上级人员的基本任务，在于借重下属的力量完成组织的工作目标。

上级若失去下属的合作,好像一个人失去了手脚,行动艰难,难以完成公司所赋予的使命。所以上级人员一定要获得下属的拥戴与合作,进而提高下属的工作意愿,以便圆满达成目标管理。

虽然上级人员与下属之间对工作意见有时难免不一致,但只要诚恳、耐心地与下属切磋探讨,问题的症结必可迎刃而解。况且,每一个人都希望别人尊重他,信任他,因此上级应执行下列工作:

(1) 上级对下属的态度,应以"朋友"情谊取代"主从"关系。
(2) 上级对下属的领导,领导方式应以"诱导"代替"干预"或"命令"。
(3) 上级对下属的获得,应以"交换意见"的方式来代替"质问"的方式。
(4) 上级对下属的分配,应以"启发"下属自动自发地来工作,而不是"命令"、"给予"下属工作。

通过上述的执行方式,上级一方面能把握目标执行的全部进展,另一方面又可使下属工作意愿高昂,从而达到目标管理之效果。

(三) 给予下属支援与协调

在实施目标管理的过程中,上级要根据下属的实际工作条件给予必要的人力、物力上的支援与协助。这种支援与协助通常基于下属的请求或其执行目标遭遇困难时才做,避免造成下属认为上级干预或者妨碍其自主的权力。此外,下属所定的目标能否达成,还有赖于其他单位能否提供支援时,上级应协助进行"横向联系",以便协调部门间的团队合作,共同完成目标。

在目标设立之初以及实现过程中,上级可以根据实际情况及时对目标予以调整。假如下属之间的目标相互密切关联,那么一旦无法保持关联性,必将影响目标达成的效果。因此,上级要不断地从整体的立场来查看目标达成的情况,一旦危及整体均衡,就应该迅速予以协助或者提供建议来调整。

💣※ 【案例 8 - 10】

组织领导的宏观协调

某公司制造部经理的目标是"提高产量40%",但生产进度却因材料不能及时到货而无法按计划进行;而销售部接受客户订单时又不充分考虑生产期,致使均衡生产无法实现,有时出现不能及时交货的情况。所以制造部经理为完成"提高产量40%"的目标,就必须与采购部经理、销售部经理互相协调,适当调整各自的产量目标,以免生产失去平衡而影响交货。上级(生产副厂长)亦应主动协助下属(制造部经理)与相关单位(采购部经理、销售部经理)进行沟通、讨论。

(摘自 http://wenku.baidu.com/view/89e34922aaea998fcc220e3a.html)

思考题:你认为在目标管理活动中,领导应该扮演什么角色?

（四）适时适地交换意见

目标管理要求执行人以自主的精神去推动工作，但并不代表上级可以放手不管。

目标管理要求下级定期报告工作进展，但上级仍应适时适地与下属交换意见，这是完成目标不可缺少的条件。为使目标执行正确，作为上级要承上启下。除必须充分了解直属上级的方针、目标和下属的目标内容外，还应当对客观形势的发展充分掌握，否则将难以应变进而影响工作目标进展。所以上级一方面应主动与下属交换意见，另一方面应该积极表示欢迎下属提意见，以便掌握情报，发现问题。只有这样，才能给予下属适当的支援，协助其顺利达成目标。

（五）适当地控制

目标管理强调授权，强调下属的自我控制，但是并不是说目标执行人的上级可以放手不管。"自我控制"并不是说上级可以袖手旁观，而是上级应采用"例外管理"的原则来从事管理活动。上级应集中注意那些执行结果发生偏差者，并协助下属采取补救或纠正措施。上级虽然对下属工作的细节不予干涉，但对其工作的完成情况则需要正确把握，发现有偏离目标的情况要予以指出，并指导下属及时纠正，以免造成不利后果。目标的执行责任虽在于执行人（下属），但上级仍要承担达成目标的责任。因此，上级在整体目标的指引之下，应对下属做合理的监督与控制。假如整个组织一切正常，上级管理人员就不必干预工作的进行；但当下属碰到一系列棘手的问题或者下属的能力及权限无法解决时，上级管理人员应适时给予适当的协助，帮助其解决困难。

总之，上级应信赖下属有实现目标的能力，原则上，要求下属每隔一段时间做一次综合性报告，但也不要忽略经常性的沟通工作。

三、正确运用反馈控制

为保证组织目标的顺利实现，管理者必须进行目标控制，随时了解目标实施情况，及时发现问题并协助解决问题。

（一）反馈控制的作用

1. 检查目标决策

目标管理的成效，关键在于目标决策是否正确。目标决策正确与否，可以用反馈控制方法进行检查。任何管理人员都应当学会运用反馈控制进行双向沟通，而不能只是从上到下的单向沟通。否则，制定的政策可能是建立在完全误解下属人员掌握的事实基础上的。

决策者把管理预期达到的成果定为目标，根据目标制定实施方案，通过对方案的分析和论证，找出目标方案的利弊和改进意见，这是局部反馈，其作用是在决策前纠正可能出现的偏差，以保证方案尽可能周密。经过论证后作出正式决策并付诸实施，再将执行结果与原定目标相比较，以影响下一步决策，这是主反馈，其作用是检查目标决策是否符合实际,以便采取措施,或修改目标,调整方案,或改进实施手段和方法,以保证目标的实现。

2. 检查计划制定

实施目标管理,必须有周详的计划。计划制定的是否符合实际,也可以用反馈控制方法进行检查。在企业中,计划部门和销售部门构成一个反馈控制系统。计划部门根据市场预测确定计划指标,然后由企业组织生产。把生产出来的产品供应市场,多余的产品入库保存(入库量可以是负值,以表明该产品供不应求)。根据计划指标和库存情况,可以检查原定计划是否符合实际。

一个企业的管理系统中有一个库存反馈,一个市场反馈,同时给出反馈信息。如销售快、库存少,则应增加生产计划;反之,市场萧条,库存积压,则应减少生产计划。这样,才能保持产销平衡,取得良好的经济效益。

3. 稳定目标管理系统

目标管理系统,是保证目标层层落实的多级递阶控制系统。这种系统运用多级反馈控制,使系统处于稳定状态。

对于一个复杂的组织,如果不采用分级反馈控制,信息高度集中,受环境干扰因素的影响较大,易使系统出现不稳定状态。因此,采取多级反馈控制,能较好地适应环境变化,保持系统稳定状态,顺利实现目标。

(二) 反馈控制的步骤

反馈控制的一般过程包括以下 3 个基本步骤:确定控制标准、衡量成效、纠正偏差。

1. 确定控制标准

这是控制过程的起点。计划是控制的依据,但计划一般是内容详尽,环节复杂,各级管理人员在实际管理活动中往往不便于掌握其中的每一个细节,因而需要建立起一套科学的控制标准。这些标准是衡量工作成果的尺度,是在一个完整的计划中选出的衡量工作成果的关键点。

在目标管理中,要根据管理组织所要达到的目标来选择关键点。这个目标,可以是管理组织的总目标,也可以是各个部门以至各个人的分目标。由于目标责任者所负责的最终成果是衡量计划完成情况的最好尺度,因而建立起一个可考核的目标体系也就获得了一个控制标准体系。只要掌握了这些标准,也就掌握了计划的基本进程和最终目的。

2. 衡量成效

这是反馈控制过程的第二个步骤。这一步是依据标准衡量执行情况,把实绩与标准进行比较。对工作作出客观评价,按照标准衡量实际成效,最理想的是在偏差尚未出现之前就有所觉察,并采取措施加以避免。富有经验的管理者一般是这样的。但是,仅凭管理者的经验是远远不够的,必须凭借切实可行的控制标准和测定手段,才能客观评价实际的或预期的执行情况。

为准确地测定执行情况,还必须考虑衡量的精度和频率问题。所谓精度,是指衡量结果能够在多大程度上反映出被控对象的变化。精度越高,越能准确反映被控对象的状态,但同时衡量工作也就越复杂,并且在一些情况下没有必要了解得过细。因此,总的原则是衡量精度要适度。所谓频率,是指对控制对象多长时间进行一次测量和评定。频率越高越能及时掌握状态变化,但同时增加了监测机构的工作量,或者有时根本做不到。因此,总的原则是测频要适当。这样,测得的情况准确,通过与标准的比较而得到的偏差才是真实的。

3. 纠正偏差

这是控制过程的第三个步骤。这一步是在衡量工作成效的基础上,针对被控对象状态相对于标准的偏离程度,及时采取措施予以纠正,从而使其恢复到正常状态。

纠正在实际执行中所产生的偏差,既可以看成是整个管理系统工作的一部分或控制工作的一个步骤,也可以理解为控制工作与其他工作的结合点。这是因为管理系统只有不断发现并纠正执行中的目标差,才能最终实现目标。同时,纠正目标差又需要其他工作的配合,视不同情况,采取不同的纠偏措施。有时可以通过加强指导或领导工作来纠正偏差,也可以通过组织职能,如重新明确职责,加强人员培训或重新委派得力人员来纠正偏差;有时还可以通过计划职能,重新修订计划或修改目标来纠正偏差。

总之,上述的反馈控制过程的 3 个基本步骤,实际上形成了一个完整的反馈控制系统,完成一个循环周期。通过每一次循环,使目标差不断缩小,保证目标管理活动向目标方向健康发展。

四、合理运用绩效考核

目标管理的特性,是目标由员工完成,一旦执行,组织应搭配考核办法加以评估。有考核,使员工从考核中得到奖惩,获得激励;若无考核,无从了解努力成果,不能调动员工的积极性。实施目标管理不但有利于员工更加明确、高效地工作,更是为未来的绩效考核制定了目标和考核标准,使考核更加科学化、规范化,更能保证考核的公开、公平与公正。毕竟,没有目标是无法考核员工的。

(一)目标绩效评估的重要性

以往的员工考核,员工的考绩是由上级凭借着对下属平常的印象临时所做的决定,因此主观的评估较为浓厚,难免有失公允。而且传统的考核,所加评语总有浓厚的人文气息,例如"尚可"、"甚优"等,缺乏具体尺度,被评估人员无从得知有待努力事项与如何努力以争取绩效。

在目前管理实施过程中,考评将实绩与目标对照,则完成程度就能算得出来。被评估人不但知道该做什么,而且知道该做多少。上级能根据目标,观察下属平时努力程度,并考核目标执行的成果,因事前有确切的标准,作为衡量绩效的尺码,事后有具体的数据及记载,可以佐证目标的完成程度。如此,所做的员工考绩自然比较可靠、合理。

通过对目标管理的绩效考核,可以加强责任观念,保持目标管理的正常功能,并能使执行者了解上级是如何关心他们的绩效和困难的,有助于满足个人需求及成就感;检讨工作同时可用于衡量执行者的短期绩效,有助于其管理技巧的改进。评估结果可作为薪酬与奖金的参考,也可作为人事方面的升迁与调整的参考,在训练方面也可作为能力开发的参照。

(二) 绩效考核的目的

对员工绩效或部门绩效的考核,包括了直属上司对员工工作的观察和评价,如果程序中有"自我考核"部分,则也包括了员工的自我观察和评价。

大体而言,绩效考核的动机与目的由下列3大项构成:

1. 作为人事决策的指标

传统评测上,绩效考核是做人事决策时重要的参考指标,诸如升迁、任免、调遣、加薪等人事决策都牵涉到绩效的评估。所以,任何与人事决策相关的管理人员,都必须知道如何合理而有效地运用绩效考核的结果。就管理上的作用而言,绩效考核使得人才能适得其所。此外,人事决策如加薪、晋级等,也能鼓励员工,激发他们力求表现的动机。

2. 员工的回馈与发展

绩效考核最积极的目的,应该使员工了解绩效目标与组织期望之间的关系。管理者为何要将考核结果回馈给员工知道呢?第一,因为管理者越来越相信,下属有权知道自己是如何与组织站在同一条线上;第二,回馈可帮助组织成员认识自己的潜力,从而知道如何发展自我;第三,管理者相信,回馈可以使组织成员觉得努力与奖酬之间大有关系,因而鼓励下属发展自我。将精确的回馈告诉下属将是有用的。假如下属能够善用回馈的信息,就能将能力发挥得更有效率;假如下属根本不懂得如何去运用信息,那么回馈根本就没用。因此,管理者们应通过训练,教导协助下属明确回馈的意义,进而发展自我。

3. 作为组织政策与计划的评估

组织政策与计划的评估也涉及员工的绩效考核。例如欲评估一项新的管理计划时,一定要参考执行的成员在工作改变前后的绩效,或将该部门的绩效与类似部门(未采用新计划者)的绩效作一比较等。所以,绩效考核对组织政策的拟定、修正是绝对必要的。另外,在人力资源活动上,组织成员的甄选和组织成员的训练尤其需要借重绩效考核结果。

简言之,绩效考核的目的与动机是多重的,可归为以下几点:

(1) 作为一般人事决策的参考,如升迁、轮调或派遣等。

(2) 确认训练与发展的需要。

(3) 作为甄选及训练计划的标准依据。

(4) 提供给组织成员信息,使他们了解组织对其绩效的反应。

(5) 作为评估、甄选及工作指派的标准。

(6) 作为奖酬分派的基础,如加薪、晋升以及其他报酬。

(7) 了解个人及部门对高层次目标的贡献程度。

(8) 提供信息,作为工作时序计划、预算编制及人力资源规划的依据。

(三) 影响绩效考核的三大障碍

如前所述,绩效考核的好处很多,理当普遍运用才是。然而,在施行过程中,某些先天性的问题会使其效益大为失色。

1. 组织方面

在考核过程中,难免造成情绪上主观的评价,一旦形诸笔墨,便成为长久记录,影响员工资历甚为深远,难怪上级常避之。

另外,组织常运用考核结果作多方面用途,如奖励或惩戒下属,管理者基于这些顾虑,往往措辞委婉,不愿确实考核,通常一项考核事件的曝光频率愈高,管理者所遭受的压力和困扰也愈多。

最后,考核工作若不谨慎,往往落人口实,甚至诉诸法律。若考核过程中不小心牵涉与工作无关的问题,如性别、种族、宗教等,则考核文件必然担负法律责任,管理者更敬而远之。

2. 管理者方面

大多数管理者都不愿扮黑脸,作反面评估,因此只要遭遇头痛人物便设法延缓评估工作,幻想问题会自行消失。对下属而言,延缓考核似乎等于认可其偏差的表现,导致他因偏差行为而洋洋得意,更误导他人。

有些管理者还顾虑另一问题:被评为劣等表现会对下属造成负面回馈,打击其工作信心和士气。在管理人员如此不甘愿的心态下,所作的考核必是含糊混淆,无法对下属造成正面、有效的引导作用。

3. 下属方面

管理者的偏见可使下属成为牺牲品。由于主观的成见或下属无心等小差错,都足以产生绩效考核的错误。就下属本身而言,多数认为绩效的考核过程不够周密,往往自己最好的一面难有机会以常态呈现给上级。因此,他们常认为中等评价,如"普通"、"差强人意"、"合乎标准"等只不过是应付了事、令人泄气的评语罢了。

(四) 有效的解决途径

绩效考核对组织、上级和员工三方面都深具意义,身为上级,就应采取一些措施来避免绩效考核的风险及诸多前述先天的缺失,并发挥应有的效益。以下列举10种减少风险的途径。

1. 总结简评常态表现。以总结评论之形态作绩效考核,定期实施,以求简要而持续地兼顾下属常态的表现。

2. 奖赏示范推动风气。对实施绩效考核成效卓著的上级给予奖赏,并鼓励资深管理者示范考核方式,借以推动组织风气。

3. 实例取代抽象字眼。多运用明确特定的实例。评估等级只属抽象字眼,列举实例却能有效地解释考核结果如何达成,又兼具启发作用,使下属有所仿效或有所警惕。

4. 下情上达减少借口。建立双方的对话。在考核过程中让下属积极参与,必能减少其辩护借口,增进对上级之信任,又兼具下情上达的功效。在如此双向管道中,管理者的角色与其说是裁判,不如说是教练来得更贴切。

5. 针对工作无关个人。考核内容只涉及工作本身。应明确评定工作施行的进度,避免无关个人品质的含糊影射。

6. 随时校正偏离尺度。依据原定工作计划的目标作为绩效考核的标准,随时让下属知晓其工作是否偏离目标,使他有机会不断自我修正。

7. 过程结果记录为凭。绩效考核的过程和结果应记录成文件。在下属本身所参与的考核中,正式的文件成为双方协议的记录,可供日后参考和追踪改进。

8. 凭责任感以身作则。评价各管理者实施绩效考核工作的状况,使各管理者得以明白责任所在,明白以身作则是绩效考核发挥效益的重要影响因素之一。

9. 技巧信心双管齐下。开授训练课程,指导绩效的考核项目和技巧,以增进上级进行绩效考核的能力和信心,并形成一股风气。

10. 制定目标相得益彰。应分别制定上级和下属个别的独特工作目标,如此方能同绩效考核工作相辅相成、相得益彰。

✎ 复习思考题

1. 什么是目标管理?目标管理的特点是什么?
2. 目标管理有哪两种类型?
3. 目标管理的实施过程分为几个阶段?
4. 什么是 SMART 原则?
5. 请阐述 SWOT 分析方法,并举例运用。
6. 绩效评估有什么意义?
7. 影响绩效考核的因素有哪些?
8. 解决绩效考核障碍的有效途径有哪些?

📖 管理定律

1. 吉格勒定理:设定高目标等于达到了目标的一部分

【内容】

不少人认为天才或成功是先天注定的。但是,世上被称为天才的人,肯定比实际上成就天才事业的人要多得多。为什么?许多人一事无成,就是因为他们缺少雄心勃勃、排除万难、迈向成功的动力,不敢为自己制定一个高远的奋斗目标。不管一个人有多么超群的能力,如果缺少一个认定的高远目标,他将一事无成。设定一个高目标,就等于达到了目标的一部分。

【启示】

开始时心中就怀有一个高的目标,意味着从一开始你就知道自己的目的地在哪里,以及自己现在在哪里。朝着自己的目标前进,至少可以肯定,你迈出的每一步都是方向正确的。一开始时心中就怀有最终目标会让你逐渐形成一种良好的工作方法,养成一种理性的判断法则和工作习惯。如果一开始心中就怀有最终目标,就会呈现出与众不同的眼界。有了一个高的奋斗目标,你的人生也就成功了一半。如果思想苍白、格调低下,生活质量也就趋于低劣;反之,生活则多姿多彩,尽享人生乐趣。

2. 破窗效应:及时矫正和补救正在发生的问题

【内容】

美国斯坦福大学心理学家菲利普·辛巴杜于1969年进行了一项实验,他找来两辆一模一样的汽车,把其中的一辆停在加州帕洛阿尔托的中产阶级社区,而另一辆停在相对杂乱的纽约布朗克斯区。停在布朗克斯的那辆,他把车牌摘掉,把顶棚打开,结果当天就被偷走了。而放在帕洛阿尔托的那一辆,一个星期也无人理睬。后来,辛巴杜用锤子把那辆车的玻璃敲了个大洞。结果呢,仅仅过了几个小时,它就不见了。以这项实验为基础,政治学家威尔逊和犯罪学家凯琳提出了一个"破窗效应"理论,认为:如果有人打坏了一幢建筑物的窗户玻璃,而这扇窗户又得不到及时的维修,别人就可能受到某些暗示性的纵容去打烂更多的窗户。久而久之,这些破窗户就给人造成一种无序的感觉。结果在这种公众麻木不仁的氛围中,犯罪就会滋生、繁荣,他们把人的这种心理命名为"破窗效应"。

【启示】

从"破窗效应"中,我们可以得到这样一个道理:任何一种不良现象的存在,都在传递着一种信息,这种信息会导致不良现象的无限扩展,同时必须高度警觉那些看起来是偶然的、个别的、轻微的"过错",如果对这种行为不闻不问、熟视无睹、反应迟钝或纠正不力,就会纵容更多的人"去打烂更多的窗户玻璃",就极有可能演变成"千里之堤,溃于蚁穴"的恶果。

3. 踢猫效应:不对下属发泄自己的不满,避免泄愤连锁反应

【内容】

某公司董事长为了重整公司一切事务,许诺自己将早到晚回。事出突然,有一次,他看报看得太入迷以致忘了时间,为了不迟到,他在公路上超速驾驶,结果被警察开了罚单,最后还是误了时间。这位董事长愤怒之极,回到办公室时,为了转移别人的注意,他将销售经理叫到办公室训斥一番。销售经理挨训之后,气急败坏地走出董事长办公室,将秘书叫到自己的办公室并对他挑剔一番。秘书无缘无故被人挑剔,自然是一肚子气,就故意找接线员的茬。接线员无可奈何垂头丧气地回到家,对着自己的儿子大发雷霆。儿子莫名其妙地被父亲痛斥之后也很恼火,便将自己家里

第八章　目标管理能力

的猫狠狠地踢了一脚。

【启示】

一般而言,人的情绪会受到环境以及一些偶然因素的影响。当一个人的情绪变坏时,潜意识会驱使他选择下属或无法还击的弱者发泄。受到上司或者强者情绪攻击的人又回去寻找自己的出气筒。这样就会形成一条清晰的愤怒传递链条,最终的承受者,即"猫",是最弱小的群体,也是受气最多的群体,因为也许会有多个渠道的怒气传递到它这里来。

延伸阅读

【材料一】

人对目标的期望强度

目标对您人生有何影响?美国潜能大师伯恩·崔西曾经说过:"成功就等于目标,其他的一切都是这句话的注解。"

哈佛大学有一个非常著名的关于目标对人生影响的跟踪调查,对象是一群智力、学历、环境等条件都差不多的年轻人,调查结果发现:

① 27%的人,没有目标。
② 60%的人,目标模糊。
③ 10%的人,有清晰但比较短期的目标。
④ 3%的人,有清晰且长期的目标。

经过25年的跟踪研究结果,他们的生活状况及分布现象十分有意思:

① 3%的有清晰且长期目标的人,25年来几乎都不曾更改过自己的人生目标,他们几乎都成了顶尖的成功人士。
② 10%的有清晰短期目标者,大都生活在社会的中上层。如医生、工程师等等。
③ 60%目标模糊的人,几乎都生活在社会的中下层面。
④ 27%的那些25年来都没有目标的人群,他们几乎都生活在社会的最底层。

所以,目标的威力就是:

① 给人的行为设定明确的方向,使人充分了解自己每一个行为的目的。
② 使自己知道什么是最重要的事情,有助于合理安排时间。
③ 迫使自己未雨绸缪,把握今天。
④ 使人能清晰地评估每一个行为的进展,正面检讨每一个行为的效率。
⑤ 使人能把重点从工作本身转移到工作成果上来。
⑥ 使人在没有得到结果之前就能"看"到结果,从而产生持续的信心、热情与动力。

今天的生活状态不由今天所决定,它是我们过去生活目标的结果!写下你的目标,对照下文,自问:我有多想要?看看结果再问:我能得到吗?期望强度自我检查对照：

1. 如果期望强度为 0，那么它相应的表现特征就有两种情况：一种是真的不想要；另一种是找借口，但真实原因是不敢想，不知道为什么要，害怕付出和失败，害怕做不到别人会笑话。我们将此定义为不想要，当然他的结果是得不到！

2. 期望强度为 20%～30%，表现特征是空想，整天做白日梦，光说不做，不愿付出，不知从何开始，连自己都不敢相信会变为事实。将这一类定义为瞎想想，其结果是过不了几天就会忘记自己曾经这样想过。

3. 期望强度为 50%，表现为有最好，没有也罢，努力争取一段时间之后便会放弃，凡事 3 分钟热度，碰到困难就退缩，成天幻想着不付出就能得到，这一类定义为想要，但十有八九不成功！

4. 期望强度为 70%～80%，确实是他真正的目标，但似乎决心不够，尤其是改变自己的决心不够，等待机遇，靠运气成功，即使得不到也会安慰自己：曾经努力过，也算对得起自己，马上再换另一个目标。这一类定义为很想要，有可能成功，因为运气而成功，也因为运气而失败！

5. 期望强度为 99%，潜意识中那一丝放弃的念头，决定他关键时刻不能排除万难坚持到底，直到成功；对他而言，也许付出 100% 的努力比达不到目标更为痛苦，其实第 99 步放弃与此时的 100% 之间的差别不是 1% 而是 100%！

6. 期望强度为 100%，其表现特征是不惜一切代价，不达目的死不休，没有任何退路可言，对于他们来说，达不成目的的后果很严重，达不成目的比死还可怕。这一种的定义是一定要，所以他们一定有办法得到！

结果，没什么比死、比达不成更难受的，因此他一定有办法得到。

快速达成任何目标的九大步骤：

步骤一：决定要成功。

步骤二：写下已量化的目标，并列出 10 个以上为何要实现它的理由。

步骤三：用多杈树制定计划，分解目标，倒退至今天，拟定计划，设定时间表。

步骤四：列出所有必要条件及充分条件，注明解决方法。

步骤五：告诉自己，要实现什么样的目标，自己就必须变成什么样的人。

步骤六：运用潜意识的力量，进行自我暗示，永远积极思考。

步骤七：行动第一，立即行动，开始忙起来。每一分、每一秒做最有效率的事情。

步骤八：每天睡觉前做自我检讨，衡量进度，作积极修正。

步骤九：坚持到底，永不放弃，直至成功。

总是记住你听到的充满力量的话语，因为所有你听到的或读到的话语都会影响你的行为。

所以，总是要保持积极、乐观。

而且，最重要的是：

当有人告诉你你的梦想不可能成真时，你要变成"聋子"，对此充耳不闻！

第八章 目标管理能力

要总是想着:
我一定能做到!

(摘自http://blog.myspace.cn/e/403204537.htm)

●※【材料二】

惠普:绩效管理七步法

惠普的绩效管理是要让员工相信自己可以接受任何挑战,可以改变世界,这也是惠普独特的车库法则的主要精神所在。(车库法则的名称来源是因为惠普创始人Bill Hewlett和David Packard是在硅谷的一个车库中建立惠普公司的。)

惠普的绩效管理可以分作两个内容:一是组织绩效管理,管理的对象是公司绩效;二是员工绩效管理,以员工作为绩效管理对象。

(一)组织绩效管理

惠普用4个指标来衡量组织绩效管理,分别是员工指标、流程指标、财务指标和客户指标。

员工满意度调查是员工指标中的重要一项。在总结各种影响员工工作表现的因素以后,惠普提出了一个待遇适配度(OFI, Offer Fit Index)、满意度(SAT, Satisfactory)和重要性(IMT, Importance)并重的员工满意度分析方法。薪资并不是员工唯一的需求,员工的工作行为还取决于老板的素质、岗位的适配性、能力的增长性、工作挑战性和休假长度及质量等其他因素。问题的关键是怎样来衡量这些指标,惠普的方法是,对每一项指标,都要从适配度、满意度和重要性3个方面用具体的可比较的数据作出衡量,比如员工对目前岗位的认可度,对直接老板的认同度,对工作前景的展望,公司都会把这些看起来无法衡量的指标转化为数据进行比较,这些数据是从平常众多的调查表中总结出来的,具有非常高的有效性和可靠性。

中国惠普的管理层基本上每年都要做员工满意度调查。在今年5月份作出的调查中,惠普发现公司在人力资源上有所紧缺,分析原因,发现是因为IT业发展放缓,公司对于员工的招聘非常慎重,由此造成了暂时的人才紧缺。对于这样的问题,公司当然不会通过紧急聘用人员来解决,而是通过岗位的调动或者工作的再分配,使每位员工的工作效率最大化。公司通过这次调查又发现公司在对优秀员工的培训方面有所不足,在薪资和福利上也尚有改进的余地。这样的调查能让惠普找到目前公司在员工满意度方面的不足,并结合当前的经济环境对各个问题有针对性地作出调整和改进。

组织绩效评估的员工指标除了员工满意度以外,还有人才流失率和员工生产率等因素,这些因素看起来无法衡量,但却可以从平时的工作中作出记录,有计划的招聘新员工。点点滴滴,都可以汇成大海。

组织绩效评估中另一个指标是客户指标,其中又包括市场份额、老客户挽留率、新客户拓展率、客户满意度和客户忠诚度等几个因素。以客户忠诚度为例,惠普每年都要对现实客户和潜在客户进行调查,比如一个客户(集体客户或个人客户)明年要采购的打印机是多少台,计划从惠普采购的是多少台,到年底再次进行调查,看客户实际从惠普所购的打印机又是多少台,这样公司就能把客户的忠诚度化为一组组可衡量的数据。这种把客户忠诚度直接和公司销售业绩用具体数据相关联的做法,能使公司上下对忠诚度这一很难衡量的指标有了现实的直接感受,也就能促使公司努力提高客户忠诚度。

惠普的组织业绩评估尚有其他两个指标:流程指标和财务指标。流程指标包括响应周期、总缺陷率、成本改进率和产品开发周期4个因素,而财务指标则包括销售收入、经营利润和经济附加值3个因素。

(二)员工绩效管理

惠普的员工绩效管理框架包括4个步骤,通过这4个步骤的测评,惠普员工绩效管理最后要达到的目标是:造氛围(培养绩效文化)、定计划(运筹制胜业绩)、带团队(建设高效团队)、促先进(保持激发先进)、创优绩(追求卓越成果)。可分为以下7个方面:

1. 制定上下一致的计划。一个公司有许多不同职位上的人员,惠普要求每个层面上的人员都要作各自的计划。股东和总执行官要制定战略计划,各业务单位和部门要制定方针计划,部门经理及其团队要制定实施计划,通过不同层面人员的相互沟通,公司上下就能制定出一致性很高的计划,从而有利于发展步骤的实施。惠普有一个独特的企业计划十步法,颇值得外人学习。

2. 制定业绩指标。对于员工的业绩指标,公司用6个英文字母来表示:SMTABC。具体的解释是:S(Specific,具体性),要求每一个指标的每一个实施步骤都要具体详尽;M(Measurable,可衡量),要求每一个指标从成本、时间、数量和质量4个方面能作综合的考察衡量;T(Time,定时),业绩指标需要指定完成日期,确定进度,在实施过程中,管理层还要对业绩指标作周期性检查;A(Achievable,可实现性),员工业绩指标需要和老板、事业部及公司的指标相一致且易于实施;B(Benchmark,以竞争对手为标杆),指标需要有竞争力,需要保持领先于对手的优势;C(Customer oriented,客户导向),绩效指标要能够达到客户和股东的期望值。

3. 向员工授权。经理是这样一些人,他们通过别人的努力得到结果同时达到公司期望的目标,所以惠普特别重视经理怎样向员工授权。惠普强调的是因人而异的授权方式,根据不同的员工类型、不同的部门类型和不同的任务,惠普把授权方式分为5种,分别是:Act on your own(斩而不奏)、Act and advise(先斩后奏)、Recommend(先奏后斩)、Ask what to do(问斩)、Wait until told(听旨)。不同的员工要用不同的授权方法,因人而异。

4. 教导员工。根据员工的工作积极性和工作能力,惠普把员工分成5种类型,分别采用一种方法进行教导。最好的员工既有能力又有积极性,对于这样的员工,

第八章 目标管理能力

惠普公司的管理层只是对他们做一些微调和点拨,并且很注重奖励,以使员工保持良好的状态。第二等级的员工有3种,一是工作能力强但工作积极性弱,这样的员工,公司主要对他们做思想上的开导和鼓励,解决思想问题;二是员工工作积极性强但能力弱,公司教导的重点就在教育和训练上;三是员工的能力和积极性都处在中等,这样的员工,公司需要就事论事地对他们作出教导,以使得他们在能力和积极性上都有所提高。第三等级员工是既无能力又无积极性的,公司要对这样的员工迅速处理,要么强迫他们提高能力或增长积极性,要么毫不犹豫地开除。在具体的教导员工的方法上,惠普还有一个GROW模型。

5. 处理有问题的员工。和其他公司一样,惠普公司也会有一些表现不好的员工,面对这些员工,迅速地作出反应是很重要的,一般处理时间在60～90天。惠普希望迅速而永久地解决不可接受的差员工,不让他们在公司过久停留。一旦公司发现哪个员工表现不好,就会向他们发出业绩警告,当年不会涨工资也不会有股票期权。经过一番教导以后,当发现员工的表现没有显著改善时,就要进入留用察看期,除了不涨工资、不配授股票或期权以外,这些员工还不能接受教育资助,也不允许内部调动工作。如果一段时间的教导以后员工的表现仍未提高,公司就要立刻行动,开除这些员工。

6. 确定员工业绩等级。在评定员工业绩时,惠普要综合考虑以下一些指标:个人技术能力、个人素质、工作效率、工作可靠度、团队合作能力、判断力、客户满意度、计划及组合能力、灵活性、创造力和领导才能。在评定过程中,惠普会遵循9个步骤:协调评定工作、检查标准、确定期望、确定评定时间、进行员工评定、确定工作表现所属区域、检查分发情况、得到最终许可、将信息反馈给员工。

7. 挽留人才。惠普通过体制、环境、员工个人事业和感情4个方面来挽留人才。惠普试图通过自己良好的公司体制来吸引员工,在平时的管理中,对员工的工作目标有很明确的界定,对各人的工作职责和工作流程有明确的划分,对不同表现的员工奖惩分明,这些体制上的优点都有可能促使员工对公司产生好感而不愿离开。在工作环境方面,公司倡导开放和平等的工作气氛,强调员工和管理人员间的相互信任和理解,同时积极营造活泼自由的工作氛围。公司尽量让员工跨部门轮换工作,从而增加员工的工作履历和工作经验,为员工的发展打下基础,并且提供大量的培训机会,让员工感觉到自己的事业能够得以迅速发展。公司还通过亲和的上下级关系和对员工家庭、健康等全方位的关怀来取得员工对公司的依赖感,增强员工对公司的感情,让员工最终不愿意离开公司。

(摘自http://finance.sina.com.cn/leadership/case/20051008/14512016926.shtml)

自我测试

目标激励能力测试

1. 说明：目标激励能力是指管理者通过目标设置激励下属，从而激发潜能并使其积极行动的能力。请通过下列问题对自己的该项能力进行测评。

(1) 你通常多久和下属谈论一次目标？
A. 1周　　　　　　　　B. 1个月　　　　　　　　C. 1个月以上

(2) 有了组织总目标，你是否会制定阶段性目标？
A. 每次都制定　　　　　B. 多数情况会制定　　　　C. 偶尔制定

(3) 你如何帮助下属提高工作效率？
A. 为其制定明确的目标　B. 为其安排适当的任务　　C. 对其加强培训

(4) 你通过何种方式为下属制定目标？
A. 与下属共同制定　　　B. 由员工制定，我负责审核
C. 根据组织目标由员工自己制定

(5) 你为下属制定了什么样的目标？
A. 既有总目标，又有阶段性目标
B. 只有阶段性目标
C. 只有总目标

(6) 你如何认识目标达成的难度？
A. 有挑战性，但通过努力可达成
B. 达成的难度不应过大
C. 目标越高越好

(7) 你如何理解对下属进行目标激励的作用？
A. 引导和激励下属前进
B. 能激发下属的潜能
C. 让下属明确前进方向

(8) 当你的下属面对比较大的目标时，你如何激励他达成这一目标？
A. 进行目标分解，一步步激励
B. 鼓励他，和他一起去做
C. 许诺优厚的物质利益

(9) 当你的下属达成阶段性目标时，你如何激励他？
A. 兑现承诺
B. 告诉他与最终目标的距离并给予鼓励
C. 鼓励其再接再厉

第八章　目标管理能力

(10) 当你的下属超额完成了目标,你如何激励他?
A. 把更重要的任务分配给他
B. 将他树立为标杆和榜样
C. 鼓励他下次继续超越自己

2. 评分标准:
选 A 得 3 分,选 B 得 2 分,选 C 得 1 分。

3. 结果分析:
(1) 24 分以上,说明你的目标激励能力很强,请继续保持和提升。
(2) 15～23 分,说明你的目标激励能力一般,请努力提升。
(3) 14 分以下,说明你的目标激励能力很差,亟须提升。

(摘自周鸿编著《激励能力培训全案》,人民邮电出版社,2009 年版)

💣 案例分析

翔宏机床厂的目标管理

翔宏机床厂从 1981 年开始推行目标管理。为了充分发挥各职能部门的作用,充分调动一千多名职能部门人员的积极性,该厂首先对厂部和科室实施了目标管理。经过一段时间的试点后,逐步推广到全厂各车间、工段和班组。多年的实践表明,目标管理改善了企业经营管理,挖掘了企业内部潜力,增强了企业的应变能力,提高了企业素质,取得了较好的经济效益。

按照目标管理的原则,该厂把目标管理分为 3 个阶段进行。

1. 第一阶段:目标制定阶段

(1) 总目标的制定

该厂通过对国内外市场机床需求的调查,结合长远规划的要求,并根据企业的具体生产能力,提出了 19××年"三提高"、"三突破"的总方针。所谓"三提高",就是提高经济效益、提高管理水平和提高竞争能力;"三突破"是指在新产品数目、创汇和增收节支方面要有较大的突破。在此基础上,该厂把总方针具体化、数量化,初步制定出总目标方案,并发动全厂员工反复讨论、不断补充,送职工代表大会研究通过,正式制定出全厂 19××年的总目标。

(2) 部门目标的制定

企业总目标由厂长向全厂宣布后,全厂就对总目标进行层层分解,层层落实。各部门的分目标由各部门和厂企业管理委员会共同商定,先确定项目,再制定各项目的指标标准;制定依据是厂总目标和有关部门负责拟定、经厂部批准下达的各项计划任务,原则是各部门的工作目标值只能高于总目标中的定量目标值,同时,为了集中精力抓好目标的完成,目标的数量不可太多。为此,各部门的目标分为必考目标和参考目标两种。必考目标包括厂部明确下达目标和部门主要的经济技术指标；参考目标包括部门的日常工作目标或主要协作项目。其中必考目标一般控制在2～4项，参考目标项目可以多一些。目标完成标准由各部门以目标卡片的形式填报厂部，通过协调和讨论最后由厂部批准。

（3）目标的进一步分解和落实

部门的目标确定了以后，接下来的工作就是目标的进一步分解和层层落实到每个人。

① 部门内部小组（个人）目标管理，其形式和要求与部门目标制定相类似，拟定目标也采用目标卡片，由部门自行负责实施和考核。要求各个小组（个人）努力完成各自的目标值，保证部门目标的如期完成。

② 该厂部门目标的分解是采用流程图方式进行的，具体方法是：先把部门目标分解落实到职能组，任务再分解落实到工段，工段再下达给个人。通过层层分解，全厂的总目标就落实到了每一个人身上。

2. 第二阶段：目标实施阶段

该厂在目标实施过程中，主要抓了以下3项工作：

（1）自我检查、自我控制和自我管理

目标卡片经上级副厂长批准后，一份存企业管理委员会，一份由制定单位自存。由于每一个部门、每一个人都有了具体的、定量的明确目标，所以在目标实施过程中，人们会自觉地、努力地实现这些目标，并对照目标进行自我检查、自我控制和自我管理。这种"自我管理"，能充分调动各部门及每一个人的主观能动性和工作热情，充分挖掘自己的潜力。因此，完全改变了过去那种上级只管下达任务，下级只管汇报完成情况，并由上级不断检查、监督的传统管理办法。

（2）加强经济考核

虽然该厂目标管理的循环周期为一年。但为了进一步落实经济责任制，及时纠正目标实施过程中与原目标之间的偏差，该厂打破了目标管理的一个循环周期只能考核一次、评定一次的束缚，坚持每季度考核一次和年终总评定。这种加强经济考核的做法，进一步调动了广大职工的积极性，有力地促进了经济责任制的落实。

（3）重视信息反馈工作

为了随时了解目标实施过程中的动态情况，以便采取措施及时协调，使目标能够顺利实现，该厂十分重视目标实施过程中的信息反馈工作，并采用了两种信息反馈方法：

① 建立"工作质量联系单"来及时反映工作质量和服务协作方面的情况。尤其是当两个部门发生工作纠纷时，厂管理部门就能从"工作质量联系单"中及时了解情况，经过深入调查，尽快加以解决，这样就大大提高了工作效率，减少了部门之间不协调现象。

② 通过"修正目标方案"来调整目标。内容包括目标项目、原定目标、修正目标

第八章 目标管理能力

以及修正原因等,并规定在工作条件发生重大变化需修改目标时,责任部门必须填写"修正目标方案"提交企业管理委员会,由该委员会提出意见交上级副厂长批准后方能修正目标。

该厂在实施过程中由于狠抓了以上3项工作,因此,不仅大大加强了对目标实施动态的了解,更重要的是加强了各部门的责任心和主动性,从而使全厂各部门从过去等待问题找上门的被动局面,转变为积极寻找和解决问题的主动局面。

3. 第三阶段:目标成果评定阶段

目标管理实际上就是根据成果来进行管理的,因此成果评定阶段显得十分重要。该厂采用了"自我评价"和上级主管部门评价相结合的做法,即在下一个季度第一个月的10日之前,每一部门必须把一份季度工作目标完成情况表报送企业管理委员会(在这份报表上,要求每一部门自己对上一阶段的工作做恰如其分的评价);企业管理委员会核实后,也给予恰当的评分,如必考目标为30分,一般目标为15分。每一项目标超过指标3%加1分,以后每增加3%再加1分。一般目标有一项未完成但不影响其他部门目标完成的,扣一般项目中的3分,影响其他部门目标完成的则扣分增加到5分。加1分相当于增加该部门基本奖金的1%,减1分则扣该部门奖金的1%。如果有一项必考目标未完成则扣至少10%的奖金。

该厂在目标成果评定工作中深深体会到:目标管理的基础是经济责任制,目标管理只有同明确的责任划分结合起来,才能深入持久,才能具有生命力,达到最终的成功。

(摘自 http://www.docin.com/p—19254012.html)

问题:

1. 在目标管理过程中,应注意什么问题?

2. 目标管理有什么优缺点?

3. 增加和减少员工奖金的发放额是实行奖惩的最佳方法吗?除此之外,你认为还有什么激励和约束措施?

4. 你认为实行目标管理时培养完整严肃的管理环境和制定自我管理的组织机制哪个更重要?

✍ 实 训

【内容一】

目标管理小游戏

游戏程序:

1. 教师首先按照"1、2、1、2…"的方式,将所有学员分为两组。同时请辅助人员调整两组学员的高度,使其尽量一致。

2. 请两个小组都来到跳高设备前依次排好,告诉他们第一个目标是一起跳过1米。都完成以后,接下来,教师对第一组说:"你们的第二个目标是跳过1.2米。"这时让第二组暂时离开现场,然后对第二组说:"你们能够跳得更高。"经过练习后,让他们分别去跳。

3. 根据结果,教师引导学员进行讨论。

游戏规则:

1. 人数不限。
2. 游戏时间为 5~10 分钟。

【内容二】

自我 SWOT 分析

游戏程序:

1. 教师给每位学员发一张 SWOT 分析表,然后让学员把自己的优势、劣势、机遇及威胁填在 SWOT 分析表中。
2. 与小组的其他成员分享。
3. 教师引导学员进行讨论。

当你为自己作了 SWOT 分析之后,是否对自己的认识更加深刻了。

与小组的其他成员分享之后呢?

4. 讨论后,运用 SWOT 分析法,自己制定一个职业生涯规划或者大学生涯规划。

游戏规则:

1. 总人数不限,每组人数不超过 6 人。
2. 游戏时间为 10 分钟。

【内容三】

目标管理体验

各模拟公司运用 SMART 原则和 SWOT 分析法,制定公司一年的总目标,然后对总目标进行分解,形成部门目标和个人目标,组成目标体系,并制定绩效考核方案。各模拟公司相互探讨,评价哪个公司制定的目标体系更好、绩效考核方案更完善。

参考文献

1. 伊恩·梅兰特.时间管理.上海：上海人民出版社,2006
2. 吉姆·斯特芬.有效的时间管理.北京：机械工业出版社,2006
3. 杰弗里·迈耶.时间管理.北京：机械工业出版社,2004
4. 张彦忠.一分钟的价值.广州：中山大学出版社,2007
5. 何常明.用好时间做对事(第二版).北京：人民邮电出版社,2006
6. Tim Ang.我的时间管理课堂.上海：上海交通大学出版社,2008
7. 蒋永忠等.管理学基础.北京：清华大学出版社,2007
8. 贺彩玲等.管理学原理与方法.北京：中国财政经济出版社,2008
9. 单凤儒.管理学基础(第二版).北京：高等教育出版社,2004
10. 季辉等.管理学原理.北京：北京大学出版社,中国林业出版社,2007
11. 汪峰彬等.管理学教学案例精选(修订版).上海：复旦大学出版社,2009
12. 张晨辉等.新编实用管理心理学.北京：清华大学出版社,2007
13. 朱吉玉.管理心理学.大连：东北财经大学出版社,2007
14. 沈莹.管理心理学.北京：化学工业出版社,2008
15. 潘彦维.公共关系学.北京：北京大学出版社,2007
16. 苏勇.管理沟通.上海：复旦大学出版社,2007
17. 周鸿.激励能力培训全案.北京：人民邮电出版社,2008
18. 张文光.人际关系与沟通.北京：机械工业出版社,2009
19. 劳伦斯·霍普.管理团队.北京：企业管理出版社,2001
20. 贾硕林等.团队精神.上海：上海财经大学出版社,1999
21. 张国才.团队建设与团队领导(第二版).厦门：厦门大学出版社,2008
22. 彼得·圣吉.第五项修炼.上海：上海三联书店,1996
23. 松下幸之助.智慧用人.哈尔滨：黑龙江出版社,2002
24. 何瑛.虚拟团队管理.北京：经济管理出版社,2003
25. 姚裕群.团队建设与管理(第二版).北京：首都经贸大学出版社,2009
26. 苗青.团队管理.杭州：浙江大学出版社,2007
27. 吴崑.企业管理实务.北京：高等教育出版社,2007
28. 孟汉青等.团队建设操作实务.开封：河南人民出版社,2002
29. 王丽平等.通用管理知识概论.北京：北京大学出版社,中国林业大学出版社,2007

30. 闫国庆.国际商务.北京：清华大学出版社,2006
31. 王绪君.管理学基础.北京：中央广播电视大学出版社,2003
32. 池丽华等.现代管理学.上海：上海财经大学出版社,2008
33. 郑承志等.管理学基础.北京：中国科学技术大学出版社,2008
34. 朱林等.管理原理与实训教程.北京：北京邮电大学出版社,2008
35. 梁清山.管理学基础教程.北京：化学工业出版社,2008
36. 黄宗仁.目标管理实务.广州：广东经济出版社,2001
37. 宋振杰.自我管理.北京：北京大学出版社,2007
38. 郑立梅.管理学基础.北京：清华大学出版社,2006
39. 成刚.自我管理.上海：华东理工大学出版社,2008
40. 杨孝海.管理学.成都：西南财经大学出版社,2008
41. 袁闯.管理哲学.上海：复旦大学出版社,2005
42. 周三多等.管理学——原理与方法.上海：复旦大学出版社,2009